Dieter Reinisch (Hg.)
Der Urkommunismus

Bibliografische Information der Deutschen Bibliothek:

Die Deutsche Bibliothek verzeichnet diese Publikation in der Deutschen Nationalbibliografie; detaillierte bibliografische Daten sind im Internet über http://dnb.ddb.de abrufbar.

2., unveränderte Neuauflage 2013

Lektorat und Gestaltung: Stefan Kraft
Umschlaggestaltung: Gisela Scheubmayr
Druck: CPI - Clausen & Bosse, Leck
Printed in Germany
ISBN: 978-3-85371-350-1

Fordern Sie einen Gesamtprospekt des Verlages an:

Promedia Verlag
Wickenburggasse 5/12
A-1080 Wien

E-Mail: promedia@mediashop.at

Internet: www.mediashop.at
www.verlag-promedia.de

Dieter Reinisch (Hg.)

Der Urkommunismus

Auf den Spuren der egalitären Gesellschaft

EDITION · LINKE KLASSIKER ·
PROMEDIA

Über den Herausgeber

Dieter Reinisch, Jahrgang 1986, ist Historiker. Studium der Geschichte, der keltischen Sprachwissenschaften und der Archäologie in Wien und Belfast. Seit mehreren Jahren Mitarbeit bei archäologischen Ausgrabungen in Frankreich, Italien und Österreich.

Inhaltsverzeichnis

Kapitel IV: Archäologen und Anthropologen über den Urkommunismus

Kapitel V: Erkenntnisse aus dem 21. Jahrhundert

Anhang

Dieter Reinisch
Vorwort

Gott, der Herr, schickte ihn aus dem Garten Eden weg, damit er den Ackerboden bestellte, von dem er genommen war. (Gen. 3, 23)

Das Buch Genesis zählt heute zum bekanntesten mythologischen Werk über die Entstehung der Welt. Die darin enthaltene Erzählung vom Paradies, in dem Adam und Eva in Frieden und ohne Armut lebten, bietet seit Tausenden von Jahren den Menschen eine Vorstellung vom Leben nach dem Tod. Doch Mythen entstehen nicht aus dem Nichts, sie sind Ergebnisse einer langen mündlichen Tradierung. Mythen sind Erklärungsversuche der Welt, Kommentare von Kulthandlungen. In den Erzählungen artikulieren sich die unbeantworteten Fragen der Menschen nach einer als übermächtig, geheimnisvoll und von göttlicher Einflußnahme bestimmt empfundenen Welt. Der Mythos bezieht sich auf eine vorgeschichtliche Zeit. Ungeklärte Erscheinungen und Ereignisse aus der Vergangenheit werden damit begreiflich gemacht.

Mythen sind keine Fiktion, die einer historischen Realität gegenübersteht, sondern Resultate der Erinnerung. In den verschiedensten Kulturen der Welt endet der jeweilige Mythos zumeist mit der Entstehung neuer, aufstrebender Herrscher, Völker und Reiche, wie etwa bei Aha (Ägypten), bei Romulus und Remus (Rom), oder bei Gilgamesch (Mesopotamien). Doch haben sie alle gemein, den institutionellen, sozialen, politischen und religiösen Ist-Zustand zu der Zeit ihrer Niederschrift zu legitimieren. Um die Gesellschaft zu stabilisieren, werden kulturelle Konstanten aus der Vorzeit konstruiert.

Adam und Eva lebten als Sammler in einer fruchtbaren, friedlichen Welt, in der nach biblischer Überlieferung zwar die Frau aus dem Manne entstanden war, aber die Geschlechter nicht übereinander herrschten. Doch Gott vertrieb die Menschen aus dem Paradies. Der Mann sollte von nun an über die Frau herrschen und mühsam den Ackerboden bestellen (Gen 3, 16-23). Ihre Söhne Kain und Abel wurden Landwirte und Schafhirten (Gen 4, 1). Vorbei war das glückliche Leben als Sammler, an seine Stelle traten die Mühen des Ackerbaus, wie das Alte Testament berichtet. Nicht nur die Landwirtschaft wird als „Mühsal" beschrieben, auch die weiteren kulturellen Errungenschaften wie Viehzucht, Musikinstrumentenbau, Eisenhandwerk oder Weinbau werden negativ dargestellt (Gen 4, 17-26 bzw. Gen 9, 20-29).

Die christlich-abendländische Vorstellung des Paradieses ist nur eine unter unzähligen Mythen, die vom „Goldenen Zeitalter" erzählen. In der griechischen Mythologie erwähnte der Dichter Hesiod im späten 8. Jahrhundert vor unserer Zeit als erster ein sogenanntes „Goldenes Geschlecht", das ruhig und sorglos als Viehhüter gelebt habe. Landwirtschaft war nach Hesiod noch nicht nötig, brachte doch die Erde selbst die benötigte Nahrung hervor. Eine wichtige Umgestaltung erfuhr das hesiodeische Schema durch den Dichter Aratos von Soloi im 3. Jahrhundert vor unserer Zeit. Bei ihm war das Goldene Zeitalter von der Landwirtschaft geprägt und durch ein vom Rechtsprinzip bestimmtes Gemeinwesen charakterisiert. Die Arbeit brachte reichen Ertrag, es gab keinen Krieg und auch noch keine Schifffahrt. Bis weit in die Spätantike folgten griechische und römische Philosophen derartigen Vorstellungen. Auch in Mittelalter und Neuzeit fand das Goldene Zeitalter als Synonym eines idealen Zustandes, der friedlichen und von Wohlstand geprägten Urphase der Menschheit, umfangreiche Rezeption. Mit Dante und Rousseau seien nur die Bekanntesten zu nennen, die daran Anleihe nahmen.

Lewis Henry Morgan und „Die Urgesellschaft"

So unterschiedlich der Zugang der Dichter und Philosophen zur Vorgeschichte der Menschheit über knapp 3000 Jahre auch gewesen sein mag, hatten sie doch alle gemein, daß ihr Konzept eine philosophische Annahme ohne empirischen Beleg blieb. Erst die in Entstehung begriffene Anthropologie und Ethnologie im 19. Jahrhundert ermöglichte einen wissenschaftlichen Zugang zu dieser Problematik. Der fortschrittliche, bürgerliche Ethnologe Lewis Henry Morgan veröffentlichte im Jahr 1877 sein Werk *Ancient Society*.[1] Morgan war ursprünglich Jurist und vertrat als Anwalt nordamerikanische Eingeborene gegenüber der US-amerikanischen Regierung. Dabei konnte er beobachten, daß diese ein gänzlich anderes Verwandtschaftssystem aufwiesen, als jenes der „weißen" Europäer und Amerikaner. Er begann, Material für eine Studie über die Irokesen zu sammeln. Seine Beobachtungen verband er mit den Ergebnissen des Schweizer Rechtshistorikers Johann Jakob Bachofen, welcher mit seinem 1861 erschienenen Werk *Das Mutterrecht* als Begründer der Matriarchatsforschung gilt.[2]

Morgan nahm drei große Entwicklungsstufen der Menschheit an, Wildheit, Barbarei und Zivilisation, die er jeweils in drei Unterkategorien, bezeichnet als Unter-, Mittel- und Oberstufe, gliederte. In groben Zügen blieb dieses Modell bis in die Mitte des 20. Jahrhunderts in Verwendung.[3] Morgan beschrieb anhand der Iro-

---

1 vgl. Lewis Henry Morgan, Die Urgesellschaft. Untersuchungen über den Fortschritt der Menschheit aus der Wildheit durch die Barbarei zur Zivilisation, Promedia, Wien 1987 (1877).

2 vgl. Johann Jakob Bachofen, Das Mutterrecht. Eine Untersuchung über die Gynaikokratie der alten Welt nach ihrer religiösen und rechtlichen Natur, Stuttgart 1861.

3 vgl. Morgan, Urgesellschaft, 3-15.

kesen, daß frühe – er nannte sie, der Terminologie des 19. Jahrhunderts folgend, „primitive" – Gesellschaftsformen nicht auf der „Mutter-Vater-Kind-Familie" basierten, sondern die Gesellschaft auf dem Fundament der Sippen errichtet war. Die Gens ist eine Sippe, die nach dem Prinzip der Blutsverwandtschaft geregelt ist. Auf mehreren derartigen blutsverwandten Sippen baut die Gentilgesellschaft auf. Die Sippen waren in früherer Zeit und niedriger Entwicklung aus einer weiblichen Abstammungslinie gebildet worden.[4]

Die Stammesgesellschaften waren nach Morgan homogen und es gab keine Trennung von gesellschaftlicher und politischer Organisation. Er schrieb, die „nahezu universelle Verfassungsgrundform der alten asiatischen, europäischen, afrikanischen, amerikanischen und australischen Gesellschaft" bestand ohne politische Herrschaft.[5] Den wichtigsten Punkt stellte für Morgan aber die Verwandtschaftsstruktur dar, die in der Stufe der „Wildheit" auf Vielehe beruhte.

Das uns heute geläufige System wird als kognatisch bezeichnet, es gilt die Blutsverwandtschaft. Ein Kind ist sowohl mit der Familie seiner Mutter, als auch mit der des Vaters verwandt. Es hat somit auch zwei Großelternpaare, vier Urgroßelternpaare und so weiter. Im Gegensatz dazu steht das agnatische System bei den Irokesen, ähnlich jenem des antiken Griechenlands und Roms. In diesem System ist das Kind nur verwandt mit der Familie der Mutter (in Griechenland und Rom mit jener des Vaters) und so hat es auch nur ein Großelternpaar. Daraus entstehen *lineagas*, Abstammungslinien. Sie sind exogam, innerhalb ihrer darf nicht geheiratet werden. Das Gleichgewicht der Stammesgesellschaft wird durch die Exogamie einerseits und die Endogamie des Stammes andererseits erhalten. Dies bedeutet, daß nur innerhalb des Stammes geheiratet werden darf. Die Verwandtschaftsordnung und die gesellschaftliche Ordnung sind ident. In der Geschichte erzeugten die matriarchalen Strukturen so Matrifokalität, die aber durch die Einführung des Privateigentums vom Patriarchat abgelöst wurde. Dies war der Schritt, an dem laut Morgan die Menschheit aus ihren Urformen in die Zivilisation eintrat, an deren Beginn die Reiche der Griechen und Römer standen.

Friedrich Engels und die Gentilordnung

Karl Marx und Friedrich Engels waren von Morgans Werk beeindruckt, weil sie darin ihr Konzept der Geschichte bestätigt sahen: „Hatte doch Morgan die von Marx vor vierzig Jahren entdeckte materialistische Geschichtsauffassung in Amerika in seiner Art neu entdeckt und war von ihr, bei Vergleichung der Barbarei

4 vgl. ebd., 41-156.
5 vgl. ebd., 52f.

und der Zivilisation, in den Hauptpunkten zu denselben Resultaten geführt worden wie Marx", schrieb Engels 1884.[6] Sieben Jahre später ging er noch weiter und meinte: „Diese Wiederentdeckung der ursprünglichen mutterrechtlichen Gens als der Vorstufe der vaterrechtlichen Gens der Kulturvölker hat für die Urgeschichte dieselbe Bedeutung wie Darwins Entwicklungstheorie für die Biologie und Marx' Mehrwertstheorie für die politische Ökonomie."[7] Morgans zentrale Studie sollte nun nach dem Wunsch von Marx in eine populäre Form überführt und mit der materialistischen Geschichtsauffassung verbunden werden.

Allerdings wies Morgans Werk einen zentralen Schwachpunkt auf, den Marx und Engels auszugleichen versuchten. Morgan beschrieb zwar die Einführung des Privateigentums als Ursache des Niedergangs der matriarchalen Gesellschaft, er erörterte aber nicht, wie es zu den neuen Eigentumsverhältnissen gekommen war. Nach dem Tod von Marx im Jahr 1883 begann Engels seine Arbeiten, die in der Veröffentlichung eines grundlegenden Werkes des Marxismus gipfeln sollten. Die 1884 erschienene Schrift *Der Ursprung der Familie, des Privateigentums und des Staats* ist eine wissenschaftliche Analyse der Geschichte der Menschheit in den frühen Phasen ihrer Entwicklung.

Engels verfaßte seine Studie in den Monaten März bis Mai 1884. Er hatte bei der Durchsicht der Manuskripte von Marx dessen ausführliche Untersuchung über Morgans *Urgesellschaft* aus den Jahren 1880/81 gefunden. Engels formulierte schließlich eine populäre Zusammenfassung von Morgans Thesen und ließ die Überlegungen aus den Marxschen Skizzen einfließen. Hielt er sich bei den Kapiteln über die Griechen und Römer stark an Morgans Text, fügte er vor allem in den Abschnitten über die Kelten und Germanen eigene Untersuchungen hinzu. Engels arbeitete auch intensiv an einer Geschichte Irlands, die er jedoch nie fertiggestellte.[8]

Auf die bei Morgan unbeantwortet gebliebene Frage der Einführung des Privateigentums ging Engels bereits in der Einleitung seines Buches ein: „Je weniger die Arbeit noch entwickelt ist, je beschränkter die Menge ihrer Erzeugnisse, also auch der Reichtum der Gesellschaft, desto überwiegender erscheint die Gesellschaftsordnung beherrscht durch Geschlechtsbande. Unter dieser, auf Geschlechtsbande begründeten Gliederung der Gesellschaft entwickelt sich indes die Produktivität der Arbeit mehr und mehr; mit ihr Privateigentum und Austausch, Unterschie-

6 vgl. Friedrich Engels, Der Ursprung der Familie des Privateigentums und des Staats. Im Anschluß an Lewis H. Morgans Forschungen, Frankfurt/Main 1978 (1884), 7.

7 vgl., ders., Vorwort zur vierten Auflage; in: Friedrich Engels, Der Ursprung der Familie des Privateigentums und des Staats. Im Anschluß an Lewis H. Morgans Forschungen, Frankfurt/Main 1978 (1891), 10-26, 21.

8 Einige Auszüge der Vorarbeiten für eine Geschichte Irlands und der politischen Situation Irlands wurden in MEW 16, 459ff. und Karl Marx/Friedrich Engels, Irland. Insel in Aufruhr, Berlin 1975 veröffentlicht.

de des Reichtums, Verwertbarkeit fremder Arbeitskraft und damit die Grundlage von Klassengegensätzen: neue soziale Elemente, die im Lauf von Generationen sich abmühen, die alte Gesellschaftsverfassung den neuen Zuständen anzupassen, bis endlich die Unvereinbarkeit beider eine vollständige Umwälzung herbeiführt. Die alte, auf Geschlechtsverbänden beruhende Gesellschaft wird gesprengt im Zusammenstoß der neu entwickelten gesellschaftlichen Klassen."[9] Die theoretische Grundlage für Engels' Überlegungen bildete ein doppeltes Konzept von Arbeitsteilung, wie er es bereits 1846 zusammen mit Karl Marx in der *Deutschen Ideologie* entworfen hatte.[10] Einerseits besteht die Arbeitsteilung in der Herstellung von Gütern und Werkzeugen in der gesellschaftlichen Produktion, die im Zuge von deren Entwicklung zur Klassenspaltung führt. Andererseits entwickelt sich die Arbeitsteilung der Geschlechter in der Reproduktion und der „Fortpflanzung der Gattung".

Mit dem Übergang zur Viehzucht und in der Folge zur Warenproduktion und Geldwirtschaft errangen die Männer eine führende ökonomische Stellung und das Privateigentum wurde dominant, wodurch das Patriarchat sich weiter festigte: „Der Umsturz des Mutterrechts war die *weltgeschichtliche Niederlage des weiblichen Geschlechts*. Der Mann ergriff das Steuer auch im Hause, die Frau wurde entwürdigt, geknechtet, Sklavin seiner Lust und bloßes Werkzeug der Kinderzeugung."[11] Engels schrieb, die Gentilverfassung zeichnete sich dadurch aus, daß alle „frei und gleich" waren, „auch die Weiber", und es wegen der „alten kommunistischen Haushaltung" keine Armen und Bedürftigen gegeben habe. Doch hängen die Einzelnen „an der Nabelschnur des naturwüchsigen Gemeinwesens", sie seien „ununterschieden", eine Individualisierung sei nicht vorhanden.[12]

Die Spaltung in Klassen sprengte aufgrund der Entwicklung der Geldwirtschaft und der Akkumulation von Reichtum die archaische Gemeinschaft auf. Das Privateigentum habe die patriarchale Geschlechterherrschaft begründet, die Geld- und Warenwirtschaft die Sklaverei. Engels entwickelte diese These anhand der drei Gentilgesellschaften der Griechen, Römer und Germanen und deren Staatsbildungsprozeß. Im Unterschied zu Bachofen skizzierte Engels aber nicht ein Matriarchat in der Urgeschichte der Menschheit, sondern ging von einem Geschlechterdualismus aus: kein Geschlecht habe über das andere bestimmt, sondern beide waren gleichwertig.

---

9 vgl. Engels, Ursprung, 8.

10 Karl Marx/Friedrich Engels, Die Deutsche Ideologie. Kritik der neuesten deutschen Philosophie in ihren Repräsentanten Feuerbach, B. Bauer und Stirner und des deutschen Sozialismus in seinen verschiedenen Propheten, MEW 3, Berlin 1969, 5-530.

11 vgl. Engels, Ursprung, 66.

12 vgl. ebd., 96-111.

Nach Engels' Vorstellung seien die Jäger und Sammler, um eine moderne Terminologie zu verwenden, dazu gezwungen gewesen, in einer urkommunistischen Gesellschaft zu leben. Es hätte nicht genügend Nahrung gegeben, damit die ganze Sippe überleben konnte. Damit niemand Hunger leiden mußte, schlossen sich die Menschen in größeren Gruppen zusammen. Das Sammeln und die Jagd wurde gemeinschaftlich organisiert und durchgeführt. Es war die Armut, hervorgerufen durch die noch sehr unterentwickelten Produktivkräfte, die die Menschen zwang, im „kommunistischen Gemeinwesen" zu leben. Erst mit dem Ackerbau und der Viehzucht, nach Engels und Morgan die Stufe der Barbarei, begann sich dies zu ändern. Langsam konnte mehr produziert werden, es entstand ein Mehrprodukt, das von einer nicht zur Arbeit gezwungenen Gesellschaftsschicht angeeignet wurde. Der Beginn des Privateigentums und der Bruch mit egalitären Verhältnissen setzte schließlich mit dem Beginn des Neolithikums, der Jungsteinzeit, ein – eingeleitet durch die „Neolithische Revolution".

Engels und Morgan folgten in ihren Überlegungen sehr stark dem aufklärerischen Fortschrittsgedanken ihrer Zeit. Das Ende des Urkommunismus oder des naturwüchsigen Kommunismus und die Entstehung sozialer Ungleichheit sei ein logisches und notwendiges Produkt des Zivilisationsprozesses gewesen. Durch die neue Technologie (Landwirtschaft und Domestizierung) wäre der revolutionäre Prozeß in Gang gebracht worden, der schließlich die Produktionsverhältnisse soweit veränderte, daß Klassenunterschiede notwendigerweise entstanden.

Die Produktionsweise bestimmt die ökonomische Basis. Dieser steht, als Gesamtheit aller nicht-materiellen, bewußtseinsabhängigen Strukturen, der gesellschaftliche Überbau gegenüber. Zwar bedingt die ökonomische Basis den Überbau, beide stehen aber in einem dialektischem Verhältnis. Die Menschheit entstand aus dem Tierreich. Dies ging auf evolutionärem Wege vonstatten, doch war der endgültige Schritt vom Tier zum Menschen ein revolutionärer Akt. Der Zeitpunkt, an dem letztendlich Quantität in Qualität umschlägt, der Mensch zum Beherrscher der Natur wird, wie es Engels ausdrückte[13], ist nach dem britischen Anthropologen Chris Knight die „Menschliche Revolution".[14] Wenn es somit ein revolutionärer Akt war, der den Menschen zum Menschen machte, nach Knight gar die „größte Revolution der Menschheit", und dieselbe Menschheit auch Sprache, Höhlenmalereien, Kult, Feuer und abstraktes Denken hervorbringen konnte, wieso war es ihr dann nicht möglich, die Errungenschaften der kommunistischen Produktionsweise, in der sie lebte, und die somit auch ihr soziales Denken und Handeln beeinflußte, zu verteidigen? Engels gibt auf die entscheidende Frage keine

13 vgl. Friedrich Engels, Anteil der Arbeit an der Menschwerdung des Affen, MEAW V, Berlin 1972, 377-91.

14 Zu dem Begriff der Menschlichen Revolution siehe die in diesem Band abgedruckten Beiträge von Chris Knight, sowie seine im Anschluß angeführten Werke.

Antwort, wieso es den Menschen vor 10.000 Jahren nicht möglich war, das Mehrprodukt egalitär zu verteilen, dies aber in einer zukünftigen kommunistischen Gesellschaft möglich sein soll.

Die Gründe für Engels' Schweigen sind wohl im aufklärerischen, an der griechischen Philosophie und ihrem dem Goldenen Zeitalter verhafteten Denken des 18. und 19. Jahrhunderts zu suchen. Hesiod würdigt Errungenschaften wie Werkzeuge und Landwirtschaft nicht, sondern zieht sie nur zur Veranschaulichung negativer Entwicklungen der Menschheit heran. Das bei Engels implizit enthaltene Moment des Mangels als treibende Kraft für Kulturentwicklung in der Urgeschichte kann auch bereits in der griechischen Mythologie als sogenannte „Mängelwesen-Theorie" festgemacht werden. In Homers Odyssee sind die Kyklopen ein Volk von Viehzüchtern, das noch keinen Ackerbau kennt. Ihre technische, soziale und moralische Unterentwicklung hat jedoch fehlende existentielle Nöte als positive Konsequenz.

Engels' Werk zur Urgeschichte fand rasch Aufnahme in die sozialdemokratische Programmatik. Bereits 1879 war August Bebels wichtige Agitationsschrift *Die Frau und der Sozialismus* veröffentlicht worden. Es erschien in mehreren, stark veränderten Auflagen. Hatte er das Urwerk noch rasch aus verschiedenen Aufsätzen und Reden arrangiert, stellte Bebel der Untersuchung ab der 25. Auflage im Jahr 1895 ein einleitendes Kapitel über *Die Stellung der Frau in der Urgesellschaft* voran. Morgans und Engels' Thesen über die Formen der Familie und das Mutterrecht wurden so popularisiert und daraus weitgehende Forderungen wie das Frauenwahlrecht abgeleitet.[15]

Morgans Existenz-Kommunismus

Kein Marxist, sondern der bereits erwähnte Jurist und Ethnologe Lewis Henry Morgan versah als erster die Urgeschichte der Menschheit mit dem Terminus „kommunistisch". In seinem im Todesjahr 1881 erschienenen letzten Werk *Houses and House-life of the American Aborigines* widmete er sich einem Konzept, das er „Communism in Living", „Existenz-Kommunismus", nannte. Morgan schrieb: „Existenz-Kommunismus entsprang der Notwendigkeit der Familie, die vor der späteren Phase der Barbarei eine zu schwache Organisationsform darstellte, um alleine den Überlebenskampf aufnehmen zu können." Im Existenz-Kommunismus wurde gemeinsam gefischt, gejagt, wurden Mais und andere Pflanzen gemeinsam kultiviert: „Sie errichteten große Wohnhäuser, in denen mehrere Familien untergebracht werden konnten, anstatt kleinerer Behausungen für Einzelfamilien; große

15 vgl. August Bebel, Die Frau und der Sozialismus, Bonn 1994, 45-59.

Häuser waren der Regelfall in allen Teilen Amerikas zu Zeit der Ureinwohner. (...) Zu einem großen Teil war der Existenz-Kommunismus ein notwendiges Resultat der Lebensbedingungen der indianischen Stämme."[16]

Morgan zog eine große Menge an ethnologischer und historischer Literatur heran, um die beiden Hauptthesen seines Werks, das „Gesetz der Gastfreundschaft" (*Law of Hospitality*) und den „Existenz-Kommunismus" (*Communism in Living*) zu belegen. Er studierte sogar Berichte aus dem 15. Jahrhundert über die Entdeckungsreisen des Columbus, um über die ersten Kontakte der Europäer mit amerikanischen Ureinwohnern zu forschen.

Urkommunismus in Sozialdemokratie und Marxismus

Wann der Begriff „Urkommunismus", ins Englische mit dem Ausdruck *Primitive Communism* übersetzt, eingeführt wurde und wer ihn als erster niederschrieb, ist unklar. In Engels' Werk aus dem Jahr 1884 findet er sich nicht, auch nicht in der heute gängigen vierten überarbeiteten Auflage, die sieben Jahre später erschien. Es wird darin lediglich von „alter kommunistischer Haushaltung" und „altem Kommunismus" gesprochen.

Im 24. Kapitel der *Theorien über den Mehrwert* wird eine der zwei Hauptformen der „ursprünglichen Einheit zwischen Arbeiter und Arbeitsbedingungen" als „asiatisches Gemeinwesen (naturwüchsiger Kommunismus)" beschrieben.[17] Grundlage dieser posthumen Veröffentlichung bildete ein umfangreiches ökonomisches Manuskript, das Karl Marx von Januar 1862 bis Juli 1863 geschrieben hatte. Es dauerte relativ lange, bis wieder ähnliche Bezeichnungen in den Schriften von Marx und Engels auftauchten. Im Herbst 1894 erschien der dritte Band des *Kapital*, in dem Engels von der „dem urwüchsigen Kommunismus entsprossene[n] Markgenossenschaft", von „minder kommunistisch organisierten Gemeinden", die naturwüchsig organisiert waren, und schließlich dem „Urkommunismus" selbst spricht.[18] Ähnliche Bezeichnungen finden sich auch im Rest des Bandes. In einem Brief, datiert vom 11. März 1895, meint er: „[D]er ursprüngliche Kommunismus kannte keinen Wert"[19]

In der 1890 erschienenen Schrift *Die Entwicklung des Eigenthums* des französischen Sozialisten Paul Lafargue lautet das zweite Kapitel in der deutschen

16 vgl. Lewis Henry Morgan, Houses and House-life of the American Aborigines, Chicago 1965 (1881), 63.

17 vgl. Karl Marx, Theorien über den Mehrwert. Dritter Teil, MEW 26.3, Berlin 1969, 1135.

18 vgl. Friedrich Engels, Ergänzung und Nachtrag zum III. Buche des „Kapitals", MEW 25, Berlin 1983, 897-919, 906-911.

19 vgl. Friedrich Engels, Engels an Werner Sombart in Breslau, MEAW 6, Berlin 1973 (1895), 620-22, 620.

Übersetzung auf den Titel „Der Urkommunismus".[20] Die Schrift wurde von Eduard Bernstein aus dem Französischen ins Deutsche übertragen. Im Original nannte Lafargue das Kapitel *le communisme primitif*, was ins Englische, genauso wie die erwähnten Bezeichnungen von Engels, als *Primitive Communism* übersetzt wurde. Es liegt die Vermutung nahe, daß der Begriff in der Übersetzung von Bernstein erstmals entstand und vier Jahre später von Engels übernommen wurde.

Anknüpfend an die Ergebnisse von Engels wandten sich Marxisten und sozialdemokratische Theoretiker dem Konzept des Urkommunismus zu. Aufgrund der fehlenden empirischen Basis beschränkten sie sich zumeist darauf, Engels' Ausführungen zu wiederholen. Die Erforschung der Urgeschichte hatte bei den frühen Marxisten eine sehr geringe Bedeutung – so verfügte auch keiner von ihnen über eine prähistorische Ausbildung. Es fehlten das wissenschaftliche Handwerk und die archäologischen und anthropologischen Methoden, um die Thesen von Engels weiterzuentwickeln. Die Situation in verschiedenen Weltregionen oder in unterschiedlichen Epochen wurden dadurch veranschaulicht, indem man bürgerliche Wissenschaftsbände, zu oft leider auch nur populärwissenschaftliche Werke, heranzog und den Zusammenfassungen von Engels und Morgan unsystematisch beigefügte.

Die in diesem Sammelband abgedruckten Texte sollen unter anderem einen kleinen Einblick in die Entwicklung des Terminus „Urkommunismus" in der marxistischen Forschung, von der „Internationalen Arbeiter Assoziation" (Erste Internationale) bis zum Nachkriegsmarxismus in der zweiten Hälfte des 20. Jahrhunderts, bieten. Neben der Begriffsentwicklung in knapp 80 Jahren wird auch eine Auswahl aus verschiedenen Strömungen geboten.

Den Anfang nach Engels machte wie erwähnt der französische Sozialist Paul Lafargue. Er versuchte anknüpfend an die Arbeiten von Marx, Engels und Morgan die Entwicklung des Privateigentums zu skizzieren. Die Teile über die Urgeschichte in seinem Buch, eine Antwort auf die Angriffe des Professor Huxley auf Rousseau und dessen Vorstellung menschlicher Gleichheit, entsprangen mehreren Vorstudien, die Lafargue bereits zuvor unter dem Titel *Das Mutterrecht* publiziert hatte.[21] In den englischen Zeitungen *The Daily News* und *Daily Telegraph* wurde *Die Entwicklung des Privateigenthums* besprochen und ein Augenmerk auf das Kapitel über den Urkommunismus gerichtet, war doch eine derartige marxistische Methode zur Analyse der Urgeschichte im englischen Sprachraum unbekannt, denn die Übersetzung von Engels' Buch ins Englische wurde erst zwölf Jahre nach Lafargues Arbeit fertiggestellt.

20 vgl. Paul Lafargue, Die Entwicklung des Privateigenthums, London 1890, 9-15.

21 vgl. Paul Lafargue, Das Mutterrecht. Studie über die Entstehung der Familie, Die Neue Zeit. 4/6, 1886, 241-51 und Paul Lafargue, Das Mutterrecht. Studie über die Entstehung der Familie, Die Neue Zeit. 4/7, 1886, 289-303.

Urkommunismus und Agrarkommunismus

Eine ausführliche Studie über ursprüngliche kommunistische Eigentumsverhältnisse führte die polnische Sozialdemokratin Rosa Luxemburg im Rahmen ihrer Arbeit *Einführung in die Nationalökonomie* durch, die als Vorarbeit für ihre „Berliner Vorlesungen" von 1907–1914 entstand. Luxemburg trug aus vielen ethnologischen und archäologischen Werken ihrer Zeit eine breite Datenbasis zusammen. Ausgehend von den Forschungen zu den Germanen wollte sie zeigen, daß der „Agrarkommunismus" keine „spezifisch germanische Einrichtung" gewesen war, die sich durch die „Eigentümlichkeiten des germanischen Volkscharakters" erklären ließ.[22] Vielmehr verallgemeinerte Luxemburg die Ergebnisse der Studien zur germanischen und slawischen Geschichte bis hin zur Entwicklung in Indien und im Inka-Reich.

Doch saß Luxemburg einem methodologischem und terminologischem Fehler auf, der auch von anderen Autoren übernommen wurde. Sie analysierte Gesellschaften, die kein Privateigentum an Grund und Boden kannten. Sofern die Besitzverhältnisse in diesen auf „uraltem Gemeineigentum" basierten, wurden sie als Beleg für den Urkommunismus angesehen. Doch war ein Kennzeichen der ersten Klassengesellschaften, deren Charakteristika als „militärische Despotie" oder „asiatische Produktionsweise" bezeichnet werden, ihre Entstehung aus dem Gemeineigentum. Die unmittelbaren Produzenten wurden nicht von Grund und Boden getrennt, stattdessen begann ihre Entwicklung auf der Basis eines noch bestehenden Gemeineigentums, dessen Träger der Stamm oder die Dorfgemeinschaft war. Luxemburg folgte in ihrer Terminologie den frühen Schriften von Marx und Engels, in denen die asiatische Produktionsweise auch als „naturwüchsiger Kommunismus" bezeichnet wird.[23] Luxemburg verwendet auch Begriffe wie „Agrarkommunismus", „kommunistisches Gemeinwesen" oder ähnliches, um die Eigentumsverhältnisse zu beschreiben. In der späteren Edition ihrer *Gesammelten Werke* finden sich all diese Begrifflichkeiten gesammelt unter dem Registereintrag „Urkommunismus", womit der Leserschaft der Eindruck vermittelt wird, es handle sich um Ausführungen über die urkommunistische Gesellschaftsformation vor dem Beginn der Klassengesellschaft und nicht, wie es der Fall ist, um Beschreibungen der Eigentumsverhältnisse früher Klassengesellschaften.

Luxemburgs Methode und ihren Beispielen sind viele sozialdemokratische und marxistische Autoren gefolgt. Darunter etwa der linke Sozialdemokrat August Sei-

22 vgl. Rosa Luxemburg, Einführung in die Nationalökonomie, GW 5, Berlin 1985, 524-778, 596.
23 vgl. u.a. Karl Marx, Mehrwert, 1135.

den in den 1920er Jahren, der in genau der Art und Weise Luxemburgs die frühen Besitzverhältnisse auf dem Gebiet der Germanen und Inkas, in Indien, Afrika und Rußland erläuterte. So interessant und wertvoll die Studien von Luxemburg und Seiden auch sind, beschreiben sie doch keine urkommunistischen Gesellschaftsformationen, sondern im Entstehen begriffene frühe Klassengesellschaften. Der Kommunist Heinrich Eildermann hütete sich davor, diesen Fehler ebenfalls zu begehen und beschränkte sich in seiner Monographie aus den frühen 1920er Jahren klar auf die Zeit des Paläo- und Mesolithikums.

Plechanow, die Dialektik und der Historische Materialismus

Der „geistige Vater des russischen Marxismus" Georgi Plechanow erkannte schließlich die zentrale Bedeutung von Morgans und Engels' Thesen für die Bestätigung des Historischen Materialismus. Bereits in seinen *Vorlesungen über die materialistische Geschichtsauffassung* aus dem Jahr 1901 versuchte er, Engels' Ansätze als einer der wenigen Marxisten zu jener Zeit weiterzuentwickeln.[24] In seinem Werk „Über materialistische Geschichtsauffassung" (1898) legte Plechanow das Ende der egalitären Gesellschaften dar: „Der Urkommunismus verschwand infolge des Anwachsens der Produktivkräfte. Die Produktivkräfte wachsen aber nur allmählich. Deshalb wachsen auch nur allmählich die neuen tatsächlichen Beziehungen der Menschen im gesellschaftlichen Produktionsprozeß. Deshalb wächst auch nur allmählich die durch die alten Normen oder Bräuche ausgeübte Hemmung und folglich auch das Bedürfnis, den neuen *tatsächlichen* (ökonomischen) Beziehungen der Menschen den entsprechenden *juridischen* Ausdruck zu verleihen. (...) Wenn die alten juridischen Normen für einen gewissen Teil der Gesellschaft hinderlich sind, ihre Alltagsziele zu erreichen, ihre dringenden Bedürfnisse zu befriedigen, so wird ihr hemmender Charakter diesem Teil der Gesellschaft unbedingt und außerordentlich leicht zum Bewußtsein kommen. (...) Aber von dem Bewußtsein, daß die gegebene juridische Form hemmend wirkt, ist es natürlich noch ein weiter Weg bis zum *bewußten Bestreben, sie aufzuheben*. Anfänglich suchen die Menschen, sie in jedem einzelnen Fall einfach zu umgehen. (...) Aber die neue ökonomische Ordnung faßte allmählich festen Fuß, die alte Familie geriet immer mehr ins Wanken; die Familienmitglieder, die an der Aufhebung der alten Familienformen interessiert waren, erhoben das Haupt immer höher und höher; die Teilungen des Haushalts wurden immer häufiger, und endlich verschwand die alte Sitte und machte einer neuen Sitte Platz, die durch die neuen Verhältnisse,

24 vgl. Georgi Plechanow, Die materialistische Geschichtsauffassung. Erste bis vierte Vorlesung, in: Georgi Plechanow, Kunst und Literatur, Berlin 1955, 3-40.

die neuen *tatsächlichen* Beziehungen, die neue *Ökonomie* der Gesellschaft hervorgerufen worden war."[25]

Durch die Auffindung eines „urwüchsigen kommunistischen Gemeinwesens" vor Entstehung stratifizierter Gesellschaften wurde eines der Bewegungsgesetze der materialistischen Dialektik bestätigt: die „Negation der Negation". Die Grundlage der Dialektik ist die Bewegung, die zu einer Veränderung führt. Die Bewegung von einem bestimmten historischen Zeitpunkt zu einem anderen ist die Negation. Doch stellt sich dadurch kein Endzustand ein, denn die Bewegung geht weiter. Es verändert sich nun allmählich auch dieser Zustand und geht in ein neues Stadium über. Sobald die vollständige Umwandlung eines Sachverhalts in einen anderen abgeschlossen ist, wird von der Negation der Negation gesprochen. Etwa bei der Entstehung der Klassengesellschaften kann man zunächst die ersten Klassengesellschaften mit Nutzungsrecht an Produktionsmitteln ausmachen. Diese wandeln sich in die antiken Sklavenhaltergesellschaften ohne Nutzungsrecht an Produktionsmitteln um (Negation). Dem folgt eine Formation mit Nutzungsrecht an Produktionsmitteln, der Feudalismus (Negation der Negation). Übergreifend über die verschiedenen Epochen wirken ebenfalls die Gesetze der Dialektik: Die als urkommunistisch bezeichnete Gesellschaftsformation wird vollständig in eine Klassengesellschaft mit ihren verschiedenen Entwicklungsstufen umgewandelt (Negation), diese jedoch in Folge wieder in eine zukünftige klassenlose Gesellschaft weiterentwickelt (Negation der Negation).[26]

Die materialistische Dialektik lehrt, daß ein Zustand A niemals gleich A ist, sondern A nur eine bestimmte, einmalige Erscheinung zu einem konkreten Zeitpunkt markiert. Selbst zwei anscheinend gleiche Gegenstände sind niemals ident, somit ist A gleich A'. Gleiches gilt auch für Gesellschaftsformationen. Mögen die Eigentumsverhältnisse in den urkommunistischen Gesellschaften ähnlich der zukünftigen kommunistischen Gesellschaft sein und ist hier wie da die Gesellschaftsordnung nicht stratifiziert, so wird die zukünftige klassenlose Gesellschaft nicht wie jene des steinzeitlichen Gemeinwesens aussehen. Denn eine Gesellschaft schließt immer auch Aspekte der vorhergegangenen Stufe ein, zivilisatorische Errungenschaften werden beibehalten. Erst wenn sich die Produktivkräfte in Destruktivkräfte wandeln, sind die Bedingungen für eine neue, höhere Gesellschaft gegeben. Deshalb fragte auch der deutsche Soziologe und Marxist der 1920er Jahre Karl August Wittfogel danach, ob wir denn „wieder Urkommunisten werden" wollen. Die zukünftige klassenlose Gesellschaft wird eine Gesellschaft sein, die die zivilisatorischen Entwicklungen der nicht-egalitären Gesellschaftsformationen in sich

25 siehe Georgi Plechanow, Über materialistische Geschichtsauffassung, Berlin 1958, 34f.

26 vgl. Bernhard Brosius, Strukturen der Geschichte. Eine Einführung in den Historischen Materialismus, Köln 2007, 15-33.

aufnimmt. Nach dem marxistischem Denkmodell handelt es sich dabei um einen „Kommunismus in Wohlstand“, und nicht um jenen Urkommunismus, den Engels meinte, und den der Marxist Ernest Mandel 1979 mit den Worten beschrieb, die „herbeigeschafften Lebensmittel reichten kaum aus, um die Gemeinschaft zu ernähren“.[27] Der Urkommunismus ist für Marxisten also nicht etwas Erstrebenswertes, sondern ein propagandistisches Werkzeug, um argumentieren zu können, daß es für die Menschheit möglich ist, in einer egalitären Gesellschaftsordnung zu leben, denn dies, so meinen sie, habe die Menschheit bereits mehrere hunderttausend Jahre lang getan. Die Klassengesellschaft sei nur eine sehr kurze Episode der menschlichen Entwicklung. Darin liegt für Marxisten die Essenz der Erforschung der Urgeschichte, denn „nur wer sich über die spezifischen ökonomischen Eigentümlichkeiten der urkommunistischen Gesellschaft, aber nicht minder über die Besonderheiten der antiken Sklavenwirtschaft und der mittelalterlichen Fronwirtschaft klare Rechenschaft ablegt, kann mit voller Gründlichkeit erfassen, warum die heutige kapitalistische Klassengesellschaft zum ersten Mal geschichtliche Handhabe zur Verwirklichung des Sozialismus bietet und worin der fundamentale Unterschied der sozialistischen Weltwirtschaft der Zukunft von den primitiven kommunistischen Gruppen der Urzeit besteht.“[28]

Zwei Formen des Urkommunismus

Zwei Inhalte können von marxistischer, sozialdemokratischer und sozialistischer Seite ausgemacht werden, mit denen der Begriff „Urkommunismus“ in der Zeit von Engels bis ins späte 20. Jahrhundert gefüllt wurde. Erstens deutete man ihn in Anlehnung an Engels als einen „Kommunismus der Armut“, der in der Zeit der Jäger und Sammler bestanden hatte. Ein Resultat des von der Natur ausgeübten Zwangs, unter dem sich die Menschen in größere, egalitär organisierte Einheiten zusammenschließen mußten, um überleben zu können. Mit der Möglichkeit der Erwirtschaftung eines Mehrprodukts, ab der Einführung von Ackerbau und Viehzucht, wandelte sich diese Gesellschaftsformation weg von der ursprünglichen Egalität. In diesem Sinne wurde der Urkommunismus auch in der Wissenschaft der Sowjetunion und der DDR bestimmt. Dabei versuchten die Forscher teilweise, die Periode des Neolithikums noch in eine ausgehende Phase des Urkommunismus zu inkludieren und die „militärische Despotie“ bzw. „militärische Demokratie“, also die erste Klassengesellschaft, mit dem Metallzeitalter (der Zeit, in der Eisen den Stein als hauptsächliches Produktionsmittel ablöste) beginnen zu lassen.

27 vgl. Ernest Mandel, Einführung in den Marxismus, Köln [7]2002 (1979), 23.
28 vgl. Rosa Luxemburg, Einführung, 652.

Wurden so zwar erste marxistische Gesamtdarstellungen der Urgeschichte Osteuropas und Ostdeutschlands aus archäologischem Blickwinkel geboten und neue Forschungsergebnisse miteinbezogen, blieb die Methodik weiterhin auf die sogenannten marxistischen Klassiker und die Arbeiten von Morgan beschränkt. In den methodischen Einleitungen werden meist nur Morgan, Marx, Engels und Lenin, teilweise auch Stalin, angeführt. Die Untersuchungen in den realsozialistischen Ländern sind von diesem Gesichtspunkt aus somit in manchen Punkten sogar ein Rückschritt hinter Luxemburg, Wittfogel und Eildermann.

Die zweite Verwendung des Begriffs „Urkommunismus" entfernte sich weiter weg von Engels und bezog sich, wie bei Luxemburg und Seiden, auf Gesellschaften, die zwar stratifiziert organisiert sind, aber das Gemeineigentum an Grund und Boden noch beibehalten. Dies ist auch ein Zugang, der vom irischen Sozialisten und Gewerkschaftsführer James Connolly Anfang des 20. Jahrhunderts gewählt wurde. Eine Rückbesinnung auf eine Zeitspanne X, die vor einem Zeitpunkt Y, der Invasion fremder Kolonialherren, bestanden hatte, sollte den nationalen Befreiungskampf legitimieren. Dazu spannte Connolly den Bogen bis zur anglonormannischen Invasion Ende des 11. Jahrhunderts, die die spätere britische Herrschaft über Irland einläutete. Gleichzeitig ging er aber in seiner Charakterisierung früherer Gesellschaften als „kommunistisch" weit über die Ansichten späteren DDR- und UdSSR-Forscher hinaus. So endet bei ihm eine relativ friedliche, gar nahezu egalitäre gälische Urzeit erst mit der Etablierung der anglo-normannischen Herrschaft, lange nach dem Ende der irischen Eisenzeit.

Eine klarere Trennung nahm der kurdische Nationalist Abdullah Öcalan vor. Er beschäftigt sich seit den 1990er Jahren mit der Ur- und Frühgeschichte des Nahen und Mittleren Ostens. Setzten seine anfänglichen Schriften bei den ersten Klassengesellschaften der Region und der „Sklavenhaltergesellschaft der Sumerer" ein[29], so ging er in einer Schrift über seine Heimatstadt Urfa weiter zurück und wandte sich gegen die Geschichtsschreibung, die „von den Klassengesellschaften beeinflußt" ist. Es hätte nach Öcalan einst eine Lebensführung gegeben, „die nicht auf Ausbeutung, Unterdrückung und Raub aufbaute".[30] In einem weiteren Werk legte er schließlich sein Konzept einer „natürlichen Gesellschaft" nieder, in der die Menschen egalitär im Einklang mit der Natur lebten.[31] Öcallan versuchte zu zeigen, daß einerseits die Wiege der menschlichen Zivilisation auf dem Gebiet des heutigen Kurdistans zu finden sei und andererseits dort vor Jahrtausenden eine friedliebende und egalitäre Bevölkerung seßhaft war, womit der kurdische Befreiungskampf legitimiert und der Wunsch nach Autonomie bekräftigt wird.

29 vgl. Abdullah Öcalan, Gilgameschs Erben. Von Sumer zur demokratischen Zivilisation, Bd.1, Bremen 2003.
30 vgl. Abdullah Öcalan, Urfa. Segen und Fluch einer Stadt, Verteidigungsschriften, Köln 2008 (2001), 18.
31 vgl. Abdullah Öcalan, Jenseits von Staat, Macht und Gewalt, Verteidigungsschriften, Köln 2010, 5-12.

Egalitäre Gesellschaften in der westlichen Wissenschaft

Einen etwas anderen Zugang wählten die Vertreter der westlichen Wissenschaft, unter ihnen Vere Gordon Childe, ein Sozialist und der Begründer der modernen angelsächsischen Archäologie.[32] Vor seinem Studium in England war er Mitarbeiter der australischen Labour Party und entschiedener Gegner des Ersten Weltkriegs. Ausgerüstet mit einem profunden marxistischen Handwerkzeug widmete er sich als ausgebildeter Archäologe intensiven Feldforschungen. Seine Ergebnisse führten Childe zu der Ansicht, daß die Einführung von Ackerbau und Viehzucht einen für die Menschheit revolutionären Wandel der Produktivkräfte mit sich gebracht hatte, vergleichbar den Ereignissen der Industriellen Revolution. Er nannte diese Phase die „Neolithische Revolution", die vom Fruchtbaren Halbmond, jenem Gebiet, das sich von Palästina über die Levante und Anatolien bis nach Mesopotamien spannt, ausgegangen war.[33]

Childe hielt zwar an der Morganschen Terminologie von Wildheit, Barbarei und Zivilisation fest, doch verfolgte er nicht das Ziel, den Marxismus einfach zu bestätigen, sondern die Urgeschichte als Sozialist mit der Methodik des Materialismus und der Dialektik zu erfassen. So hing er auch anders als viele marxistische Autoren und sowjetischen Wissenschaftler nicht starr an Engels' Schrift.[34] Die Neolithische Revolution nahm nach Childe mit dem Ackerbau und der Viehzucht erst ihren Ausgangspunkt, gefestigt wurde die Klassengesellschaft mit der städtischen Revolution, ausgehend von Mesopotamien.[35]

Childe geht von einem langen revolutionären Prozeß aus, bis sich schließlich die neue Produktionsweise durchgesetzt habe. Diese Konzept wurde von dem marxistischen Historiker Jürgen Kuczynski in der zweiten Hälfte des 20. Jahrhunderts ausführlich weiterverfolgt.[36] Die Revolution der Produktivkräfte beginnt laut Childe und Kuczynski bereits in der alten Produktionsweise, im Falle der Neolithischen Revolution noch im Epipaläolithikum. Es kommt zur ersten Revolution der Produktivkräfte, und es entwickelt und etabliert sich die neue Produktionsweise – die erste Klassengesellschaft beginnt langsam ihre Wurzeln zu schlagen. Doch erst mit der zweiten Revolution der Produktivkräfte, der von Childe angenommenen

32 Als Einstieg zu Leben und Wirken von Vere Gordon Childe sind zu empfehlen: Bernhard Brosius, Vere Gordon Childe. Archäologe – Marxist – Revolutionär, Mannheim 2007, www.urkommunismus.de und Neil Faulkner, Gordon Childe and Marxist Archaeology, International Socialism 116, London 2007.

33 Für nähere Informationen zum Begriff der Neolithischen Revolution siehe die Erläuterung in diesem Band.

34 vgl. u. a. Vere Gordon Childe, Der Mensch schafft sich selbst, Dresden 1959; und Vere Gordon Childe, Stufen der Kultur. Von der Urzeit zur Antike, Zürich 1952.

35 vgl. Vere Gordon Childe, Vorgeschichte der europäischen Kultur, Hamburg 1960, 63-79.

36 vgl. Jürgen Kuczynski, Vier Revolutionen der Produktivkräfte, Berlin 1975 und Jürgen Kuczynski, Asche für Phönix, Köln 1992.

„Urbanen Revolution“, wird die neue Produktionsweise gefestigt. Die drei Phasen der Revolution dauern also 7.000 bis 9.000 Jahre an.

Eine ähnliche Idee von extrem langen revolutionären Prozessen verfolgen in unserer Zeit der englische Anthropologe und Marxist Chris Knight und die sich um ihn gruppierende „Radical Anthropology Group“ (RAG). Die von ihm beschriebene „erste und größte Revolution der Menschheit“, die sogenannte „Menschliche Revolution“ – jener Akt, im Zuge dessen die Menschheit aus dem Tierreich emporstieg und begann, die Natur zu beherrschen – umfaßte mehrere 10.000 Jahre.

Die RAG setzt sich aus marxistischen Anthropologen zusammen, die seit den 1980er Jahren versuchen, die Entwicklung der Menschheit bis zum Beginn der Klassengesellschaften zu analysieren, sowie Engels' und Morgans Konzepte auf die nord- und westeuropäischen Inseln anzuwenden. Sehr stark sind sie an der Vorstellung orientiert, in der Urgeschichte sei das Matriarchat vom Patriarchat abgelöst worden. So beschreibt die RAG den Urkommunismus als eine Zeit des Matriarchats, die im Widerstreit der beiden Geschlechter geendet hätte. Mit dem Aufschwung des Mannes als dominierendem Geschlecht kam es auch zum Sieg der Klassengesellschaft über die egalitäre Gesellschaftsformation.[37]

Auch die Anthropologin Marija Gimbutas hing der Vorstellung einer matriarchalen Gesellschaft vor den Einfällen der indogermanischen Reiterstämme aus dem Osten an. Gimbutas wuchs in den 1920er Jahren in Litauen auf und war mit Sicherheit stark mit der sowjetischen Wissenschaft vertraut, galt ihre erste archäologische Arbeit doch den Slawen im Baltikum. Sie prägte den Begriff „Alteuropa“, der eine friedliche, matriarchale Welt beschreibt, vor den Einfällen der patriarchalen, kriegslüsternen Indogermanen.[38] In marxistische Terminologie übersetzt könnte von einer egalitären Urgesellschaft gesprochen werden, die von den Indogermanen zerschlagen wurde. Diese errichteten die neue Gesellschaftsformation der „militärischen Despotie“. Dieser Ansatz einer egalitären Gesellschaft vor der Indogermanisierung Europas steht im Widerspruch zur Annahme Luxemburgs, die meinte, der „Agrarkommunismus“ sei „bereits bei drei so wichtigen Zweigen der großen indogermanischen Völkerfamilie – bei den Germanen, Slawen und Indern – vorgefunden“ worden.[39]

Gimbutas gilt als die wissenschaftliche Wegbereiterin der modernen Matriarchatsthese. Ihre Interpretation (und die späterer Archäologen und Anthropolo-

37 Neben der im Band abgedruckten Texte seien vor allem folgende Arbeiten als Einstieg empfohlen: Chris Knight, Blood Relations. Menstruation and the Origins of Culture, New Haven/London 1991; Chris Knight, The Origins of Human Society, London 1989; Camilla Power, Women in Prehistoric Art; in: In Gunter Berghaus (ed.), New Perspectives on Prehistoric Art, London 2004, 75-103; und: Camilla Power, Sex and the Human Revolution, Weekly Worker 650, 2006.

38 Mehr zum Begriff „Alteuropa“ findet sich in einer Erläuterung in diesem Band.

39 vgl. Rosa Luxemburg, Einführung, 601.

gen) von Funden weiblicher Figuren als „Muttergottheiten"[40] läßt sich mit ernsthaften wissenschaftlichen Methoden jedoch nicht belegen. Genauso gut können diese Artefakte auch anders gedeutet werden. Gleichzeitig gibt es zahlreiche Ausgrabungsergebnisse, die der Matriarchatsthese widersprechen. Die neolithische Siedlung und Ausgrabungsstätte Çatalhöyük in der Türkei wird aufgrund mehrerer dort gefundener weiblicher Figürchen als Beleg für den Glauben an eine Muttergottheit herangezogen, doch widerspricht diesem Befund der Forschungsleiter Ian Hodder: „Die Arbeiten des aktuellen Projekts (...) lassen uns keine klaren Unterschiede in der Stellung von Mann und Frau im täglichen Leben ausmachen."[41] Viel eher ist davon auszugehen, daß die urgeschichtlichen Gesellschaften, wie Gimbutas' „Alteuropa" oder der Urkommunismus bzw. die Urgesellschaft von Engels und Morgan, nicht nur sozial und politisch egalitär organisiert waren, sondern es auch keine hierarchischen Unterschiede zwischen den Geschlechtern gab. Es sollten daher nicht für oder gegen ein in der Urzeit herrschendes Matriarchat oder Patriarchat Argumente gefunden, sondern von der Gleichstellung der Geschlechter in einem Geschlechterdualismus gesprochen werden. In den egalitären Gesellschaften hätten so nicht nur keine Klassen existiert, sondern auch keine sozialen, politischen oder kulturelle Unterschiede zwischen den Geschlechtern.

Die neolithischen Gesellschaften in Anatolien

Ein Motiv für die Herausgabe dieses Bandes „linker Klassiker" war auch ihre Verbindung mit neuen archäologischen Erkenntnissen aus der heutigen Türkei. Seit knapp zwei Jahrzehnten intensivieren sich dort merklich die archäologischen Forschungen. Das Hauptinteresse der Grabungsleiter gilt der Untersuchung der Entstehung erster Großsiedlungen und dem Beginn der Kultivierung und Domestizierung von Wildpflanzen und -tieren.[42] In den 1990er Jahren begann der englische Archäologe Ian Hodder mit neuen Ausgrabungen in Çatalhöyük, nahe der heutigen Stadt Konya. 7.400 Jahre vor unserer Zeit lebten hier 3.500 bis 8.000 Menschen.[43] War die neolithische Siedlung bis zu Hodders Eintreffen vor allem auf-

40 vgl. Marija Gimbutas, Göttinnen und Götter im Alten Europa. Mythen und Kultbilder 6500–3500 v. Chr., Uhlstädt-Kirchhasel 2010 (1974).

41 vgl. Ian Hodder, Ethics and Archaeology: The Attempt at Çatalhöyük, Near Eastern Archaeology, Vol 65/3, Sep. 2002, 174-181, 178.

42 Es sei vor allem auf einen hervorragenden Ausstellungsband hingewiesen: Badisches Landesmuseum Karlsruhe (Hg.), Die ältesten Monumente der Menschheit. Vor 12.000 Jahren in Anatolien, Karlsruhe/Stuttgart 2007.

43 Als interessanter Ansatz, wie Çatalhöyük aus marxistischer Sicht interpretiert werden kann, sei folgender Text empfohlen: Bernhard Brosius, Von Cayönü nach Catal Hüyük. Entstehung und Entfaltung einer egalitären Gesellschaft, München 2004, www.urkommunismus.de.

grund der künstlerischen Hinterlassenschaften ihrer Bewohner bekannt gewesen, so vertiefte sich seither das Bild der gesellschaftlichen Organisation dieser Stadt.

Hodder gilt jeglicher sozialistischer Tagträumerei als unverdächtig. Seine wissenschaftstheoretischen Arbeiten seit den 1980er Jahren machten ihn zu einem der einflußreichsten Urgeschichtler Englands, inklusive Lehrstühlen in Cambridge und Stanford. Nach Jahren intensiver Feldforschung kommt er zweifelsfrei zum Schluß, es muß sich bei Çatalhöyük um eine „egalitäre Siedlung" gehandelt haben.[44]. Eine Bestätigung dafür fand er in der Architektur der Wohnhäuser, die keine Unterschiede in Baumaterial, -weise, Größe oder Funktion erkennen lassen. Auch zunächst angenommene Belege für gesellschaftliche Stratifikation erwiesen sich als nicht haltbar, denn die sogenannten „History Houses" seien nach Hodder „nichts Besonderes", womit „die Erwartungen nach sozialen Differenzen (...) enorm gedämpft" wurden.[45] Weiters konnten weder anhand von Bestattungssitten, noch durch Grabbeigaben soziale oder religiöse Unterschiede ausgemacht werden. Alle menschlichen Skelette wiesen Spuren jahrelanger Arbeit auf. Die Menschen verrichteten zwar nicht alle die gleiche Arbeit, aber es arbeiteten alle in der gleichen Intensität. Michael Balter schrieb im Wissenschaftsmagazin *Science*, die neuen Ausgrabungen hätten „wenige Belege für Arbeitsteilung gebracht".[46] Auch gibt es keine Hinweise auf Kriegsführung und keine Verteidigungsanlagen. Die Stabilisierung der Gesellschaft oblag nicht einer Beamten- oder Priesterkaste, sondern dem einzelnen Haushalt. Mehrere Wissenschafter folgten Hodder in dieser Interpretation[47] und so resümierte *Science*: „Çatalhöyük zeigt keine Belege öffentlicher Häuser oder von Arbeitsteilung und scheint trotz seines dramatischen Wachstums eine ‚egalitäre Siedlung' geblieben zu sein", dies sei wohl gar ein „weiterer Trend gewesen".[48]

Hodder nimmt somit eine egalitäre Gesellschaft *nach* der Seßhaftwerdung und der Kultivierung wichtiger Wildpflanzen an. Seine Erkenntnisse stehen im deutlichen Widerspruch zu klassisch-marxistischen Theorien, die meinen, mit der Erzeugung von Mehrprodukt ab der Neolithischen Revolution hätte sich die Gesellschaft in Klassen gespalten. Doch der türkische Archäologe und Mehmet Özdoğan setzt die eigentliche Neolithisierung erst später an. Etwa zeitgleich mit dem Ende

44 vgl. Ian Hodder, Çatalhöyük. The Leopard's Tale. Revealing the Mysteries of Turkey's Ancient ‚Town', London 2011 (2006), 98.

45 vgl. Ian Hodder, 2010 Season Review: A Decorated House Found at Çatalhöyük; in: Çatalhöyük Research Project (eds.), Çatalhöyük 2010 Archive Report, 2.

46 vgl. Michael Balter, The First Cities. Why Settle Down? The Mystery of Communities, Science 20/Nov. 1998, Vol 282/5393, 1442.

47 vgl. u. a. Bahadir Yildrim/Marie-Henriette Gates, Archaeology in Turkey, 2004-2005, American Journal of Archaeology 111/2007, 275-356, 280.

48 vgl. Michael Balter, A Long Season Puts Çatalhöyük in Context, Science 29/Oct. 1999, Vol 286/5441, 890f., 891.

von Çatalhöyük hätte sich die Wirtschaftsweise stark verändert. Die Siedlungsstruktur brach zusammen und nur wenige Siedlungen überlebten diese Entwicklung. Die Bevölkerung zog gen Westen ab: Im Zuge des Übergangs von egalitärer Gesellschaft zu den ersten Klassengesellschaften sei es zum direkten Zusammenprallen der beiden Systeme über einen längeren Zeitraum im Nahen Osten gekommen. [49]

Ein notwendiger theoretischer Beitrag

Der britische Geologe Charles Lyell bewies 1830, daß die Welt viel älter sein müsse, als jene 6.000 bis 7.000 Jahre, von denen die jüdisch-christliche Vorstellung sprach.[50] Nach biblischer Vorstellung ereignete sich der Rauswurf aus dem Paradies etwa 5.000 Jahre vor Christi Geburt. In etwa zu jener Zeit ging auch die vermeintlich egalitäre, neolithische Gesellschaft in Anatolien und dem Mittleren Osten zu Ende. Dort, an den Ufern von Euphrat und Tigris, begann der Mensch Metalle zu bearbeiten, seine Städte zu befestigen, Waffen zu schmieden und er erlernte die Schrift, damit er die Klassengesellschaft mittels einer Beamtenkaste organisieren konnte. Und genau hier, wo der Pischon, der Gihon, der Euphrat und der Tigris entspringen, da lag es auch, das biblische Paradies, aus dem Adam und Eva verjagt wurden (Gen 2, 11-14). Hat uns die Wissenschaft auch das wahre irdische Alter gelehrt, so müssen wir uns dennoch mit Recht fragen: War der Untergang der neolithischen Kultur des Nahen und Mittleren Ostens jenes Moment, das Eingang in unzählige altertümliche Mythen fand? Legte das Ende der egalitären Gesellschaft den Grundstein für den Gilgamesch-Epos, die Entstehungsgeschichte des Alten Testaments und die griechische Vorstellung des Goldenen Zeitalters, das uns bis heute zu fesseln vermag? Liegt in den größten Mythen der Menschheit jenes Phänomen verborgen, das Engels als den Urkommunismus erkannte?

Die Antwort kann im Rahmen dieses Bandes nicht vollständig gegeben werden. Auch mag die Leserschaft nicht allen abgedruckten Textpassagen zustimmen. Vieles ist wissenschaftlich überholt, die Terminologie wirkt oft fremd und veraltet. Manche Beispiele werden nach neuen Ausgrabungen, teilnehmenden Beobachtungen und modernen Analysen anders datiert oder interpretiert. Doch mit diesen Texten soll ein neues Interesse für die Heranziehung marxistischer Forschungsergebnisse in der Urgeschichte geweckt und gleichfalls ein Beitrag zu einer Beschäftigung mit Theorie in der Ur- und Frühgeschichte geleistet werden.

---

49 vgl. Mehmet Özdoğan, Amidst Mesopotamia-Centric and Euro-Centric Approaches: The Changing Role of the Anatolian Peninsula Between the East and the West, Anatolian Studies 57/2007, 17-24, 20.

50 vgl. Charles Lyell, Principles of Geology, Bd. I-III, London 1830-33.

Während in der angelsächsischen Forschung selbst marxistische Theorie in der Archäologie eine gewisse Relevanz behielt[51], wird die theoretische Beschäftigung auf dem Gebiet der zentraleuropäischen Ur- und Frühgeschichtsforschung durchwegs sträflich vernachlässigt. Verlangt die heutige Geistes- und Sozialwissenschaft ein profundes Verständnis der einflußreichsten wissenschaftlichen Theorien und Schulen, beschränkt sich die Ur- und Frühgeschichtsforschung in Mitteleuropa zu oft auf die systematische Darlegung handwerklich errungener Ergebnisse, ohne diese gebührend mit den uns zur Verfügung stehenden wissenschaftlichen Theorien und philosophischen Denkmodellen zu analysieren und zu interpretieren. Doch von einer Typenreihe eisenzeitlicher Schwerter bleibt nichts mehr als eine anschauliche Systematik vergangener Gegenstände, solange ihre kulturgeschichtliche Bedeutung nicht erfaßt wird.

Mit Ian Hodder und Mehmet Özdoğan soll in diesem Buch auch veranschaulicht werden, wie noch in der heutigen Zeit bürgerliche Wissenschafter marxistische Theorien beeinflussen und bestätigen können, und zugleich die Methoden des Historischen Materialismus und der Dialektik Historikern, Anthropologen, Urgeschichtlern und Archäologen helfen können, moderne Forschungsergebnisse der Urgeschichte zu verstehen. Genau diese Rolle nahm vor knapp 150 Jahren der bürgerliche Ethnologe Lewis Henry Morgan für Engels' *Ursprung* und die marxistische Geschichtsauffassung als Ganzes ein. Um es mit den Worten des 2006 verstorbenen, bedeutenden Historikers der archäologischen Geschichte und Theorie Bruce G. Trigger zu sagen: „Der klassische Marxismus spricht mich an, denn er paßt besser zu meiner Vorstellung menschlichen Verhaltens, als jede andere Theorie, die ich kenne."[52]

51 Zu den aktuellsten Beiträgen auf diesen Feld zählen die Arbeiten von Randall H. McGuire, darunter vor allem: Randall H. McGuire, A Marxist Archaeology, New York 2002; und Randall H. McGuire/Reinhard Bernbeck (eds.), Ideologies in Archaeology, New York 2011; ebenso wie der ausgezeichnete Überblick von Bruce G. Trigger, A History of Archaeological Thoughts, Cambridge 1996.

52 vgl. Bruce G. Trigger, A Reply to Tilley and Nencel, Critique of Anthropology 15/4, 1995, 347-50.

Verwendete Literatur

Johann Jakob Bachofen, Das Mutterrecht. Eine Untersuchung über die Gynaikokratie der alten Welt nach ihrer religiösen und rechtlichen Natur, Stuttgart 1861.

Johann Jakob Bachofen, Antiquarische Briefe. Vornehmlich zur Kenntnis der ältesten Verwandtschaftsbegriffe, Straßburg 1880.

Badisches Landesmuseum Karlsruhe (Hg.), Die ältesten Monumente der Menschheit. Vor 12.000 Jahren in Anatolien, Karlsruhe/Stuttgart 2007.

Michael Balter, The First Cities. Why Settle Down? The Mystery of Communities, Science 20, Vol. 282/5393, November 1998.

Michael Balter, A Long Season Puts Çatalhöyük in Context, Science 29/Oct. 1999, Vol 286/5441, 890f.

August Bebel, Die Frau und der Sozialismus, Bonn 1994 (1879).

Reinhard Bernbeck, Theorien in der Archäologie, Tübingen/Basel 1997.

Bernhard Brosius, Von Cayönü nach Catal Hüyük. Entstehung und Entfaltung einer egalitären Gesellschaft, München 2004, www.urkommunismus.de.

Bernhard Brosius, Strukturen der Geschichte. Eine Einführung in den Historischen Materialismus, Köln 2007.

Bernhard Brosius, Vere Gordon Childe. Archäologe – Marxist – Revolutionär, Mannheim 2007, www.urkommunismus.de.

Vere Gordon Childe, Stufen der Kultur. Von der Urzeit zur Antike, Zürich 1952.

Vere Gordon Childe, Der Mensch schafft sich selbst, Dresden 1959.

Vere Gordon Childe, Vorgeschichte der europäischen Kultur, Hamburg 1960.

Manfred K.H. Eggert, Präshistorische Archäologie. Konzepte und Methoden, Tübingen/Basel 2001.

Manfred K.H. Eggert, Archäologie: Grundzüge einer Historischen Kulturwissenschaft; Tübingen/Basel 2006.

Manfred K.H. Eggert/Ulrich Veit, Theorie in der Archäologie. Zur englischsprachigen Diskussion, Tübinger Archäologische Taschenbücher Bd. 1, Münster/New York/München/Berlin 1998.

Friedrich Engels, Anteil der Arbeit an der Menschwerdung des Affen, MEAW V, Berlin 1972.

Friedrich Engels, Der Ursprung der Familie des Privateigentums und des Staats. Im Anschluß an Lewis H. Morgans Forschungen, Frankfurt/Main 1978 (1884).

Friedrich Engels, Vorwort zur vierten Auflage; in: Friedrich Engels, Der Ursprung der Familie des Privateigentums und des Staats. Im Anschluß an Lewis H. Morgans Forschungen, Frankfurt/Main 1978 (1891), 10-26.

Friedrich Engels, Ergänzung und Nachtrag zum III. Buche des „Kapitals“, MEW 25, Berlin 1983 (1894), 897-919.

Friedrich Engels, Engels an Werner Sombart in Breslau, MEAW 6, Berlin 1973 (1895), 620-22.
Neil Faulkner, Gordon Childe and Marxist Archaeology, International Socialism 116, London 2007.
Marija Gimbutas, Göttinnen und Götter im Alten Europa. Mythen und Kultbilder 6500-3500 v. Chr., Uhlstädt-Kirchhasel 2010 (1974).
Chris Harmann, A People's History of the World, Chicago/Sydney 1999.
Ian Hodder, Ethics and Archaeology: The Attempt at Çatalhöyük, Near Eastern Archaeology, Vol 65/3, Sep. 2002, 174-181.
Ian Hodder, Çatalhöyük. The Leopard's Tale. Revealing the Mysteries of Turkey's Ancient ‚Town', London 2011 (2006).
Ian Hodder, 2010 Season Review: A Decorated House Found at Çatalhöyük; in: Çatalhöyük Research Project (eds.), Çatalhöyük 2010 Archive Report.
Tim Ingold et al. (eds.), Hunters and Gatherers. Vol. 1: History, Evolution and Social Change, New York/Oxford 1988.
Chris Knight, The Origins of Human Society, London 1989.
Chris Knight, Blood Relations. Menstruation and the Origins of Culture, New Haven/London 1991.
Jürgen Kuczynski, Vier Revolutionen der Produktivkräfte, Berlin 1975.
Jürgen Kuczynski, Asche für Phönix, Köln 1992.
Paul Lafargue, Die Entwicklung des Privateigenthums, London 1890.
Richard Borshay Lee, Reflections on Primitive Communism; in: Tim Ingold et al. (eds.), Hunters and Gatherers. Vol. 1: History, Evolution and Social Change, New York/Oxford 1988, 252-69.
Rosa Luxemburg, Einführung in die Nationalökonomie, GW 5, Berlin 1985, 524-778.
Charles Lyell, Principles of Geology, Bd. I-III, London 1830-33.
Ernest Mandel, Einführung in den Marxismus, Köln 72002 (1979).
Karl Marx, Theorien über den Mehrwert. Dritter Teil, MEW 26.3, Berlin 1969.
Karl Marx, Zur Kritik der Politischen Ökonomie. Vorwort, MEAW II, Berlin 1972, 501-506.
Karl Marx/Friedrich Engels, Die Deutsche Ideologie. Kritik der neuesten deutschen Philosophie in ihren Repräsentanten Feuerbach, B. Bauer und Stirner und des deutschen Sozialismus in seinen verschiedenen Propheten, MEW 3, Berlin 1969, 5-530.
Karl Marx/Friedrich Engels, MEW 16, Berlin 1964, 459-502.
Karl Marx/Friedrich Engels, Irland. Insel in Aufruhr, Berlin 1975.
Randall H. McGuire, A Marxist Archaeology, New York 2002.
Randall H. McGuire/Reinhard Bernbeck (eds.), Ideologies in Archaeology, New York 2011.
Lewis Henry Morgan, Die Urgesellschaft. Untersuchungen über den Fortschritt der Menschheit aus der Wildheit durch die Barbarei zur Zivilisation, Wien 1987 (1877).

Lewis Henry Morgan, Houses and House-Life of the American Aborigines, Chicago 1965 (1881).
Abdullah Öcalan, Gilgameschs Erben. Von Sumer zur demokratischen Zivilisation, Bd.1, Bremen 2003.
Abdullah Öcalan, Urfa. Segen und Fluch einer Stadt, Verteidigungsschriften, Köln 2008 (2001).
Abdullah Öcalan, Jenseits von Staat, Macht und Gewalt, Verteidigungsschriften, Köln 2010.
Mehmet Özdoğan, The Appearance of Early Neolithic Cultures in Northwestern Turkey. Some Problems; in: Stefan Hiller/Vassil Nikolov (Hg.), Österreichisch-Bulgarische Ausgrabungen und Forschungen in Karanovo. Bd. III: Beiträge zum Neolithikum in Südosteuropa, Phoibos Verlag, Wien 2000, 165-170.
Mehmet Özdoğan, Amidst Mesopotamia-centric and Euro-centric Approaches: The Changing Role of the Anatolian Peninsula Between the East and the West, Anatolian Studies 57/2007, 17-24.
Georgi Plechanow, Die materialistische Geschichtsauffassung. Erste bis vierte Vorlesung; in: Georgi Plechanow, Kunst und Literatur, Berlin 1955, 3-40.
Georgi Plechanow, Über materialistische Geschichtsauffassung, Berlin 1958.
Camilla Power, Women in Prehistoric Art; in: In Gunter Berghaus (ed.), New Perspectives on Prehistoric Art, London 2004, 75-103.
Camilla Power, Sex and the Human Revolution, Weekly Worker 650, 2006.
Bruce G. Trigger, A Reply to Tilley and Nencel, Critique of Anthropology 15/4, 1995, 347-50.
Bruce G. Trigger, A History of Archaeological Thoughts, Cambridge 1996.
Bahadir Yildrim/Marie-Henriette Gates, Archaeology in Turkey, 2004-2005, American Journal of Archaeology 111/2007, 275-356.

Editorische Notizen

In allen Texten wurde einheitlich die alte Rechtschreibung verwendet, offensichtliche Druckfehler wurden korrigiert. Einige der Texte wurden eigens für diesen Band ins Deutsche übersetzt.

Auslassungen sind mit „(...)" angegeben. Hervorhebungen im Original werden einheitlich im Kursivdruck wiedergegeben.

Die Fußnoten der Originaltexte wurden übernommen, Anmerkungen des Herausgebers sind in den Fußnoten extra gekennzeichent.

Die Überschriften der einzelnen Texte wurden vom Herausgeber neu erstellt, ebenso die Zwischenüberschriften.

Kapitel I: Marxistische Vorstellungen vom Urkommunismus

Friedrich Engels
Über die klassenlose Gentilgesellschaft (1884)

(…) Und es ist eine wunderbare Verfassung in all ihrer Kindlichkeit und Einfachheit, diese Gentilverfassung! Ohne Soldaten, Gendarmen und Polizisten, ohne Adel, Könige, Statthalter, Präfekten oder Richter, ohne Gefängnisse, ohne Prozesse geht alles seinen geregelten Gang. Allen Zank und Streit entscheidet die Gesamtheit derer, die es angeht, die Gens oder der Stamm, oder die einzelnen Gentes unter sich – nur als äußerstes, selten angewandtes Mittel droht die Blutrache, von der unsre Todesstrafe auch nur die zivilisierte Form ist, behaftet mit allen Vorteilen und Nachteilen der Zivilisation. Obwohl viel mehr gemeinsame Angelegenheiten vorhanden sind als jetzt – die Haushaltung ist einer Reihe von Familien gemein und kommunistisch, der Boden ist Stammesbesitz, nur die Gärtchen sind den Haushaltungen vorläufig zugewiesen –, so braucht man doch nicht eine Spur unsres weitläufigen und verwickelten Verwaltungsapparats. Die Beteiligten entscheiden, und in den meisten Fällen hat jahrhundertelanger Gebrauch bereits alles geregelt. Arme und Bedürftige kann es nicht geben – die kommunistische Haushaltung und die Gens kennen ihre Verpflichtungen gegen Alte, Kranke und im Kriege Gelähmte. Alle sind gleich und frei – auch die Weiber. Für Sklaven ist noch kein Raum, für Unterjochung fremder Stämme in der Regel auch noch nicht. Als die Irokesen um 1651 die Eries und die „Neutrale Nation"[1] besiegt hatten, boten sie ihnen an, als Gleichberechtigte in den Bund zu treten; erst als die Besiegten dies weigerten, wurden sie aus ihrem Gebiet vertrieben. Und welche Männer und Weiber eine solche Gesellschaft erzeugt, beweist die Bewunderung aller Weißen, die mit unverdorbenen Indianern zusammenkamen, vor der persönlichen Würde, Geradheit, Charakterstärke und Tapferkeit dieser Barbaren. (…)

So sahn die Menschen und die menschliche Gesellschaft aus, ehe die Scheidung in verschiedene Klassen vor sich gegangen war. Und wenn wir ihre Lage vergleichen mit der der ungeheuren Mehrzahl der heutigen zivilisierten Menschen, so ist der Abstand enorm zwischen dem heutigen Proletarier und Kleinbauer und dem alten freien Gentilgenossen.

Das ist die eine Seite. Vergessen wir aber nicht, daß diese Organisation dem Untergang geweiht war. Über den Stamm ging sie nicht hinaus; der Bund der Stämme bezeichnet schon den Anfang ihrer Untergrabung, wie sich zeigen wird und wie sich schon zeigte in den Unterjochungsversuchen der Irokesen. Was au-

1 So wurde im 17. Jahrhundert von den französischen Kolonisatoren der Kriegsbund einiger mit Irokesen verwandter indigener Stämme bezeichnet, die am Nordufer des Eriesees lebten und in den Kriegen zwischen den Stämmen der Irokesen und Huronen neutral blieben, Anm. d. Hrsg.

ßerhalb des Stammes, war außerhalb des Rechts. (...) Die Gentilverfassung in ihrer Blüte, wie wir sie in Amerika sahen, setzte voraus eine äußerst unentwickelte Produktion, also eine äußerst dünne Bevölkerung auf weitem Gebiet; also ein fast vollständiges Beherrschtsein des Menschen von der ihm fremd gegenüberstehenden, unverstandenen äußern Natur, das sich widerspiegelt in den kindischen religiösen Vorstellungen. Der Stamm blieb die Grenze für den Menschen, sowohl dem Stammesfremden als auch sich selbst gegenüber: Der Stamm, die Gens und ihre Einrichtungen waren heilig und unantastbar, waren eine von Natur gegebene höhere Macht, der der einzelne in Fühlen, Denken und Tun unbedingt untertan blieb. So imposant die Leute dieser Epoche uns erscheinen, so sehr sind sie ununterschieden einer vom andern, sie hängen noch, wie Marx sagt, an der Nabelschnur des naturwüchsigen Gemeinwesens. Die Macht dieser naturwüchsigen Gemeinwesen mußte gebrochen werden – sie wurde gebrochen. Aber sie wurde gebrochen durch Einflüsse, die uns von vornherein als eine Degradation erscheinen, als ein Sündenfall von der einfachen sittlichen Höhe der alten Gentilgesellschaft. Es sind die niedrigsten Interessen – gemeine Habgier, brutale Genußsucht, schmutziger Geiz, eigensüchtiger Raub am Gemeinbesitz –, die die neue, zivilisierte, die Klassengesellschaft einweihen; es sind die schmählichsten Mittel – Diebstahl, Vergewaltigung, Hinterlist, Verrat, die die alte klassenlose Gentilgesellschaft unterhöhlen und zu Fall bringen. Und die neue Gesellschaft selbst, während der ganzen dritthalbtausend Jahre ihres Bestehns, ist nie etwas andres gewesen als die Entwicklung der kleinen Minderzahl auf Kosten der ausgebeuteten und unterdrückten großen Mehrzahl, und sie ist dies jetzt mehr als je zuvor. (...)

Paul Lafargue
Die Entwicklung des Eigentums (1890)

Die Herren Ökonomen versetzen nur deshalb das Kapital so wohlwollend bis in die ersten Zeiten des Menschengeschlechts zurück, weil sie sich in einer bequemen himmlischen Unkenntnis der Sitten der Urvölker befinden.

Es gibt heute noch Wilde, die das Privateigentum an Grund und Boden nicht kennen und kaum zum Privateigentum an Gegenständen individuellen Gebrauchs angelangt sind. – Gewisse Australier besitzen nur die an ihre Personen geknüpften Gegenstände als Einzeleigentum, wie Waffen, durch die Nase, die Ohren oder die Lippen gezogene Schmuckgegenstände, Tierfelle zur Bekleidung, Menschenfett gegen Rheumatismus, Stücke Kristall, die für Exkremente der Gottheiten gelten, und andere als Reliquien betrachtete Steine, alles zusammen pietätvoll in einen Korb aus Baumrinde gepackt – ein wahrer Zauberbeutel – der unausgesetzt von seinem Besitzer getragen wird.

Der Wilde bringt es deshalb nicht zur Form des Privat-Eigentums, weil er sich seiner Persönlichkeit als von der Familie, in der er lebt, getrenntes Wesen noch nicht bewußt ist. Der Wilde ist von so viel wirklichen Gefahren umgeben und wird von so viel grauenerregenden Einbildungen geplagt, daß er im Einzelzustande nicht existieren kann. Er kann ihn sich nicht einmal vorstellen – einen Wilden aus seinem Klan, seiner Horde ausstoßen, heißt ihn zur Todesstrafe verurteilen. Bei den vorgeschichtlichen Griechen, wie bei allen barbarischen Völkern, wurde der an einem Mitglied des Stammes begangene Mord, gleich ob freiwillig oder nicht, mit dem Exil bestraft. Orestes[2] mußte sich nach der Ermordung seiner Mutter Verbannung auferlegen, um der öffentlichen Entrüstung Genüge zu tun. In sehr vorgeschrittenen Zivilisationen, wie die des geschichtlichen Griechenlands und Italiens, wurde die Verbannung als die schrecklichste aller zu verhängenden Strafen betrachtet. „Der Verbannte", singt der griechische Dichter Theognis, „hat keine Freunde noch treue Genossen, das ist das Härteste an dem Exil." Allein dastehen, von seinen Genossen getrennt zu leben, ist für den an das Leben in der Horde gewöhnten Menschen der Urzeit furchtbar.

Obwohl individuell durchaus vollständige Wesen, da sie fähig sind, sich allein zu versorgen, sind die Wilden so sehr eins mit ihren Horden, ihren Klans, daß sich ihre Individualität *weder in der Familie noch im Eigentum vergegenständlicht.*[3] Der

2 Orestes ist in der griechischen Mythologie der Sohn des Agamemnon und der Klytaimnestra und der Bruder der Iphigenie, der Chrysothemis und der Elektra, Anm. d. Hrsg

3 In den wilden Horden existiert die Einzelfamilie gar nicht, auch nicht die von der Mutter abgeleitete; die Kinder gehören der ganzen Horde, und nennen unterschiedslos ihre eigene Mutter, die Schwestern ihrer Mutter und die

Klan ist alles, man kannte nichts außer ihm. Der Klan war die Familie, der Klan ist es, der sich verheiratete, der Klan ist es wiederum, der der Eigentümer ist. Innerhalb des Klans gehört alles allen. Der afrikanische Buschmann, der ein Geschenk erhalten hat, verteilt es an alle Mitglieder seiner Horde; wenn es ihm gelingt, ein Stück Vieh oder einen andern Gegenstand zu stehlen, teilt er seine Beute mit seinen Genossen, in dem er oft bloß den kleinsten Teil für sich behält. In Zeiten des Mangels laufen die jungen Feuerländer die Flußläufe entlang, und wenn sie einen verendeten Walfisch, ihr größter Schmaus, entdecken, so kehren sie um und benachrichtigen die übrigen Mitglieder ihres Stammes, worauf diese hinzueilen und der Älteste den Kadaver des Tieres verteilt. Bei vielen anderen Wilden, wo freilich bereits die persönliche Aneignung verfertigter Gegenstände besteht, werden die Erträgnisse der Jagd nach den peinlichsten Regeln zwischen den Eltern der Jäger und denen ihrer Frauen, je nach dem Grade der Verwandtschaft, verteilt. Oft gehen die verfertigten Gegenstände nur dann ins Eigentum über, wenn sie dem persönlichen Gebrauch dienen; so kann ein Eskimo nicht mehr als zwei Kanus zu eigen haben, das dritte steht seinem Klan zur Verfügung. Wessen sich der Eigentümer nicht bedient, das wird als ohne Eigentümer betrachtet. Dieselben kommunistischen Gebräuche hatten sich bei den Spartanern erhalten, das Privateigentum an Gegenständen individuellen Gebrauchs war bei ihnen sehr unbestimmt und sehr wenig respektiert. Plutarch erzählt, daß Lycurg[us], eine sagenhafte Persönlichkeit, der die Spartaner alle Einrichtungen ihres Gemeinwesens zuschreiben, ihnen verboten habe, die Türen der Häuser zu schließen, auf daß jeder eintreten und die Nahrungsmittel und Hausgeräte, deren er nötig habe, nehmen könne, auch wenn der Besitzer abwesend sei. Der Spartaner durfte, ohne Jemand um Erlaubnis zu fragen, sich des ersten besten Pferdes, der Jagdhunde und selbst der Sklaven irgendwelcher andern Spartaner bedienen.

Kommunistische Wohnungen

Hören die Wilden auf, als nach Nahrung umherziehende Horden zu leben, lassen sie sich nieder und bauen sie sich Wohnungen, so ist das Haus nicht Privatsache, sondern gemeinsam, und es bleibt noch gemeinsam, selbst wenn die Familie bereits begonnen hat, sich in der Form der von der Mutter Abgeleiteten zu

Frauen, die mit ihren Müttern gleichen Alters sind, Mutter. Als später der, ursprünglich auf regelloser Vermischung beruhende Geschlechtsverkehr enger gezogen wurde, bestand, ehe die zeitliche Einzelehe auftrat, die kommunistische Ehe des Klans: alle Frauen eines Klans waren die Gattinnen eines anderen Klans, und ebenso alle Männer des betreffenden Klans ihre Ehemänner; wenn sie sich trafen, brauchten sie sich nur zu erkennen, um in aller Gesetzmäßigkeit ihre ehelichen Pflichten auszuüben. Diese merkwürdige Form eines kommunistischen Eheverhältnisses ist von Fison und Howitt in Australien beobachtet worden, Spuren derselben finden sich in der Mythologie der Griechen.

individualisieren. Solche gemeinsame Häuser fand La Pérouse[4] auf den Südsee-Inseln, sie sind 300 Fuß lang, haben die Form einer umgekehrten Piroge (Kahn aus einem ausgehöhlten Baumstamm) und beherbergen einen ganzen Klan von über 100 Personen. Die „langen Häuser" der Irokesen, die Morgan[5] in seinem bewunderswürdigen Buche so eingehend geschildert hat, waren über 100 Fuß lang, bei einer Breite von 30 und einer Höhe von 20 Fuß. Mitten durch sie hindurch zog sich der Länge nach ein Gang, der in zwei Ausgängen auslief; nach diesem Gange zu öffneten sich, wie die Zellen eines Bienenstocks, eine Reihe kleiner Räume von je sieben Fuß Breite, in denen die verheirateten Frauen des Klans wohnten. Jedes Haus beherbergt den *Totem* des Klans, das heißt, das Tier, das als sein Vorfahr betrachtet wurde. Die „Casas grandes" (großen Häuser) der Rothäute Mexikos boten den Anblick eines kolossalen Fußtritts, zusammengesetzt aus übereinander gebauten und je um etwas zurücktretenden Stockwerken, die selbst wiederum in Gemächer für die Verheirateten abgeteilt waren. Ebenso sind die auf den Pfahlbauten errichteten Hüttenkomplexe kommunistische Wohnungen für einen ganzen Klan, auch die vorgeschichtlichen Griechen und die vorgeschichtlichen Skandinavier haben wahrscheinlich in derartigen kommunistischen Wohnungen gelebt. Der von Schliemann in Argolis freigelegte Palast scheint dies gleichfalls zu bestätigen.

Alles ist in diesen kommunistischen Wohnungen gemeinsam. Bei den Irokesen waren die Lebensmittel, die unter der Aufsicht einer der älteren Frauen standen und zum Teil von den Ehemännern der Frauen des Klans geliefert wurden, gemeinsam, und da, wo der Ackerbau eingedrungen ist, geschieht die Bearbeitung des Bodens und die Ernte gemeinsam, und wird der Ernteertrag unter allen verteilt. Wenn man auf Neu-Seeland, bevor die Europäer sich dort niederließen, einen Eingeborenen fragte, wem beispielsweise ein Schwein, das gerade vorbei lief, gehöre, so lautete die Antwort: „Dir und mir", um das kommunistische Recht Aller auf Alles anzudeuten. Der Jesuit Lafiteau[6], der die edlen Tugenden der Wilden, ihre Gastfreundschaft, ihre Sanftmut, ihr Gleichheitsgefühl bewunderte, sagt: „Das kommt daher, daß das ‚Mein' und ‚Dein' ihnen absolut unbekannt ist, und daß sie glauben, alles müsse unter den Menschen gemeinsam sein."

Solange die Horden von 30 und 40 Mitgliedern im Zustande des Umherziehens leben, streifen sie das Land auf und ab und halten dort an, wo sie grade Nahrung finden. Wahrscheinlich geschah es auf ihren Zügen die Flüsse und das Ufer des

---

4 Jean-François de La Pérouse (1741-1788), franz. Geograf und Seefahrer, Anm. d. Hrsg.

5 siehe: Lewis H. Morgan, Die Urgesellschaft. Untersuchungen über den Fortschritt der Menschheit aus der Wildheit durch die Barbarei zur Zivilisation, Promedia, Wien 1987, Anm. d. Hrsg.

6 Gemeint ist hier der französische Jesuit Pierre François Xavier de Charlevoix (1682–1761), ein Reisender und Historiker, Anm. d. Hrsg.

Meeres entlang, das ihnen reichliche und leicht zu erlangende Nahrung bot, daß die Wilden die Erdteile bevölkerten. Der naturwüchsige Mensch, der den Landbau nicht kennt und nur von der Jagd, dem Fischfang und dem Sammeln der Früchte lebt, wozu später noch die Milch und das Fleisch seiner Herden hinzukommt, muß weite Gebiete zu seiner Verfügung haben, andernfalls er für sich und sein Vieh nicht genug Nahrung finden würde. Man hat behauptet, ich weiß nicht, wie genau es zutrifft, daß der Wilde, um sich genügend zu versorgen, einer Quadratmeile Landes bedurfte; sobald sich eine Gegend zu bevölkern beginnt, muß das Land unter den Stämmen verteilt werden.

Die erste Landverteilung vollzieht sich unter der Form von Jagd- und Weidegebieten, die dem ganzen Stamm gehören; die Idee des Privatbesitzes am Boden hat sich erst sehr langsam in den Köpfen der Menschen heraus gebildet. „Die Erde ist wie das Wasser und das Feuer, das kann man nicht aneignen, noch kaufen oder verkaufen", sagen die Irokesen. Die Maoris begriffen so wenig, daß man den Boden verkaufen könne, daß sie, selbst nachdem der ganze Stamm dem Verkauf seines Landgebiets an die englische Regierung zugestimmt hatte, bei jedem neuen Geburtsfall einen Zuschlag zu der vorher ausgezahlten Tributszahlung verlangten. Sie hätten, erklärten sie, nur ihre eigenen Rechte verkauft, aber sie hätten nicht die Rechte derjenigen verkaufen können, die noch nicht geboren waren. Bei den Juden und den semitischen Völkern ward der Grund und Boden nicht als Privateigentum betrachtet: „Der Acker soll nicht verkauft werden, befiehlt der Ewige, denn der Acker gehört mir, und Fremde und Ausländer seid Ihr bei mir." (Leviticus XXV, 23) Die Christen machen sich über dieses Gesetz ihres Gottes lustig. Sie verehren Jehovah und seine Gesetze überaus hoch, aber höher noch verehren sie den Gott Kapital.

Arbeitsteilung und Eigentum

Verfolgen wir die langsame Entwicklung, welche die Menschheit zurückgelegt, bevor sie beim Privatbesitz an Grund und Boden anlangte, näher.

Weite unbesetzte Landstriche begrenzen bei den Feuerländern die Gebiete, die dem ganzen Stamm gehören. Cäsar berichtet, daß die Sueben und die Germanen ihren Stolz darin setzen, weite Einöden um ihre Grenzenmarken herum zu haben (De bello Gallico IV, 3). Wenn die wilden und barbarischen Völker der alten wie der neuen Welt ihre Gebiete mit neutralen Landstrichen begrenzen, so geschieht dies, weil jeder Fremde, der auf dem Gebiet eines Stammes angetroffen wird, gleich einem wilden Tiere verfolgt und, wenn ergriffen, getötet wird. Das Sprichwort der Feudalzeit des Mittelalters, „wer Land hat, hat Krieg", war in diesen urwüchsigen Zeiten Wahrheit, denn Verletzung des Jagdgebietes ist oft ein Gegenstand beständiger Streitigkeiten und Kämpfe zwischen benachbarten Stämmen.

Die Anthropologen haben mit Erstaunen festgestellt, daß bei den wilden Völkern die Geschlechter isoliert sind und abgesondert leben. Wahrscheinlich ist diese Trennung der Geschlechter eingetreten, als man den ursprünglichen schrankenlosen Geschlechtsverkehr aufheben und die geschlechtliche Verbindung von Mutter und Sohn, von Brüdern und Schwestern untereinander, die ehedem die Regel bildete, verhindern wollte. Diese Trennung der Geschlechter innerhalb eines und desselben Stammes erhielt sich aufrecht und wurde verschärft durch Verschiedenheit der Beschäftigung und durch das Eigentum. Der Mann übernimmt die Verteidigung und die Verschaffung von Lebensmitteln, während die Frau sich mit der Zubereitung der Lebensmittel, der Herstellung von Bekleidungsgegenständen und Wirtschaftsgeräten und der Verwaltung des Hauses, sobald es ein solches gibt, beschäftigt. Wie Marx bemerkt – die erste Arbeitsteilung beruht auf dem Geschlecht: das Eigentum ist bei seinem Entstehen auf ein Geschlecht beschränkt.

Der Mann ist Krieger und Jäger, er besitzt die Waffen. Die Frau besitzt die Wirtschaftsgeräte und die übrigen Gegenstände ihres Tätigkeitszweiges: sie ist gezwungen, sie auf dem Rücken oder auf dem Kopf zu tragen, ebenso wie ihr Kind, das ihr gehört und nicht dem Vater, der meist unbekannt ist.

Die Einführung des Ackerbaues hat diese Scheidung der Geschlechter noch verschärft, wie sie gleichzeitig der bestimmende Grund war der Zerstückelung der besetzen Gebiete, die das Gemeineigentum des ganzen Stammes bildeten. Der Mann bleibt Krieger und Jäger, er überläßt der Frau die Arbeiten des Feldes und hilft ihr nur gelegentlich zur Zeit der Ernte; bei den Hirtenvölkern übernimmt er die Versorgung der Herde, die schließlich für viel ehrenvoller angesehen wurde, als die Arbeiten des Ackerbaus, und die jedenfalls weniger beschwerlich ist.

Bei den frühesten Nationen wird, da der Gebrauch der einzige Besitztitel war, das Grundeigentum, sobald es stehende Einrichtung geworden, auf den Namen der Frau eingeschrieben. In allen Gesellschaften, wo die auf dem Mutterrecht beruhende Familie sich mehr oder minder vollständig zu erhalten vermochte, findet man die Frau als Besitzerin des Grundeigentums; das war der Fall bei den Ägyptern, bei den Negern, bei den Tuaregs der afrikanischen Wüste und den Basken der Pyrenäen. Zu der Zeit des Aristoteles gehörten zwei Fünftel des Gebietes von Sparta Frauen.

Das Eigentum, das für seinen Besitzer ein Mittel der Selbstständigkeit und eine Ursache seiner sozialen Übermacht werden sollte, war zur Zeit seiner Entstehung im Gegenteil eine Ursache seiner Unterjochung. Die Frauen wurden zu den harten Feldarbeiten verurteilt, von denen sie erst durch die Einführung der Sklavenarbeit erlöst wurden.

Der Ackerbau hatte aber nicht nur das Privateigentum an Grund und Boden zur Folge, sondern führte auch zur Knechtsarbeit, die im Laufe der Geschichte Sklaverei, Hörigkeit, Lohnarbeit genannt wird.

Krieger und Sklaven

Die Ländereien des Stammes werden zuerst gemeinsam bebaut; man geht in Trupps den Boden bearbeiten, die Saaten ausstreuen und die Frucht einholen; das geschieht noch heute in den bengalischen Bergen. Cäsar erzählt, daß die Sueben, der kriegerischste und mächtigste Stamm der Germanen, aus ihren hundert Kantonen jährlich tausend Streiter ausziehen ließen, um draußen in der Ferne Kampf zu führen; diejenigen, die im Lande blieben, hatten sie mit Nahrung zu versehen. Das nächste Jahr nahmen sie die Waffen und diejenigen, die auf Unternehmungen ausgezogen waren, blieben im Lande. So, fügt er hinzu, hörten sie nicht auf, ihre Felder zu bebauen und sich zum Kriegsdienst zu üben. Die Skandinavier, die im neunten Jahrhundert Europa verwüsteten, hatten ähnliche kommunistische Gebräuche für Kriegs- und Friedensleistungen.

In verschiedenen Gegenden Indiens werden die Ernteerträge in Speicher eingebracht, die selbst in Notstandszeiten nicht bewacht werden. Denn niemand kommt auf die Idee, Eigentum der Gesamtheit beiseite zu schaffen. Auf den Karolinen besitzt jeder Distrikt sein öffentliches Gebäude, das als Versammlungslokal dient, wo die Pirogen, die Webstühle und sonstigen, der Gemeinschaft nützlichen Werkzeuge aufbewahrt werden. Während des Mittelalters spielten das Schloß des Feudalherrn und die Kirche eine ähnliche Rolle.

Will man die Sitten der Barbaren des vorgeschichtlichen Griechenland kennenlernen, so ergänze man das Studium der mythologischen Dichtungen durch das der Sagas und der Poesien der Skandinavier. Denn gleich diesen waren die ersteren kühne Seeräuber, welche die Küsten der Inseln und der Länder des Mittelmeers entlang fuhren und sich mit ihrer Beute in ihre, gleich Adlernesten auf der Spitze von steilen Anhöhen erbauten Burgvesten („Akropolis") zurückzogen, die ebenso unerstürmbar waren wie die mitten im Wasser errichteten runden Türme der Skandinavier. Ein wertvolles Fragment eines griechischen Liedes, das *Skolion des Hybrias*, läßt uns einen Blick tun in das Leben der Griechen des sogenannten Heroenzeitalters. Der Heros singt: „Mein Reichtum besteht in meiner große Lanze, meinem Schwert und meinem Schild, der meinen Leib beschützt. Durch ihn ackere ich, durch ihn ernte ich, durch ihn keltere ich den süßen Saft der Traube, durch ihn heiße ich der Herr der ‚Mnoia' (die Sklaven der Gemeinde) ... Und die, welche nicht wagen, die Lanze und den schönen Schild zu tragen, mögen vor mir niederknieen, wie vor ihren Herrn und mich den großen König nennen." Überall, wohin die Helden kamen, schleppten sie Menschen, Vieh, die reifen Früchte und die beweglichen Gegenstände mit sich fort. Die Menschen wurden als Sklaven verwendet und blieben Eigentum der Gemeinschaft; sie bebauten das Land für die Krieger des Klans. Alle Städte Kretas, eine der ersten der von diesen kühnen Seeräubern kolonisierten Inseln, besaßen noch zur Zeit des Aristoteles Sklaventrupps, *Mnotae* genannt, die den Gemeindeacker bebauten. Alle Staaten Griechenlands hatten neben den gemeinsamen Äckern gemeinsame Sklaven beibehalten, ebenso wie die bei gewissen festlichen Anlässen abgehaltenen gemeinsamen Mahlzeiten.[7]

Wie man sieht, beginnt überall das Eigentum an Sklaven, Vieh und Grund und Boden als gemeinsames Klan-Eigentum. Der Kommunismus war die Wiege des Menschengeschlechts, Werk der Zivilisation war es, diesen ursprünglichen Kommunismus, dessen letzte Spuren feudalherrlicher und bürgerlicher Habgier in den Gemeindegütern noch fortbestehen, zu zerstören. Aber das Werk der Zivilisation ist ein doppeltes. Auf der einen Seite zerstört sie und auf der anderen Seite baut sie wieder auf. Während sie die Form des urwüchsigen Kommunismus zerschlug, organisierte sie die Elemente einer höheren und zusammengesetzteren Form des Kommunismus.

7 Die Sklaven wurden in Griechenland in zwei Klassen eingeteilt: die öffentlichen (Gemeinde-)Sklaven (*koine duleia*), die dem Staat gehörten, und die den Privaten gehörenden Sklaven, die Klarotes (die dem Loos Zuerteilten) hießen. Athen besaß zahlreiche öffentliche Sklaven, die nicht als Ackerknechte, sondern als Henker, Polizeidiener, niedere Verwaltungsbeamte etc. angestellt wurden.

Georgi W. Plechanow
Zur Entdeckung der Gentilorganisation (1908)

(...) Hier[1] haben wir die echte – dazu *rein materialistische* – „Algebra" der gesellschaftlichen Entwicklung. Diese Algebra hat gleichermaßen Raum für *„Sprünge"* – Epochen der sozialen Revolution – wie für *allmähliche Veränderungen*. Allmähliche quantitative Veränderungen in der Beschaffenheit einer gegebenen Ordnung führen schließlich zu einer *Veränderung der Qualität*, d. h. zum Untergang der *alten Produktionsweise* – oder der alten Gesellschaftsformation, wie sich Marx hier ausdrückt – und zu ihrer Ersetzung durch eine neue. Asiatische, antike, feudale und modern bürgerliche Produktionsweisen können – wie Marx vermerkt – in großen Umrissen als aufeinanderfolgende („progressive") Epochen der ökonomischen Entwicklung der Gesellschaft betrachtet werden. Doch ist anzunehmen, daß Marx nach seinem Bekanntwerden mit Morgans Werk über die Urgesellschaft seine Auffassung von dem Verhältnis der *antiken* zur *asiatischen* Produktionsweise wahrscheinlich geändert hat. In der Tat: die Logik der ökonomischen Entwicklung der *feudalen* Produktionsweise führte zu einer sozialen Revolution, die den Triumph des *Kapitalismus* bezeichnete. Aber die Logik der ökonomischen Entwicklung beispielsweise von *China* oder dem *alten Ägypten* führte keineswegs zum Hochkommen der *antiken* Produktionsweise. Im ersten Falle handelt es sich um zwei Entwicklungsphasen, von denen die *eine* der *anderen nachfolgt* und durch sie *hervorgebracht* wird. Im zweiten Fall hat man es vielmehr mit *zwei nebeneinander existierenden Formationen* der ökonomischen Entwicklung zu tun. Die *antike Gesellschaft* trat an die Stelle der *Gentilorganisation*, und dieselbe Gentilorganisation ging auch der Ausbildung der *asiatischen Gesellschaftsordnung* voraus.

Jede dieser beiden Formationen der ökonomischen Entwicklung trat auf als Resultat jenes Wachstums der Produktivkräfte im Schoße der Gentilorganisation, das schließlich mit Unvermeidlichkeit die Auflösung der letzteren hatte herbeiführen müssen. Und wenn diese beiden Formationen beträchtlich voneinander differieren, so ist der Grund hierfür der, daß sich ihre wichtigsten spezifischen Unterschiede *unter der Einwirkung der geographischen Verhältnisse* ausbildeten: *im einen Falle* diktierten diese, sobald einmal eine bestimmte Entwicklungsstufe der Produktivkräfte erreicht war, der Gesellschaft *das eine*, im *anderen* Falle *das andere*, von dem ersten stark unterschiedene System der Produktionsverhältnisse.
Der Entdeckung der *Gentilorganisation* ist augenscheinlich in der Gesellschafts-

1 Plechanow meint das Vorwort zu: Karl Marx, Zur Kritik der politischen Ökonomie, Anm. d. Hrsg.

wissenschaft dieselbe Bedeutung vorherbestimmt, die in der Biologie der Entdekkung der *Zelle* zukam. Solange die Gentilverfassung Marx und Engels unbekannt war, mußten in ihrer Theorie der gesellschaftlichen Entwicklung noch bedeutsame Lücken bleiben, wie dies in der Folge Engels selbst aussprach. Diese Entdeckung der Gentilorganisation, die erst den Schlüssel zum Verständnis der niedrigsten Stadien im gesellschaftlichen Entwicklungsprozeß lieferte, sprach indes nicht *gegen* die materialistische Geschichtsauffassung, sie kam vielmehr nur als ein neues starkes Argument *für deren Richtigkeit*. Sie gab die Möglichkeit, viel intimer in das Problem einzudringen: wie die ersten Phasen des gesellschaftlichen Seins sich gestalten und in welcher Weise das gesellschaftliche Sein auf dieser Stufe das gesellschaftliche Denken bestimme. Damit fiel ein ganz besonderes Licht auf den Fundamentalsatz, daß das gesellschaftliche Denken durch das gesellschaftliche Sein bestimmt wird. (...)

Rosa Luxemburg
Der Agrarkommunismus bei den Indogermanen (1909)

(...) In den Jahren 1851 bis 1853 erschien in Erlangen das erste der epochemachenden Werke Georg Ludwig von Maurers, die „Einleitung zur Geschichte der Mark-, Hof-, Dorf- und Stadt-Verfassung und der öffentlichen Gewalt“, die ein neues Licht auf die germanische Vergangenheit und auf die soziale und ökonomische Struktur des Mittelalters warf. Schon seit einigen Jahrzehnten war man an einzelnen Orten, bald in Deutschland, bald in den nordischen Ländern, auf der Insel Island, auf merkwürdige Überbleibsel uralter ländlicher Einrichtungen gestoßen, die auf das ehemalige Bestehen eines Gemeineigentums an Grund [und] Boden an jenen Orten, eines Agrarkommunismus, hinwiesen. Man wußte jedoch zunächst diese Überbleibsel nicht zu deuten. Nach einer früher (...) allgemein verbreiteten Ansicht sollte die Kultivierung des Bodens in Europa von Einzelhöfen ausgegangen und jeder Hof mit einer abgesonderten Feldmark umgeben gewesen sein, die das Privateigentum des Hofbesitzers war. Erst im späteren Mittelalter, so glaubte man, wären der größeren Sicherheit wegen die bis dahin zerstreuten Wohnungen zu Dörfern zusammengerückt und die früher getrennten Hoffeldmarken zu Dorffeldmarken zusammengeworfen worden. So unwahrscheinlich bei genauerer Erwägung diese Ansicht erscheine – muß man doch zu ihrer Begründung das Unglaublichste annehmen, nämlich, daß die zum Teil weit auseinanderliegenden Wohnungen niedergerissen wurden, bloß um sie an einer anderen Stelle wieder zu erbauen, und ferner, daß ein jeder die bequeme Lage seiner Privatfelder rund um seinen Hof herum mit völlig freier Bewirtschaftung freiwillig aufgegeben habe, um sodann seine Felder, in schmale Riemen zerlegt, durch alle Fluren zerstreut und mit einer von seinen Dorfgenossen völlig abhängigen Bewirtschaftung wieder zu erhalten –, so unwahrscheinlich diese Theorie war, so blieb sie doch die vorherrschende bis zur Mitte des vorigen Jahrhunderts.

Zu Cäsars Zeiten

Erst von Maurer faßte alle diese Einzelentdeckungen in einer kühnen, großangelegten Theorie zusammen und wies auf Grund enormen Tatsachenmaterials und gründlichster Forschungen in alten Archiven, Urkunden, Rechtsinstitutionen endgültig nach, daß das Gemeineigentum an Grund und Boden nicht erst im späteren Mittelalter entstanden war, sondern überhaupt die typische und allgemeine uralte Form der germanischen Ansiedlungen in Europa von allem Anfang an war.

Vor zweitausend Jahren also und noch früher, in jener grauen Vorzeit der germanischen Völker, von denen die geschriebene Geschichte noch nichts weiß, herrschten bei den Germanen Zustände, die von den heutigen grundverschieden waren. Kein Staat mit geschriebenen Zwangsgesetzen, keine Spaltung in Reiche und Arme, Herrschende und Arbeitende waren damals unter den Germanen bekannt. Sie bildeten freie Stämme und Geschlechter, die lange in Europa umherwanderten, bis sie sich erst zeitweise, schließlich dauernd ansiedelten. Die erste Kultivierung des Landes ist nämlich in Deutschland, wie von Maurer nachwies, nicht von einzelnen, sondern von ganzen Geschlechtern und Stämmen ausgegangen, wie in Island von größeren Gesellschaften, welche *frälldalid* und *skulldalid* - etwa Freundschaften und Gefolgschaften – genannt wurden. Die ältesten Nachrichten über die alten Germanen, die auf uns von den Römern gekommen sind, sowie die Prüfung der überlieferten Einrichtungen verbürgen die Wahrheit dieser Auffassung. Herumziehende Hirtenvölker waren es, die Deutschland zuerst bevölkerten. Wie bei anderen Nomaden, so war zwar auch bei ihnen Viehzucht und also der Besitz reichlicher Weide die Hauptsache. Indessen konnten denn doch auch sie in die Länge ohne Ackerbau ebensowenig bestehen, wie dies bei anderen Wandervölkern älterer und neuerer Zeit der Fall war. Und gerade in diesem Zustand der mit dem Ackerbau vereinigten Nomadenwirtschaft, wobei jedoch die Viehzucht als Hauptsache, der Feldbau aber als etwas Untergeordnetes erschien, befanden sich zu Julius Cäsars Zeiten, also etwa vor 1.000 Jahren, von den ihm bekannt gewordenen germanischen Völkerschaften die Sueven oder Schwaben. Ähnliche Zustände, Sitten und Einrichtungen wurden aber auch bei den Franken, Alemannen, Vandalen und anderen germanischen Stämmen festgestellt.

Nach zusammenhaltenden Stämmen und Geschlechtern siedelten sich alle die germanischen Völkerschaften, und zwar anfangs auf kurze Zeit, an, bauten das Land und zogen wieder weiter, sobald mächtigere Stämme vor- oder rückwärts drängten oder die Weide nicht mehr zureichte. Erst als die wandernden Stämme zur Ruhe gelangt waren und keiner den anderen mehr drängte, blieben sie längere Zeit in diesen Niederlassungen und erhielten so nach und nach feste Wohnsitze. Die Ansiedelung geschah aber, ob in frühester oder späterer Zeit, ob auf freiem Boden oder auf alten römischen oder slawischen Besitzungen, in ganzen Stämmen und Geschlechtern. Dabei nahm je ein Stamm und in jedem Stamme je ein Geschlecht ein bestimmtes Gebiet ein, das dann allen Betreffenden insgemein gehörte. Mein und Dein kannten die alten Germanen in bezug auf den Grund und Boden nicht. Jedes Geschlecht bildete vielmehr bei der Ansiedlung eine sogenannte Markgenossenschaft, die gemeinsam das ganze ihr zugehörige Gebiet bewirtschaftete, einteilte und bearbeitete. Der einzelne bekam durch Auslosung einen Ackeranteil, der ihm nur für bestimmte Zeit zur Benutzung überlassen wurde, wobei strengste Gleichheit der Bodenanteile beobachtet war. Alle wirtschaftlichen, rechtlichen und allgemeinen Angelegenheiten einer solchen Markgenossenschaft, die zugleich meist eine Hundertschaft der waffenfähigen Männer bildete, wurden von der Versammlung der Markgenossen selbst geregelt, die auch den Markvorsteher und die anderen öffentlichen Beamten wählte. (...)

Der Stamm als Zusammenfassung vieler, meist hundert solcher Markgenossenschaften trat vorwiegend nur als oberste richterliche und militärische Einheit ins Werk. Diese markgenossenschaftliche Organisation bildete, wie von Maurer in den zwölf Bänden seines großen Werkes nachgewiesen hat, die Grundlage, gleichsam die kleinste Zelle des ganzen sozialen Gewebes vom frühesten Mittelalter bis in die spätere Neuzeit hinein, so daß sich die feudalen Fronhöfe, Dörfer und Städte in verschiedenen Modifikationen aus jenen Markgenossenschaften herausgebildet haben, deren Trümmer wir bis auf den heutigen Tag in einzelnen Gegenden Mittel- und Nordeuropas vorfinden.

Kommunismus in Rußland

Als die ersten Entdeckungen des uralten Gemeineigentums an Grund und Boden in Deutschland und in den nordischen Ländern bekannt wurden, da kam die Theorie auf, hier sei man einer besonderen, spezifisch germanischen Einrichtung auf die Spur gekommen, die sich nur aus den Eigentümlichkeiten des germanischen Volkscharakters erklären lasse. Trotzdem von Maurer selbst von dieser nationalen Auffassung des Agrarkommunismus der Germanen ganz frei war und auf ähnliche Beispiele anderer Völker hinwies, blieb es in der Hauptsache in Deutschland feststehender Satz, daß die alte ländliche Markgenossenschaft eine Besonderheit der germanischen öffentlichen und Rechtsverhältnisse, ein Ausfluß „germanischen Geistes" sei. Doch kamen fast zu gleicher Zeit mit dem ersten Maurerschen Werke über den uralten Dorfkommunismus der Germanen neue Entdeckungen auf einem ganz anderen Teil des europäischen Kontinents ans Licht. 1847 bis 1852 veröffentlichte in Berlin der westfälische Baron von Haxthausen, der anfangs der vierziger Jahre auf Wunsch des russischen Kaisers Nikolaus I. Rußland bereist hatte, seine „Studien über die inneren Zustände, das Volksleben und insbesondere die ländlichen Einrichtungen Rußlands". Aus diesem Werke erfuhr die erstaunte Welt, daß im Osten Europas noch in der Gegenwart ganz analoge Einrichtungen bestanden. Der uralte Dorfkommunismus, dessen Trümmer mit Mühe aus den Überlagerungen späterer Jahrhunderte und Jahrtausende in Deutschland herausgeschält werden mußten, lebte plötzlich in einem nachbarlichen Riesenreich im

Osten in seiner Leibhaftigkeit auf. In dem erwähnten wie in einem späteren, 1866 in Leipzig erschienenen Werke über „Die ländliche Verfassung Rußlands" wies von Haxthausen nach, daß die russischen Bauern in bezug auf die Äcker, Wiesen und Wälder kein Privateigentum kennen, daß das ganze Dorf als Eigentümer desselben gilt, die einzelnen Bauernfamilien aber nur zur zeitweisen Benutzung Akkerparzellen kriegen, die sie auch – ganz wie die alten Germanen – auslosen. In Rußland herrschte zur Zeit, als Haxthausen das Land bereiste und erforschte, die Leibeigenschaft in voller Kraft, um so frappanter war auf den ersten Blick die Tatsache, daß unter der eisernen Decke einer harten Leibeigenschaft und eines despotischen Staatsmechanismus das russische Dorf eine kleine abgeschlossene Welt für sich darbot mit Landkommunismus und genossenschaftlicher Erledigung aller öffentlichen Angelegenheiten durch die Dorfversammlung, den *Mir*. Der deutsche Entdecker dieser Eigentümlichkeiten erklärte die russische Landgemeinde als ein Produkt der uralten slawischen Familiengenossenschaft, wie wir sie noch bei den Südslawen in den Balkanländern vorfinden und wie sie in den alten russischen Rechtsbüchern noch im 12. Jahrhundert und später in voller Kraft besteht. Die Entdeckung Haxthausens wurde mit Jubel aufgegriffen von einer ganzen geistigen und politischen Strömung in Rußland, vom Slawophilismus. Diese auf eine Verherrlichung der slawischen Welt und ihrer Eigentümlichkeiten, ihrer „unverbrauchten Kraft" gegenüber dem „faulen Westen" mit seiner germanischen Kultur gerichtete Strömung fand in den kommunistischen Einrichtungen der russischen Bauerngemeinde den stärksten Stützpunkt während der nächsten 2 bis 3 Jahrzehnte. Je nach der besonderen reaktionären oder revolutionären Abzweigung, in die sich der Slawophilismus spaltete, wurde die ländliche Gemeinde bald als eine von den drei echt slawischen Grundeinrichtungen des Russentums: griechisch-orthodoxer Glaube, zarischer Absolutismus und bäuerlich-patriarchalischer Dorfkommunismus, gepriesen, bald umgekehrt als der geeignete Stützpunkt, um in Rußland in nächster Zukunft die sozialistische Revolution einzuleiten und so unter Umgehung der kapitalistischen Entwicklung viel früher als Westeuropa den Sprung direkt ins gelobte Land den Sozialismus zu machen. Die entgegengesetzten Pole des Slawophilismus waren sich jedoch beide vollkommen einig in der Auffassung, daß die russische Landgemeinde eine spezifisch slawische, aus dem eigentümlichen Volkscharakter der slawischen Stämme erklärliche Erscheinung sei. (...)

Die gemeinsame Kasse der Inder

Um dieselbe Zeit meldet ein Regierungsbericht über die Verwaltung im Pandschab (Fünfstromland) für 1849 bis 1851: „Es ist höchst interessant zu beobachten, wie stark in diesem Gemeinwesen das Gefühl der Blutsverwandtschaft und das Bewußtsein der Abstammung vom gemeinsamen Ahnen ist. Die öffentliche Meinung beharrt so streng auf der Beibehaltung dieses Systems, daß wir nicht selten sehen, wie Personen, deren Vorfahren während einer oder selbst zweier Generationen gar keinen Anteil an dem Gemeinbesitz nahmen, zu demselben zugelassen werden."

„Bei dieser Form des Grundbesitzes", schrieb der Bericht des englischen Staatsrats über die indische Geschlechtsgemeinde, „kann kein Mitglied des Klans (Geschlechts) ausweisen, daß ihm dieser oder jener Teil des Gemeindelandes nicht bloß zu eigen, sondern auch nur zu zeitweiliger Benutzung gehört. Die Produkte der gemeinsamen Wirtschaft werden in eine gemeinsame Kasse getan, und daraus werden alle Bedürfnisse bestritten." Hier haben wir also überhaupt keine Aufteilung der Äcker auch nur für eine landwirtschaftliche Saison; ungeteilt und gemeinschaftlich besitzen und bebauen die Gemeindebauern ihr Feld, tragen die Ernte in einen gemeinsamen Dorfspeicher, der dem kapitalistischen Auge der Engländer natürlich als „Kasse" erscheinen mußte, und decken brüderlich aus der Frucht des gemeinsamen Fleißes ihre bescheidenen Bedürfnisse. (...)

Mochte immerhin nach den Entdeckungen der englischen Kolonisatoren in Indien der alte Agrarkommunismus, der bereits bei drei so wichtigen Zweigen der großen indogermanischen Völkerfamilie – bei den Germanen, Slawen und Indern – vorgefunden wurde, als eine alte Eigentümlichkeit des indogermanischen Völkerkreises gelten, so schwankend dieser ethnographische Begriff auch ist, so führten die gleichzeitigen Entdeckungen der Franzosen in Afrika bereits weit über diesen Kreis hinaus. Hier handelte es sich nämlich um Entdeckungen, die bei den Arabern und Berbern im Norden Afrikas genau dieselben Einrichtungen feststellten, die im Herzen Europas und auf dem asiatischen Kontinent vorgefunden wurden.

Karl August Wittfogel
Wollen wir wieder Urkommunisten werden? (1922)

1. „Der Kommunismus ist überhaupt Schwindel!"

Das sagen heutzutage viele hochgelehrte Männer, deren Geist sich schlecht und recht vom Staube bürgerlicher Bibliotheken ernährt.

„Der Kommunismus ist Schwindel!" Denn *wie kann allen Menschen alles miteinander gemeinsam sein*!

Wirklich? Ist der Kommunismus in der Tat eine so ganz unmögliche Geschichte? Ist es so überaus sicher, daß es eine derartige Gesellschaftsordnung niemals geben kann?

Wir antworten auf alle solche Zweifel und Fragen sehr höflich und sehr vergnügt: Ob es Kommunismus geben *kann*, darüber braucht sich heutzutage wirklich niemand seinen Kopf zu zerbrechen! Selbstverständlich kann es Kommunismus geben! Selbstverständlich ist der Kommunismus „möglich"! Denn viele, viele Jahrtausende, ja vielleicht Jahrhunderttausende lang haben einstmals die Menschen, unsere Vorfahren, in kommunistischen Zuständen gelebt, in Zuständen, die wir zum Unterschiede von der von uns erstrebten Gesellschaftsordnung der Zukunft als die Zustände des *Urkommunismus* bezeichnen.

2. Woher aber wissen wir denn, daß es einst einen solchen Urkommunismus gegeben hat?

Diese Urkommunisten – wenn sie nämlich wirklich gelebt haben sollten – konnten doch gewiß weder lesen noch schreiben. Wir können also doch gar keine Nachrichten von ihnen haben!

Sehr richtig! Schriftliche Nachrichten von der Hand der Urkommunisten selber sind nicht in unserem Besitz. Aber viele Nachbarn solcher urkommunistischen Völker, die schon des Lesens und Schreibens kundig waren, haben uns in ihren Schriften Nachrichten über die Lebensweise ihrer urkommunistischen Zeitgenossen aufbewahrt. So wissen wir zum Beispiel durch die Römer Cäsar und Tacitus vom Agrarkommunismus unserer deutschen Urahnen. Außerdem aber und vor allem: der Urkommunismus ist auch heute noch keineswegs ausgestorben! Nein, auf der ganzen Erde finden wir unter den sogenannten Naturvölkern noch jetzt eine beträchtliche Anzahl von Stämmen, bei denen die kommunistische Gesellschaftsordnung immer noch in voller Blüte steht. Urkommunistisch leben zum

Beispiel heute noch die schwarzen Eingeborenen Australiens, die geheimnisvollen Buschmänner Südafrikas, die grönländischen und nordamerikanischen Eskimohorden, die zahllosen Indianerstämme der südamerikanischen Urwälder und viele andere Völker (...).

3. Worin aber äußert sich nun dieser Urkommunismus der früheren und der jetzt noch lebenden Naturvölker?

In zweierlei Weise: einmal negativ, das heißt: in dem, was sie *nicht* tun, zweitens aber positiv: in dem, *was* sie tun.

a) Was also tun die urkommunistischen Orden, Stämme und Völker nicht?

Wenn ein europäischer Kaufmann oder Farmer kommt und sagt: „Mein Freund, hier hast du Geld oder Schnaps oder eine Bibel oder Pulver oder Glasperlen. Gib mir dafür ein recht schönes und großes Stück Ackerland!" Dann sagt der Indianer, der Australneger oder der Eskimo: „Nein, ich danke! Behalte deinen Schnaps, deine Bibel und dein Geld! Ich will dir dieses Land nicht verkaufen. Ich *darf* es dir gar nicht verkaufen. Dieses Land ist nämlich gar nicht mein Privateigentum. Nein, *es gehört uns allen gemeinsam*! Es ist der Grund, auf dem wir sammeln und fischen, auf dem wir jagen und weiden. Niemand darf über diese unentbehrliche Grundlage unseres Lebens, über *unser allgemeinstes und wichtigstes Produktionsmittel* ohne den Willen aller anderen Stammesgenossen in irgendeiner Weise verfügen."
Das ist es, was die Urkommunisten *nicht* tun dürfen, und was sie auch nicht tun.

b) Welche positiven Merkmale aber unterscheiden nun unsere urkommunistischen Genossen von ihren nicht-kommunistischen Nachbarn?

Die kapitalistischen Farmer, Kaufleute und Industriellen liegen einander in den Haaren. Denn jeder produziert ohne den anderen und gegen den anderen. Die urkommunistischen Jäger, Fischer oder Ackerbauer dagegen *arbeiten vereint und helfen einander*.

Gemeinsam gehen sie auf die Jagd, gemeinsam fahren sie auf den Robbenfang, gemeinsam roden sie den Wald, hacken, säen und ernten sie. Gemeinsam auch verzehren sie die Beute der Jagd, den Ertrag ihrer Sammelarbeit und die Ernte ihrer Felder. Ja, so weit geht bisweilen diese Gemeinsamkeit des Verbrauches, daß etwa ein Hemd, das einem Mitgliede eines Indianerstammes geschenkt worden ist, der Reihe nach von sämtlichen Angehörigen des Stammes angelegt und zur Schau getragen wird, oder daß eine Zigarre, die ein Reisender einem rothäutigen Freunde geschenkt hat, von diesem nach einigen Zügen dem Nächsten in den Mund gesteckt wird, der den kostbaren Genußgegenstand nach kurzem Gebrauche wiederum weitergibt, sodaß die Zigarre von Mund zu Mund wandert und von allen gemeinsam aufgeraucht wird. Das mag nicht von großem Verständnis für die Forderungen der Gesundheitspflege zeugen. Gewiß aber zeugt es von einem tiefen und unwillkürlichen Willen, sein Leben in kommunistischer Gemeinschaft mit den Stammesbrüdern zu verbringen.

4. Und so wie diese Australneger und Indianer, wie unsere agrarkommunistischen deutschen Vorfahren sollen auch wir heutigen Kommunisten einst wieder leben?

Keineswegs! Niemand soll das Hemd seines Nachbarn tragen. Und gemeinsames Zigarrenrauchen von Mund zu Mund gehört auch nicht zum Programm der Kommunistischen Internationale. *Nicht gemeinsamer Verbrauch, sondern gemeinsame Produktion mittels der allen gemeinsam gehörenden Produktionsmittel – das ist das Ziel und das Programm der modernen kommunistischen Bewegung!*

Die kommunistische Urgesellschaft war auf der armseligsten Technik – Steinbeile, Grabstöcke, hölzerne Pflüge usw. – aufgebaut. Die kommunistische Gesellschaft der Zukunft dagegen wird mit allen technischen Hilfsmitteln unserer Zeit, die sich noch sehr stark entwickeln werden, die Grundlagen für eine überaus reiche und erlesene Kultur schaffen, für eine Kultur, die von der Kultur des Urkommunismus so unterschieden sein wird, wie die Funkentelegraphen und Riesendampfer Amerikas von den Trommelsignalen und Einbäumen der Südseevölker unterschieden sind.

Um zu dieser Höhe der Entwicklung zu kommen, haben die Urkommunisten ihr Gemeineigentum in Privateigentum umwandeln, haben Grundbesitzer und Kapitalisten in furchtbarer Ausbeutung die Bauern und Arbeiter der Erde jahrtausendelang schinden müssen.

Der moderne Kommunismus wird die mit dem Blut und den Tränen der unterdrückten Massen gedüngten und ungeheuer entfalteten Produktionsmittel wieder in die Hände der Massen zurückgeben, aus denen sie vor Zeiten genommen worden sind. Abermals werden also dann die Produktionsmittel allen Gesellschaftsgenossen gemeinsam sein. Aber es sind nun nicht mehr dieselben Produktionsmittel, die einst den gemeinsamen Besitz der Urkommunisten gebildet haben. Sondern als der Verwalter ungeheurer Großbetriebe steht der moderne Kommunist jetzt herrschend über den Gewalten der Natur, denen der Urkommunist scheu und schwach als Sklave unterworfen war.

Der Urkommunismus kann uns demgemäß kein Ziel sein, das wir wieder zu verwirklichen suchen müßten – kleinbürgerliche Siedler höchstens können in die rohen Zustände eines unappetitlichen Verbrauchskommunismus vorübergehend zurücksinken – der Urkommunismus ist uns lediglich ein Beweis dafür, daß unter bestimmten geschichtlichen Bedingungen Kommunismus überhaupt möglich ist. Als ein solcher Beweis freilich ist uns der Urkommunismus nun sehr wertvoll. An der Unlust der bürgerlichen Gelehrten, über dieses peinliche Thema überhaupt zu reden, erkennen wir doppelt klar, wie schwerwiegend es für uns ist, darauf hinweisen zu können, daß *ein interessanter Teil der Menschheitsgeschichte, und zwar der allerumfangreichste, verlaufen ist unter dem Zeichen des Gemeineigentums an Produktionsmitteln, unter dem Zeichen des Kommunismus!*

(…) Denn so hat die Geschichte der Menschheit selber angefangen. Dieser Urkommunismus war keineswegs ein „idealer" Kommunismus, wenn wir ihn an unseren heutigen Lebensansprüchen messen. Er war ferner auch kein schematischer Kommunismus – *die Wirklichkeit ist nie schematisch*! Schematisch ist bisweilen nur der Mensch, wenn er mit der Wirklichkeit nicht anders fertig werden kann. Werkzeuge und Waffen zum Beispiel, die jemand sich selbst verfertigt hat, durfte dieser Verfertiger getrost als Sondereigentum für sich behalten.

Und doch war der Kommunismus damals regelrecht Kommunismus! Gemeinsamkeit der Arbeit, soweit es die Umstände erlaubten; Gemeinsamkeit des Ertrags als allgemeine Regel; Gemeinsamkeit des Grund und Bodens, auf dem das einfache Leben sich abspielte; und in gewisser Weise sogar Gemeinsamkeit der nicht zur Ernährung dienenden Gebrauchsgegenstände (Borgen und Borgenlassen galt als allgemeine Sitte und selbstverständliches Recht); alle diese Züge sind doch gewiß mehr als ausreichend, um die Urgesellschaft als eine kommunistische in aller Deutlichkeit zu kennzeichnen. (…)

5. Die Menschen sind also seßhaft geworden!

Blockhäuser erfüllen die Lichtungen der nördlichen Laubwälder. Bienenkorbhütten wölben ihre kugelrunden Dächer inmitten der afrikanischen Urwalddickichte. Und Pfahldörfer spiegeln ihre Bambusplattformen in ihre schmutzigen Lagunen malayischer Binnengewässer.

Die geschmeidigen Jäger oder Fischer oder Sammler haben als Kommunisten die fruchtbaren Waldblößen betreten. Als Kommunisten errichten sie den ersten Dorfplatz und die ersten Schutzwälle. Und wiederum als Kommunisten beginnen sie, ihre Gerste, ihre Hirse, den Reis und den Mais aus dem oberflächlich aufgeritzten Ackerboden hervorzulocken.

Warum soll man anders produzieren und verteilen, als es die Väter und Großväter getan haben? Waren bisher alle Stammesgenossen die gemeinsamen Herren des gemeinsamen Jagd- und Sammelgebietes, so soll natürlich auch jetzt bei der Feldarbeit niemand vor seinen Nachbarn in irgendeiner Weise bevorzugt werden! Jeder behält also grundsätzlich auf jedes Stück Land dasselbe Recht. Gemeinsam roden alle die für alle notwendige Ackerfläche. Und wenn darauf das gemeinsam urbar gemachte Feld der Bebauung unterworfen wird, so machen sich wieder alle gemeinsam an die Bebauung. Oder dort, wo ein solcher Produktionskommunismus sich als nicht angängig erweist, da tauschen diese landwirtschaftlichen, diese *Agrarkommunisten,* häufig ihre gesondert bearbeiteten Grundstücke nach der jedesmaligen Ernte auf dem Wege des Loses wieder gegeneinander aus. Alle kommen bei einer solchen jährlichen Verlosung dieses Landes voll auf ihre Rechnung. Alle sind mit dieser Einrichtung durchaus zufrieden. Sehr lange bleiben daher die verschiedenen Völkerstämme auf dieser agrarkommunistischen Produktionsstufe stehen.

Anmerkung: Ein nicht berührter Punkt.

Wir haben nur davon gesprochen, *daß* die Menschen einer bestimmten niederen Kulturform urkommunistisch miteinander gelebt haben und leben. *Warum* sie das aber taten oder tun, dieser Punkt ist von uns gar nicht berührt worden.
Nicht aus bösem Willen oder aus Zufall, keineswegs! Wir haben die Absicht, bei einer geeigneteren Gelegenheit ausführlich auf die Ursachenfrage einzugehen. Aber dieses Mal wollten wir lediglich zeigen, daß der Urkommunismus wirklich vorgekommen ist, und wie er ungefähr ausgesehen hat.

An irgendeiner Stelle muß man nämlich mit jeder Darstellung einsetzen, ohne mit den Erklärungen weiter zurückzugreifen. Tut man das nicht, dann kommt man schließlich bis zum Urschleim und zum Weltennebel, und selbst dann hat man das allerletzte Ende und den allerersten Anfang noch nicht in der Hand.
Wir haben also einfach mit dem *Urkommunismus als Tatsache der Entwicklung* angefangen. *Wer über den Urkommunismus als Ergebnis der Entwicklung* etwas wissen will, dem raten wir, das Buch H. Eildermanns über „Urkommunismus und Urreligion" (Berlin 1921) zur Hand [zu] nehmen.[1](...)

1 Wittfogel verweist hier auf Eildermanns Monographie „Urkommunismus und Urreligion: Geschichtsmaterialistisch beleuchtet", erschienen 1921. Der in diesem Band abgedruckte Beitrag von Eildermann stammt aus der überarbeiteten und erweiterten Ausgabe dieses Werks, erschienen 1950 im Berliner Dietz-Verlag unter dem Titel „Die Urgesellschaft. Ihre Verwandtschaftsorganisationen und ihre Religion", Anm. d. Hrsg.

August Seiden
Wirtschaftsgeschichte der Germanen und des Inkareichs (1923)

Germanen

Beginnen wir also zunächst bei den Germanen. Die Germanen sollen aus dem heutigen Indien und Persien nach dem Norden und nach Mitteleuropa während der Völkerwanderungen gedrängt worden sein. Als viehzüchtendes Nomadenvolk kamen sie nach dem heutigen Deutschland. Später wurden sie seßhaft. In ungefähr 100 Dorfgemeinden ließen sie sich nieder, trieben Fischerei, Jagd, Viehzucht und Ackerbau. Städte wie Leipzig, Dresden und andere waren ehemals germanische Dorfgemeinden. Jede Dorfgemeinde erhielt ein bestimmtes Gebiet, und jede Familie wieder ein abgemessenes Stück Land zum Bebauen. Jede Familie bekam ein Stück gutes und eine Stück schlechtes Land. Alles Land wurde gemeinsam bebaut. Auch wurde öfter Flurgang gemacht, damit die richtigen Grenzen eingehalten wurden. Nicht selten kam es vor, daß man Jungens mitnahm und denen an bestimmten Stellen, wo Grenzpfähle stehen sollten, Ohrfeigen gab, damit diese sich die Grenzen merken sollten. Die Dorfgemeinde, Mark genannt, bestand aus geteilter und ungeteilter Mark. Zur ungeteilten Mark gehörten: Wald, Wiesen, Flüsse, Teiche usw. Zur geteilten Mark Gebäude und Ackerland. Streng wurde darauf geachtet, daß jeder auch ordentlich sein Land bebaute. Wer drei Jahre ein Stück Land nicht bebaute, dem wurde das betreffende Stück Land weggenommen.

Fischerei, Jagd, Ausholzung wurden gemeinsam betrieben und gehörten zur Arbeit des Mannes, während der Frau der Ackerbau und die häuslichen Arbeiten oblagen. Zur Beaufsichtigung und Pflege des Viehes wurde von der Gemeindeversammlung ein Hirte gewählt, der von der Mark seine Kleidung und Nahrung sowie Wohnung erhielt.

Das Ackerland wurde ursprünglich alle Jahre ausgelotet, später alle drei Jahre, ja sechs, acht, zwölf, sogar alle achtzehn Jahre. Während zu Anfang Urkommunismus herrschte, schuf man durch die Verlängerung der Auslosungsdauer den Boden für den Übergang zum Privateigentum.

Die Markschaft wählte zur Leitung ihrer Geschäfte einen Markältesten. Die höchste Instanz war die Markversammlung, die selbstverständlich auch die Gesetze beschloß. Die Gesetze richteten sich nach den wirtschaftlichen Verhältnissen; z. B. auf Flurschändung lagen schwere Strafen. Wer sein Feld nicht in Ordnung hatte, faul war, wurde von der Markversammlung bestraft. Wenn ein Markgenosse etwas Übles einer anderen Mark gegenüber tat, so war die ganze Mark, der er angehörte, dafür haftbar. Im Kriege standen die Genossen zusammen und auch in der Religion.

Auch Handwerker gab es in der Mark. Sie arbeiteten Gerätschaften und vieles andere für die ganze Mark, erhielten dafür Wohnung, Nahrung und ein kleines Stück Land, durften aber an der Markversammlung nicht teilnehmen. Wenn einmal ein Handwerker aus der Mark verzog, so konnte er seine Hütte und das kleine Stückchen Land verkaufen. In den meisten Fällen schenkten sie alles der Kirche. Wollte ein Auswärtiger der Mark beitreten, so bedurfte es der Zustimmung der ganzen Mark.

Infolge des Nachwuchses wurde bald die Mark zu klein. Die erwachsenen Söhne und Töchter gründeten deshalb nicht allzuweit eine neue Mark. Die Genossen der neuen Mark nahmen an den Versammlungen der Urmark als gleichberechtigte Mitglieder teil.

Im Laufe der Jahrhunderte wurde das Ackerland nicht mehr verlost, es blieb Eigentum des jeweiligen Besitzers. Von da an gab es Besitzende und Besitzlose, Arme und Reiche. Der Besitzer, der eine große Familie hatte, hinterließ denn auch viele Besitzlose. Die Regel war, daß der älteste Sohn das Besitztum übernahm, und die übrigen gingen leer aus. Kinderlose Besitzer vermachten fast stets ihr Eigentum der Kirche. Häufig kam es vor, daß auch Besitzer, die Kinder hatten, rücksichtslos ihren Kindern gegenüber waren und ihr Eigentum der Kirche vermachten. Durch Schenkungen und Betrug wurde die Kirche bald sehr reich. In Gallien (Frankreich) hatte die Kirche nicht weniger als ein Drittel des ganzen Landes in ihrem Besitz. In Oberbayern gehörten ihr im Jahr 733 nicht weniger als 6.700 Zinsgüter. Im Bistum Augsburg nannte sie 1.427 Hufen Land ihr eigen.

Über die Entstehung der Fürsten ist folgendes zu sagen: Vereinzelt lebten die Marken schutzlos gegen die Anfeindungen fremder Stämme. Die Marken eines Stammes taten sich deshalb zusammen, und namentlich die Genossen, die keinen Boden hatten, leisteten Kriegsdienst. Anfangs wurde der Führer immer gewählt, später autorisiert. Der Vorderste, der Fürderste, wurde Fürst. Das Volk, das besiegt wurde, behielt das Land, wurde aber tributpflichtig, mußte Abgaben leisten, wovon der größte Teil dem Fürsten zufiel. Der kleinere Teil wurde unter den Kriegern verteilt. Die Fürsten wiederum gaben einen Teil der Kirche, um mit ihr in Bündnis zu leben. Vielfach geschah es aber auch aus Glaubensrücksichten.

Diejenigen Marken, die frei von jeder Abhängigkeit blieben, bildeten den heutigen alten Landadel. Früher wurde der Markvorsteher von der Versammlung gewählt, nach und nach aber wurde dieser Posten erblich, ging also auf die Kinder über. Mit dem Moment, wo auch die Kirche Markgenosse wurde und die Mark bei der Kirche Schutz suchte, wurde die Kirche oder einer, der sich Großgrundbesitz erworben hatte, Vorsteher für immer. Beide nützten die Positionen kräftig für sich aus. Kirche wie Großgrundbesitzer hatten größere Viehherden, brauchten größere Weiden, mehr Land, Wasser usw. So verfiel die Mark immer mehr und mehr der Auflösung: Die Gesetze, die zu Anfang von der Markversammlung gemacht wurden, machte jetzt die Kirche oder der Großgrundbesitzer. Die Geistlichkeit, die damals über alle Bildung verfügte, nahm sich des römischen Rechts an und legte es aus, wie es ihr paßte. Durch Fälschung vieler Schriftstücke, die immer im Latein geschrieben waren, gelang es der Kirche, sich ungemein zu bereichern. Tausende von Markgenossen konnten ein Lied davon singen, Tausende sind auf diese Weise um ihr Hab und Gut gekommen.

Das Inkareich

Das Inkareich wurde um das 11. Jahrhundert gegründet. Die Inkas zählten einige tausend Seelen und bewohnten ein Gebiet von 1.770.000 Quadratkilometern. Sie ließen sich im Gebiet des heutigen Ecuador und in Teilen von Columbia und Peru nieder, also im Nordwesten von Südamerika.

Ehe die Inkas kamen, war das Land schon bewohnt. Die Ketschua-Stämme, die dünn das Land besetzt hatten, waren friedlich, trieben Ackerbau, Viehzucht und Fischerei. Sie teilten sich in Hundert- und Tausendschaften, nannten ihre kleinen Gemeinwesen *Makra* (Marken). Genau wie bei uns in Deutschland gab es eine geteilte sowie ungeteilte Mark. Das Ackerland wurde ausgelost. Viehzucht, Fischerei usw. betrieb man gemeinsam. Der Markvorsteher wurde durch die Versammlung gewählt, der Häuptling des ganzen Stammes durch die Marken. Gerichtsbarkeit übte man in der Versammlung. An der Küste entlang ist Ackerbau betrieben worden, im Gebirge vorzugsweise Viehzucht, speziell Lamas. Die Wohnhäuser waren recht groß gebaut, daß ganze Geschlechter in einem Hause wohnen konnten, vierzig bis fünfzig Köpfe an der Zahl. Da, wie gesagt, die Ketschua eine friedliebendes Völkchen waren, sich nur um ihre Wirtschaft kümmerten, nie Gelegenheit hatten, sich zu verteidigen, war es den von Norden kommenden Inkas ein leichtes, im Gebiet der Ketschua festen Fuß zu fassen und eine Tausendschaft nach der anderen zu unterwerfen. Die Inkas waren nicht grausam. Sie führten eine straffere Organisation ein. Das ganze Reich wurde in vier Provinzen geteilt. Jede Provinz hatte einen vom Inkakaiser bestimmten Statthalter. Die einzelnen Marken regierten sich auch jetzt noch selbst, nur waren ihre Rechte beschnitten. Die einzelnen Gemeinden waren abgabenpflichtig. Je nach Größe der Gemeinde und des dazu gehörenden Grund und Bodens mußten sie Getreide, Fleisch, Wolle, Kleider usw. abliefern. Diese Sachen brachte man nach dem Residenzdorfe zum Speicher. Aus diesen Vorräten bekamen die Soldaten und Beamten Nahrung sowie Kleidung. Auch gab man, falls einmal in einer Gegend Mißernte war, diesen Bewohnern aus den Staatsspeichern Getreide. Jede einzelne Gemeinde mußte einige Mann Soldaten stellen, die mehrere Jahre zu dienen hatten. Außerdem hatte jede Gemeinde 10 Mann im Jahre zum Brücken-, Wegebauen usw. abzugeben. Man loste zehn Mann aus, die einen Monat für den Staat arbeiten mußten, im nächsten Monat kamen weitere zehn Mann zur Auslosung. Die Menge Arbeit, Feld bestellen und dergleichen, die von den Zehnen immer zuhause liegen blieb, mußten die übrigen Markgenossen mit verrichten. In bestimmten Zeiträumen erschienen die Statthalter beim Kaiser, um Bericht und Rechenschaft zu geben.

So lebten die Inkas und Ketschua einige Jahrhunderte in Frieden, freuten sich des Lebens bis um das Jahr 1530. Kurz nach der Entdeckung Amerikas (1492) kamen die Europäer, besonders Spanier, und brachten den wilden Völkern „Kultur“. Was die weiße Rasse in ihrem unersättlichem Goldhunger an Grausamkeiten und Scheußlichkeiten verübten, spottet jeder Beschreibung. Den letzten Verzweiflungskampf der Indianerstämme empfindet Lenau[2] so recht, wenn er scheibt:

Fluch den Weißen! ihren letzten Spuren,
Jeder Welle Fluch, worauf sie fuhren,
Die, einst Bettler, unsern Strand erklettert!
Fluch dem Windhauch, dienstbar ihrem Schiffe,
Hundert Flüche jedem Felsenriffe,
Das sie nicht hat in den Grund geschmettert!
Täglich übers Meer in wilder Eile
Fliegen ihre Schiffe, gift'ge Pfeile
Treffen unsere Küste mit Verderben.
Nichts hat uns die Räuberbrut gelassen,
Als im Herzen tödlich bitt'res Hassen:
Kommt, ihr Kinder, kommt, wir wollen sterben!

2 Lenau, mit vollem Namen Nikolaus Edler Niembsch von Strehlenau, schrieb 1833/34 das Gedicht *Die drei Indianer*, das auch unter dem Titel *Der Indianerzug* zu finden ist. Es ist abgedruckt in: Helmut Brandt et al., Nikolaus Lenau. Werke und Briefe, Bd. 1., Leipzig/Wien 1995, 328f., Anm. d. Hrsg.

Heinrich Eildermann
Die Nahrungsverteilung in der Urgesellschaft (1950)

Was das Eigentumsrecht an den Nahrungsmitteln betrifft, so läßt sich in Kürze darüber feststellen, daß sie gemeinsames Besitztum aller Hordenmitglieder sind. Diese für alle niederen Jäger geltende Tatsache bestätigt zum Beispiel Passarge von den Buschmännern[3]. Im Lager angekommen, werden die Säcke entleert, aus denen die Ernte des Tages zum Vorschein kommt: Wurzeln, Knollen, Früchte, Raupen, Nashornvögel, Ochsenfrösche, Schildkröten, Heuschrecken, selbst Schlangen und Leguane. Für den Mann ist das Einsammeln solcher Dinge ganz Nebensache, und er bringt nur mit, was er zufällig antrifft; seine Aufgabe ist vor allem die Jagd. Die Jagdbeute aber wird ebenso wie die eingesammelten Nahrungsmittel gemeinsam verzehrt (und zu gleichen Teilen geteilt). Von den Balala-Buschmännern heißt es, daß Mann und Weib (die Familie) ihre Nahrung gesondert kochen, doch gibt es einen Topf zu leeren, so versammelt sich die ganze Gemeinschaft um denselben und leckt ihn rein, sie gehen damit von Hütte zu Hütte, bis es im ganzen Weiler nichts mehr zu essen gibt.

Ihre Nahrung teilen sie stets bereitwillig mit den Hungrigen, sagt Featherman von den Buschmännern[4], und M. Thulié behauptet, daß in ihren kleinen Banden die vollkommenste Gleichheit herrscht.[5]

Wenn die Feuerländer, heißt es bei G. Marcel, irgendein Tier erlegt oder Fische und Muscheln, ihre Hauptnahrung, gefangen haben, so wird die Beute unter sämtliche Familien verteilt.[6]

Unter den Botokuden herrscht nach Ehrenreich, was Nahrungsmittel betrifft, strengster Kommunismus. Die Beute wird an alle Angehörigen der Horde verteilt, ebenso Geschenke, die man ihnen macht, auch wenn sich jeder mit einem noch so unbedeutenden Anteil begnügen müßte.[7]

Übereinstimmend mit dem bisher Angeführten lauten die Berichte über Australien.

Die australischen Wiradjuris teilen ihre Nahrung nach dem Prinzip der Gütergemeinschaft in gleiche Teile. Wenn die Karamundi-Männer (Australien) jagen ge-

3 vgl. Siegfried Passarge, Die Buschmänner der Kalahari, Berlin 1907, 54f.

4 A. Featherman, Social History of the Races of Mankind, Bd. 1, London 1885, 526

5 M. Thulié, Instructions anthropologijues aux voyageurs sur les Bochimans; in: Bulletins de la Société d'Anthropologie de Paris, 1881, Bd. IV, 410.

6 G. Marcel, Les Fuégiens à la fin du XVIIe siècle, d'après des documents français inédits; in: Congrès international des Américanistes. Compte-rendu de la 8me session, tenue à Paris en 1890, Paris 1892, 491.

7 vgl. Paul Ehrenreich, Über die Botokudos, 31.

hen, so teilen die Erfolgreicheren ihre Beute mit den weniger Glücklichen.[8]

Die bis soweit gegebenen, summarisch gehaltenen Berichte sind jedenfalls geeignet zu zeigen, daß die Tatsache der kommunistischen Verteilungsweise bei unsern Jägervölkern sich schon dem oberflächlichen Beobachter aufdrängt.

Recht des Verteilens

Im Stamme der Yerklamining wird die gewonnene Nahrung immer unter alle Anwesenden gleich verteilt. Wird zum Beispiel ein Wallaby erlegt und sind zum Beispiel 10 oder 12 dabei, so erhält jeder einen Teil des Tieres, und keiner von ihnen berührt das Tier oder ein Stück desselben, bevor ihm sein Teil vom Erleger gegeben wurde. Ist der, welcher das Tier erlegt hat, zufällig abwesend, während es gebraten wurde, so rührt es keiner an, bevor er zurückkommt und es verteilt. Die Weiber erhalten gleiche Teile wie die Männer, und die Kinder werden von beiden Eltern sorgfältig bedacht.[9]

Die hier beschriebene Verteilung im Stamme der Yerklamining betont das Recht des Erlegers an seiner Beute, wenn dieses auch nur das Recht des Verteilens derselben ist. Die Verteilung geht hier in einem Teile der Horde vor sich; es sind nur 10 oder 12 dabei, darunter Weiber und Kinder. In solcher Größe begegnet man den Eingeborenenhaufen nicht selten, man hat es in solchem Falle mit der typischen Erscheinung zu tun, daß oft zwei Jäger mit einem alten Manne und außerdem vielleicht einem unverheirateten jungen Manne, gewissermaßen dem Adjutanten des Alten, sowie dem entsprechenden Anhange von Weibern und Unmündigen unterwegs sind. Die Beute wird, wie hier zu beobachten ist, nicht immer sofort in das Hauptlager, wohin die verschiedenen Trupps schließlich sich wenden, zur Verteilung gebracht, sondern an Ort und Stelle gebraten, weil die Entfernung vom Lagerplatze zu groß ist. Nach dem Lager kommen dann nur die Überreste des für die Anwesenden an der nächsten Wassergrube bereiteten Mahles. Haben wir es mit einer regelrechten Mahlzeit zu tun, bei der einer der alten Männer zugegen ist, so wird dieser, wie es ihm zusteht, die Verteilung nach dem Gesetz der kommunistischen Gleichheit vornehmen.

Die Verteilung ist in der Regel eine zweimalige. Die erste findet zwischen den Jagdgefährten statt, und zwar durch den Erleger in der Nähe des Fangplatzes. Die Genossen beteiligen sich dann am weiteren Transport der erbeuteten Nahrung. Manchmal wird dabei von den Jägern nur eine Mundprobe genommen, zum Beispiel von den gebratenen Eingeweiden, wie auch der Eskimo von dem eben er-

---

8 nach A. W. Howitt, The Native Tribes of South-East Australia, London 1904, 762ff.

9 vgl. ebd. 762.

legten Seehund an dem Fangorte den anwesenden Fängern ein Stückchen Speck überreicht; aber auch der Wedda auf Ceylon bricht von dem erlegten Hirsch ein Stück des Vorderbeines für seine Jagdgenossen ab.

Diese erste Verteilung unter den anwesenden Jägern geschieht nach dem Grade ihrer Beteiligung, sozusagen nach ihrer Befähigung zur Jagd, bzw. nach dem Jagdglück, das sie haben. Sie ist demnach keine, die zu gleichen Teilen erfolgt. Wer viel zur Verteilung heimträgt, wird durch seine Jagdtüchtigkeit sich Ansehen erwerben.

Die zweite Verteilung, im Lager, erfolgt nach dem Bedürfnis, und da nicht nur von einer Seite, sondern von verschiedenen Seiten das Erbeutete und Eingesammelte herbeikommt, so wird hier die Verteilung eine ziemlich gleichmäßige für alle Hordenmitglieder sein können. In welcher Weise hier jedoch der Grad des Bedürfnisses noch Unterschiede erzeugt, wird noch zu untersuchen sein.

Ein ähnliches Beispiel wie das vom Stamme der Yerklamining mitgeteilte gibt uns Howitt in einer weiteren Schilderung vom Stamme der Chepara. Im Stamme der Chepara wird von allen Männern, falls sie nicht krank sind, erwartet, daß sie für Nahrung sorgen. Ist ein Mann faul und bleibt im Lager, so wird er von den anderen verhöhnt und beschimpft. Männer, Weiber und Kinder verlassen das Lager am frühen Morgen, um Nahrung zu suchen. Nachdem sie genügend gejagt haben, tragen Männer und Weiber ihre Beute zur nächsten Wassergrube, wo Feuer gemacht und das Wild gebraten wird. Männer, Weiber und Kinder essen alle freundschaftlich zusammen, nachdem die Alten die Nahrung unter alle gleichmäßig verteilt haben. Nach dem Mahle tragen die Weiber die Reste ins Lager, und die Männer jagen unterwegs. In diesem Stamme hat der Mann für die Schwiegereltern nicht zu sorgen, außer wenn der Schwiegervater krank oder die Schwiegermutter Witwe ist.[10]

Die ganz allgemein verbreitete Pflicht des Jägers, seine Schwiegereltern zu versorgen, besteht also auch hier; doch tritt sie nur bei außergewöhnlichen Gelegenheiten in Kraft. In unserem Beispiel erscheinen die Alten als Verteiler der Nahrung nach dem Bedürfnis. An der Hauptlagerstätte, wo die Alten in der Regel zu finden sind, haben sie diese Funktion wohl stets, zum mindesten werden sie darüber wachen, daß die Verteilung nach bestimmten Regeln geschieht.

Wenn die australische Horde einen Häuptling hat, ist er der vornehmste Vertreter des kommunistischen Gesetzes. Er hat die Oberaufsicht über die Verteilung der Nahrung und nimmt diese Verteilung häufig selbst vor. Das wird namentlich dann geschehen, wenn eine größere Jagd veranstaltet wird, zu der oft mehrere Horden sich zusammentun. Das Bild wird etwa das gleiche sein, wie wir es noch bei den in Dörfern wohnenden philippinischen Negritos vor uns haben.

10 vgl. ebd. 767f.

Verteilungsregeln

Die Verteilung der Beute ist bei den Negritos von Zambales der regelmäßige Abschluß jeder erfolgreichen Jagd. Wenn sämtliche Jäger demselben Dorfe angehören, so wird das Wild vor der Verteilung zum Dorf heimgetragen; jagten mehrere Dörfer zusammen, so wird die Beute auf freiem Felde verteilt. Das Tier wird auf Rohr oder Binsen gelegt und enthäutet. Dann nimmt der Häuptling oder der angesehenste Mann der Anwesenden ein Stück von den Eingeweiden oder vom Herzen, zerschneidet es ganz fein und zerstreut die Stücke nach allen Richtungen, wobei er einige monotone Worte singt, welche die Bedeutung haben: „Geister, wir danken euch für die erfolgreiche Jagd, hier habt ihr euren Teil von der Beute." Dies geschieht, um die Geister zu nähren und zu besänftigen. Diese Zeremonie wird niemals vernachlässigt. Hierauf folgt die Zerlegung und Verteilung des Tieres. Kopf und Brust erhält jener, der das Wild zuerst verwundet hat, und war der Schuß tödlich, bekommt er auch das Rückenstück; dieses fällt nämlich demjenigen zu, der den tödlichen Schuß abgegeben hat. Ein hinteres Viertel gehört dem Eigentümer des Hundes welcher das Wild aufschreckte, und der Rest wird möglichst zu gleichen Teilen unter die übrigen Jäger verteilt.[11]

Der mehr noch als seine Gefährten den Geistern nahestehende Häuptling kann aus diesem Grunde die vielleicht bei der Verteilung entstehenden Differenzen leichter ausgleichen, als andere es vermöchten. Die Geister geben den Menschen Glück auf der Jagd, doch kann man sie durch nichts mehr erzürnen als durch Verstöße gegen das Gesetz des Kommunismus.

Um möglichst allen Streit bei Verteilungen zu verhüten, ist im voraus genau geregelt, wie dieses oder jenes Tier verteilt werden muß; doch kann die Verteilung auch darnach, wo sie stattfindet und wer dabei anwesend ist, wieder verschieden sein. Haben gewöhnlich die Eltern des Weibes und des Mannes den Vorzug vor anderen, besonders die ersteren, so geschieht doch die Verteilung häufig nach anderen Regeln, wenn andere Mitglieder der Gruppe zugegen sind. Kein Wunder, daß die Verteilungsregeln gelernt werden müssen und oft in Sprüche gefaßt sind, kein Wunder auch, daß schließlich für die Verteilung der einen Tierart eine bestimmte Person unter den Alten zuständig ist, für die andere Tierart ein anderer der Alten. Die Gesamtheit der Verteilungsregeln bildet eine ganze Wissenschaft, für die das Gedächtnis des einzelnen vielleicht nicht ausreichen würde; wir finden daher eine Verteilung dieser Arbeit auf die einzelnen Personen in der Gruppe der alten Männer. Besonders die Verhältnisse des Totemismus zeigen dieses Bild.

Die im nachstehenden mitgeteilten Verteilungsregeln einiger australischer

11 nach William Allan Reed, Negritos of Zambales, Manila 1904, 48.

Stämme werden die Leser nach dem Gesagten wohl nicht mehr als von irgendeiner Willkür diktiert empfinden. Das ihnen zugrunde liegende und bis soweit nur in allgemeiner Form bekannt gewordene Gesetz wird sich uns, je weiter je mehr, durch Anführung näherer Details als in vollem Umfange und in voller Realität bestehend ergeben.

Im folgenden Beispiel, das die Regeln des Stammes der Ngarigo wiedergibt, erscheint der Vater des Jägers, der hier auch das Meiste und Beste erhält, als der hauptsächlichste Verteiler: Von einem Känguruh erhält der Erleger ein Lendenstück, der Vater das Rückenstück, die Rippen, Schultern und den Kopf, die Mutter den rechten Schenkel, der jüngere Bruder das linke Vorderbein, die ältere Schwester ein Stück entlang des Rückens, die jüngere das rechte Vorderbein. Der Vater gibt den Schwanz und ein Stück des Rückens weiter an seine Eltern, die Mutter gibt einen Teil des Schenkels und das Schienbein an ihre Eltern weiter.[12]

In einem anderen Falle handelt es sich bei diesem Stamme um die Verteilung eines Bären (Koala): Von einem Bären behält der Jäger selbst die linken Rippen, der Vater erhält den rechten Hinterfuß, die Mutter den linken, der ältere Bruder den rechten Vorderfuß, der jüngere den linken. Die ältere Schwester bekommt das Rückenstück, die jüngere die Leber. Das rechte Rippenstück gehört dem Vatersbruder, ein Seitenstück dem mütterlichen Onkel, und der Kopf kommt ins Lager der jungen Männer.[13]

Betreffs der Rangordnung und des Privilegs, mit dem die Personen an der jeweiligen Verteilung teilhaben, gilt als allgemeine Regel, daß die jeweilig älteren Personen einen Vorrang vor den jüngeren haben, zum mindesten insofern, als sie zuerst ihre Gaben empfangen und alsdann die Aufgabe haben, andere ihnen verwandtschaftlich Nahestehende mit dem Nötigen zu versehen. Besonders deutlich sprechen hier die Mitteilungen über den Stamm der Seriindianer, die auf einer Insel im kalifornischen Meerbusen und einem kleinen Gebiet des dortigen Festlandes leben: Das Privileg des Essens und Trinkens folgt in der Reihenfolge des Seniorats. Zuerst kommt der Häuptling, dann die übrigen Krieger in einer anscheinend durch die Pubertät bestimmten Reihenfolge, dann kommt die Klan-Mutter, und nach ihr ihre Töchter in der Reihenfolge ihres nominellen Alters, welches durch den Status der Gatten und durch die Zahl der lebenden Nachkommen bestimmt ist, endlich die Kinder in der Reihenfolge ihrer Stärke, die ebenfalls als ein Äquivalent des Alters in Betracht kommt, obgleich die Mädchen, insbesondere jene, die sich der Mannbarkeit nähern, durch die Nachsicht der Weiber gewisse Vorteile genießen.

12 nach Howitt 1904, 759.
13 vgl. ebd.

Bedürftigenfürsorge

Jedes Mitglied der Familie oder des Klans kann auf die notwendige Nahrung und Bekleidung Anspruch erheben, und es ist Sache jeder anderen Person, darauf zu sehen, daß dieser Bedarf gedeckt werde. Der Grad dieser Pflicht richtet sich teils nach der Nachbarschaft, sodaß diese bei der nächsten Person beginnt, hauptsächlich aber sind der Rang und die Verantwortlichkeit in der Gruppe (gewöhnlich Äquivalente des Alters) maßgebend. Es ist die Pflicht der ersten Person bei einem Mahle, dafür zu sorgen, daß für die unter ihr stehenden genügend übrigbleibe, und diese Pflicht steigt dann in der Weise abwärts, daß selbst für die Interessen der hilflosen Kinder gesorgt ist.[14]

Wir könnten die Verteilungsweise der niederen Jäger keine kommunistische nennen, wenn sie sich nicht der Bedürftigen in erster Linie annähme. Um diese elementare Forderung zu erfüllen, wird auch das bei den höheren Altersstufen entwickeltere soziale Verantwortlichkeitsgefühl zu Hilfe genommen. Das ist ein bei den Seris wie bei den Australnegern und allen übrigen nomadischen Jägern gültiger Grundsatz der urkommunistischen Ordnung.

Auch bei den australischen Wurunjerris hat der Erleger eines Känguruhs dasselbe nach Maßgabe der Stammesregeln zu verteilen. Hat jedoch ein Mann nicht mehr Wild oder andere Nahrung beschafft, als er eben für sich selbst, sein Weib und seine Kinder braucht, so braucht er es nicht mit anderen zu teilen. Hat aber sein Vater keine Nahrung, so gibt er ihm die seinige und sucht sich andere. Auch wenn sein Schwiegervater keine Nahrung und keinen Sohn hat, der für ihn sorgt, gibt er ihm seine und sucht andere für sich selbst. Hinwieder, hat er selbst keine Nahrung, hat jedoch der Schwiegervater welche, so schickt dieser ihm etwas durch seine Tochter. Alte Leute pflegen zu sagen, daß die jungen ihre Nahrung mit anderen teilen sollen, und daß es eine „Bunjil-gefällige" Sache sei, wenn für alte Leute und Kinder gesorgt wird.[15]

Bunjil, der Bedeutung des Wortes nach ein alter Mann, ist der große Geist des Stammes, der älteste der Geister und darum natürlich auch der klügste, derjenige, dessen Autorität unbestritten ist. Seine Sache ist die Überwachung der Bedürftigenfürsorge. Als seine irdischen Vertreter gelten die alten Männer, vor allem der Häuptling.

Die jungen Leute, soweit sie noch in der Erziehung der Alten stehen, haben auf die Befolgung von Speiseverboten zu achten, die besagen, daß gewisse Nahrungsmittel ganz, und von anderen die besten Teile an die Alten abzuliefern sind. Auch

14 vgl. Felix Somló, Güterverkehr in der Urgesellschaft, Brüssel-Leipzig 1909

15 nach Howitt 1904, 766.

ist es Pflicht eines jeden Jägers, gewisse ältere Leute mit Nahrung zu versehen, eine Pflicht, die willig erfüllt wird. Die Verteilung soll nämlich möglichst durch die Hände der mit den kommunistischen Regeln vertrauten Personen gehen. Zur Ablieferung der Speisen gehört natürlich eine gewisse Selbstzucht, die etwas Erworbenes darstellt. Es leuchtet ein, daß hier eine wichtige Aufgabe der Erziehung liegt. Von den zentralaustralischen Stämmen heißt es, es könnten sich die Jünglinge von jenen Verboten nur dadurch befreien, daß sie bestimmten alten Männern, die zu der betreffenden Speise in spezieller Beziehung stehen, Gaben von dieser Speise darbringen, sodaß der eine oder andere der Alten fortwährend Gaben von gewissen Nahrungsmitteln entgegennimmt.[16]

Was die Häuptlinge betrifft, so nehmen sie auch selbst an der Nahrungssuche teil; doch ist der Häuptling, der einer der kräftigsten, energischsten und klügsten, aber auch der freigebigsten der älteren Männer sein muß, gewissermaßen ein Mittelpunkt der Speisenverteilung, des Produktenverkehrs. Wo er bei einer Mahlzeit zugegen ist, erhält er sicher den ersten, größten und besten Teil davon. So lautet zum Beispiel ein Bericht über das Inselvolk der Andamanen, der in ähnlicher Form für alle Völker dieser Kulturstufe als zutreffend anzusehen ist, daß der Häuptling den ersten, und zwar den Löwenanteil bei der Verteilung erhält; dann kommen die Männer und nachher die Weiber und die Kinder an die Reihe.[17]

Der Anteil des Häuptlings oder eines anderen die Verteilung leitenden alten Mannes wird also zuerst ausgeschieden, weil er sozusagen eine Rücklage an die kommunistische Zentralverwaltung bedeutet. Wir können sicher sein, daß der genannte Vertrauensmann, wo es nötig ist, von seinem Teile den Kranken, Gebrechlichen, Bedürftigen jeden Alters spendet, daß er die bei der Verteilung entstehenden Härten ausgleicht und auftauchende Unstimmigkeiten so aus der Welt schafft. Die Verteilung geht sicherer, leichter und gerechter vor sich, dem Augenmaß des Verteilers wird gleichsam eine bessere Stütze gegeben, wenn nach Abtrennung eines größeren Sonderanteils zunächst der Rest in möglichst gleiche Stücke nach der Zahl der Empfänger zerlegt wird, wobei man für alle Fälle noch einen Reserveteil in vertrauenswürdigen, freigebigen Händen weiß.

Wie für Jünglinge und Mädchen, bestehen auch für die erwachsenen Jäger und ihre Frauen dauernd Gesetze, die ihnen den Genuß bestimmter Speisen verbieten, den Alten dagegen ist alles oder nahezu alles zu essen erlaubt. Der Zweck dieser Verbote ist auch hier die Erzielung eines ständigen, reichlichen Zuflusses von Speisen aller Art in die Bahn einer geregelten kommunistischen Verteilung.

16 nach Spencer/Gillen, The Northern Tribes of Central Australia, London 1904, 613.

17 nach Somló 1909, 97. Bei den Andamanesen ist es sogar üblich, in jeder Familie für einen die eigenen Bedürfnisse überschreitenden Vorrat zum Gebrauch für eventuell ins Lager einkehrende Freunde zu sorgen.

Die uns vorliegenden Zeugnisse aus den Kreisen unserer primitiven Jägervölker besagen zudem, daß die alten Leute in vielen Fällen oder in der Regel auch die Bewahrer der Speisen bis zum nächsten Morgen sind, wo die Alten dann oft den Jägern von der abgelieferten Beute etwas zurückgeben.

Kollektiver Nahrungserwerb

Vergegenwärtigen wir uns an diesem Punkte den anfänglichen Entwicklungsverlauf der australischen Stämme. Der Übergang zur Jagd ist der Übergang zu einer höheren Kulturstufe: reichlichere, abwechslungsreichere Ernährung. Im Feuer röstet man Pflanzenteile und Fleisch, besonders Fische. Fleischgenuß und Zubereitung der Nahrung durch Feuer bedeutet Vorverdauung, Entlastung des Körpers von Funktionen, sodaß die geistige Betätigung vermehrten Spielraum hat. In derselben Richtung wirkt, daß man genötigt ist, die Tiere an Klugheit, Schnelligkeit und Kraft zu überbieten. Weiter bildet der Geist sich aus durch den Gebrauch der Werkzeuge (Werfen, Schlagen, Stoßen, Graben usw.), die Herstellung der Werkzeuge bzw. die Auswahl passender, in der Natur vorhandener Gegenstände zu Werkzeugen und Waffen. Damit verbunden ist die Notwendigkeit des aufrechten Ganges (Stock als Stütze!), die Entwicklung der Lauffüße, der Gebrauch der artikulierten Sprache neben Gebärden als Verständigungsmittel.

Wegen der Unentwickeltheit der Jagdwaffen und ihrer geringen Reichweite ist Umzingeln und Zutreiben des Wildes notwendig; also Kollektivismus im Nahrungserwerb. Die Unsicherheit des Jagderfolges bedingt kommunistische Verteilungsweise. Weil die Beute für den einzelnen manchmal zu groß, manchmal zu klein ist, muß fortwährend abgegeben werden. Verteilung am Lagerplatz, sodaß alle versorgt werden. Schwierigkeit: etwa 50 Personen in der australischen Horde, Berücksichtigung der verschiedenen Verwandtschaftsgrade, Verschiedenheit der zur Verteilung kommenden Tierarten. Dazu die Pflanzenkost. Erste Verteilung der Beute unter die Jäger im Jagdrevier nach dem Grade der Beteiligung an der Jagd.

Um die kommunistische Verteilungsweise zu sichern, greift die Gewohnheit Platz, daß jede Jagdgefährtenschaft ihre Beute an eine andere gibt. Die Verwandtschaft der Frau gewinnt steigenden Einfluß, namentlich der Schwiegervater.

Notwendigkeit der weiblichen Hilfeleistung: Sammlung der Pflanzenkost, Tragen der Kinder und aller anderen Sachen, soweit sie von den Männern auf der Jagd nicht gebraucht werden, Arbeiten am Lagerplatz; an Zahl etwa den Männern gleich.

Verteilung der weiblichen Arbeitskräfte an die Männer ist Erfordernis der Produktion: jedem jagdfähigen Manne eine junge, kräftige Gehilfin; der gleichmäßigen Verteilung wegen nur eine. Jede Horde durchschnittlich 10 (oder mehr) junge Männer und ebensoviel mit ihnen verheiratete Frauen.

Die Horde zersplittert sich nach Bedarf in Produktionsgruppen von 2 bis 5 Jägern, der Verteilungsweise wegen in 2 mal 5 Jäger mit ihrem Anhang (ideales Schema!).

Wir kommen zu folgendem Resultat:

1. Die Verteilung der Nahrung zu annähernd gleichen Teilen ist auf der australischen und auch schon auf der tasmanischen Stufe, also auf der Stufe des Jägernomadentums, zu der üblichen, herrschenden geworden. Es ist eine Verteilung nach dem Bedürfnis, weniger nach der Leistung, und findet am gemeinsamen Lagerplatze statt, gewöhnlich durch die alten Leute oder unter ihrer Aufsicht.

2. Gewisse Einschränkungen findet diese Verteilungsweise durch die Überordnung der Männer über die Frauen, der älteren Genossen über die jüngeren; doch ist zu beachten, daß die jüngeren später in die höhere Altersklasse aufrücken und die Frauen auch Sammler der Pflanzenkost sind.

3. Der Verteilung nach dem Bedürfnis geht gewöhnlich eine Verteilung nach dem Grade der Beteiligung an der Jagd unter den Jagdgefährten voran. Bei dieser Verteilung hat der erfolgreiche Jäger das Recht der Verteilung des Tieres.

4. Soweit Privateigentum besteht, ist dieses dem Gemeineigentum ein- bzw. untergeordnet.

5. Die Notwendigkeit der kommunistischen Verteilungsweise ergibt sich für das Urjägertum aus dem Umstande, daß der Jagderfolg unsicher und wechselnd ist, größere Tiere vom Erleger allein nicht verzehrt werden können, Konservierungsmethoden aber kaum bekannt sind.

6. Die Naturalwirtschaft in dieser Form läßt eine Vererbung privaten Besitzes auf die Kinder nicht zu. Beim Tode eines Stammesgenossen geht seine Habe nicht an seine Nachkommen, sondern an die ihn überlebenden Verwandten innerhalb seiner Generation, sofern ihm die Sachen nicht mit ins Grab gegeben werden.

7. Das wichtigste Eigentum der Urgesellschaft ist die menschliche Arbeitskraft, weshalb die Personen sorgfältig so verteilt werden, daß der Stamm als Ganzes bis in spätere Generationen hinein den Nutzen davon hat.

8. Die hier geschilderte Stufe der urgesellschaftlichen Entwicklung ist die Periode der Besitzergreifung eines bestimmten Gebietes durch den Urstamm, innerhalb dessen die Stammesteile (Horden) sich als lokale Gruppen verteilen.

Ernest Mandel
Soziale Gleichheit in der Vorgeschichte (1975)

(...) Die Geschichte umfaßt nur einen kleinen Teil menschlichen Daseins. Ihr geht die Urgeschichte voraus, während der Schrift und Zivilisation unbekannt waren. Primitive Völker, die auf dieser prähistorischen Stufe stehengeblieben sind, haben bis vor kurzem noch existiert oder existieren heute noch. Klassenunterschiede waren der Menschheit während des Großteils ihres vorgeschichtlichen Daseins unbekannt.

Um den grundsätzlichen Unterschied zwischen einer primitiven Gemeinschaft und einer Klassengesellschaft zu verstehen, wollen wir die Einrichtungen dieser Gemeinschaften näher betrachten.

Mehrere Anthropologen haben von einem Brauch bei zahlreichen primitiven Völkern berichtet, jeweils nach den Ernten große Feste zu veranstalten. Die Anthropologin Margaret Mead beschreibt die Feste des Papuavolkes Arapech (Neu-Guinea). All jene, die ein überdurchschnittliches Ernteergebnis erzielt haben, laden ihre Familien und alle Nachbarn ein. Die Festlichkeiten dauern so lange, bis der größte Teil dieses Mehrertrages verbraucht ist. Margaret Mead schreibt: „Diese Festlichkeiten stellen ein geeignetes Mittel dar, um das Anhäufen von Reichtümern in den Händen einzelner zu verhindern."

Ein anderer Anthropologe, Asch, hat die Bräuche und das System des Hopi-Stammes studiert, der im Süden der Vereinigten Staaten lebt. Im Gegensatz zu unserer Gesellschaft verurteilt dieser Stamm aus moralischen Gründen den persönlichen Wettbewerb. Bei Sport und Spiel zählen die Hopi-Kinder nie nach Punkten: Der „Gewinner" interessiert sie nicht.

Wenn primitive Gemeinschaften, die noch nicht in Klassen geteilt sind, hauptsächlich Ackerbau betreiben und dafür ein bestimmtes Gebiet bearbeiten, wird der Boden oft nicht mehr gemeinschaftlich genutzt. Jede Familie erhält für eine bestimmte Zeit einige Felder zur Nutznießung zugeteilt. Aber diese Felder werden oft neu verteilt, um so eine Begünstigung dieses oder jenes Mitgliedes der Gemeinschaft auf Kosten anderer zu verhindern. Wiesen und Wälder werden gemeinsam genutzt. Bei fast allen Völkern der Welt stellt diese Dorfgemeinschaft, die auf dem Allgemeinbesitz des Bodens beruht, den Ursprung des Ackerbaus dar. Sie zeigt, daß die Gesellschaft damals innerhalb der Dorfgemeinschaft noch nicht in Klassen geteilt war.

Die Gemeinplätze, mit denen man uns in den Ohren liegt, nach denen die soziale Ungleichheit in einer Ungleichheit der Begabungen und individuellen Fähigkeiten wurzelt, das heißt biologischen Ursprungs sei, nach denen die Teilung der Gesellschaft in Klassen Produkt eines „eingefleischten Egoismus", also der „menschlichen Natur schlechthin" ist, besitzen daher keinerlei wissenschaftliche Basis. Die Unterdrückung einer sozialen Klasse durch eine andere ist nicht Produkt der „menschlichen Natur", sondern einer historischen Entwicklung der Gesellschaft. Sie hat nicht schon immer existiert. Sie wird auch nicht immer existieren. Es hat nicht schon immer Reiche und Arme gegeben, und es wird sie auch nicht immer geben. (...)

1. Die allgemeine Armut als Basis der Urgemeinschaften

Der Mensch lebte während der längsten Zeit seiner prähistorischen Existenz in außergewöhnlich großer Armut. Die zum Leben notwendige Nahrung konnte er sich nur mit Jagen, Fischen und Früchtesammeln beschaffen. Die Menschheit schmarotzte von der Natur, denn sie trug nichts zur Vermehrung des natürlichen Reichtums bei, der die Grundlage ihrer Ernährung bildete. Sie hatte keine Kontrolle über die von ihr verzehrten Lebensmittel.

Die Urgemeinschaften dienten dazu, das kollektive Überleben unter diesen äußerst schwierigen Existenzbedingungen zu gewährleisten. Jeder ist zur Arbeit verpflichtet, denn die Arbeit jedes einzelnen ist notwendig, um die Gemeinschaft am Leben zu erhalten. Die herbeigeschafften Lebensmittel reichen kaum aus, um die Gemeinschaft zu ernähren. Kämen einzelne des Stammes in den Genuß materieller Vorteile, so würde das für die anderen Hungersnot bedeuten; es könnte nicht mehr normal gearbeitet werden, und das kollektive Überleben wäre nicht mehr gewährleistet. Deshalb tendiert die soziale Ordnung auf dieser Entwicklungsstufe der Gesellschaft dazu, ein Maximum an Gleichheit innerhalb der menschlichen Gemeinschaften aufrechtzuerhalten.

Beim Erforschen des gesellschaftlichen Aufbaus von 425 Urstämmen konnten die englischen Anthropologen Hobhouse, Wheeler und Ginsberg bei allen jenen Stämmen keine Klassenbildungen feststellen, denen der Ackerbau unbekannt war.

2. Die neolithische Revolution (Jüngere Steinzeit)

Die Herrschaft allgemeiner Armut änderte sich erst mit dem Aufkommen von Akkerbau und Viehzucht, und auch nur in einem langdauernden Prozeß. Die Technik des Ackerbaus, die größte wirtschaftliche Revolution der Menschheit, haben wir, ebenso wie eine Reihe weiterer wichtiger Erfindungen der Urgeschichte (vor allem die Töpferei und Weberei), den Frauen zu verdanken. 15.000 Jahre vor unserer Zeitrechnung kam der Ackerbau in einigen wenigen Regionen auf: vermutlich zuerst in Kleinasien, Mesopotamien, Persien und Turkestan, von wo er sich nach Ägypten, Indien, China, Nordafrika und bis in die ans Mittelmeer grenzenden Gebiete Europas ausdehnte. Man nennt dies die neolithische Revolution, weil sie in der jüngeren Steinzeit stattfand, als die wichtigsten Arbeitsgeräte des Menschen aus behauenem Stein bestanden.

Die neolithische Revolution ermöglichte es dem Menschen, seine Lebensmittel selbst zu produzieren und folglich sein Überleben mehr oder weniger zu kontrollieren. Er war nicht mehr in gleichem Maße wie der Urmensch von den Naturgewalten abhängig. Die neolithische Revolution erlaubte ihm, Lebensmittelreserven anzulegen, was einige Mitglieder der Gemeinschaft von dem Zwang befreite, selbst für ihre Nahrung zu sorgen. Auf diese Weise konnte sich eine gewisse wirtschaftliche Arbeitsteilung, eine Spezialisierung der Tätigkeiten entwickeln, die die menschliche Arbeitsproduktivität erhöhte. In den primitiven Gesellschaften konnte solche Spezialisierung jedoch nur in Ansätzen vorhanden sein. Einer der ersten spanischen Forschungsreisenden schrieb über die Indianer des 16. Jahrhunderts: „Sie (die Ureinwohner) wollen ihre ganze Zeit auf die Nahrungssuche verwenden, denn wenn sie sich anderen Dingen widmen würden, müßten sie Hunger leiden."

3. Notwendiges Produkt und gesellschaftliches Mehrprodukt

Das Aufkommen eines beträchtlichen und andauernden Lebensmittelüberschusses hat eine Umwälzung des Aufbaus der Gesellschaft zur Folge. Solange dieser Überschuß relativ gering bleibt und sich auf die Dörfer verteilt, vermag er die Gleichheit innerhalb der Dorfgemeinschaft nicht zu verändern. Sie kann damit lediglich einige Handwerker und Beamte erhalten, wie dies in Hindudörfern über Jahrtausende hinweg der Fall war.

Doch wenn die Überschüsse aus großen Gebieten von Kriegsherren oder von der Kirche zentralisiert und kontrolliert werden oder wenn sie innerhalb eines Dorfes dank besserer Ackerbaumethoden beträchtlich anwachsen, schaffen sie die Grundlage für soziale Ungleichheit: Sie dienen als Nahrung für Kriegsgefangene usw. – die zuvor getötet wurden, da man sie nicht ernähren konnte –, und die nun als Gegenleistung für den Sieger arbeiten müssen. Dies war der Beginn der Sklaverei in Griechenland. (...)

Kapitel II: Linke Nationalisten und die Urgesellschaft

Abdullah Öcalan
Die natürliche Gesellschaft (2010)

(...) Mit dem Begriff „natürliche Gesellschaft“[1] bezeichne ich eine Ordnung von menschlichen Gemeinschaften, die mit der Abspaltung der menschlichen Art von den Primaten begann und eine lange Zeit bis zum Auftauchen der hierarchischen Gesellschaft existiert hat. Diese 20- bis 30-köpfigen Gemeinschaften werden in der Anthropologie auch als Klans bezeichnet. Entsprechend der Steinwerkzeuge, die sie benutzten, unterscheiden wir eine paläolithische (altsteinzeitliche) und neolithische (jungsteinzeitliche) Menschheit. Die längste Zeit ernährten sie sich als Jäger und Sammler durch das, was sie in der Natur vorfanden. In gewissem Sinne kamen sie mit den vorhandenen Naturprodukten aus. Diese Ernährungsweise ähnelt derjenigen der verwandten Tierarten. Daher können wir nicht von einem gesellschaftlichen Problem sprechen. Der Klan war ständig auf der Suche und jagte und sammelte das, was er fand. Durch Werkzeuggebrauch und die Entdeckung des Feuers stieg der Ertrag, damit entwickelte sich die Art schneller und der Abstand zu den Primaten nahm zu. Die natürlichen Regeln der Evolution bestimmten die Entwicklung.

Das Denk- und Kommunikationssystem der natürlichen Gesellschaft ist noch weitgehend unerforscht. Auch läßt sich die interessante Frage, ab welcher Stufe der geistigen Entwicklung wir von „Menschen“ sprechen können, letztlich nicht klären. In diesem Zusammenhang ist auch die Frage von Bedeutung, ob die Mentalität oder Struktur und Werkzeuge vorrangige Kriterien sind. Historisch liegt diese Unterscheidung der Trennung von idealistischer und materialistischer Philosophie zugrunde. (...)

Was können wir im Lichte dieser These über das Wissen des Menschen von sich selbst in der natürlichen Gesellschaft sagen? Zumindest, daß der Mensch in der natürlichen Gesellschaft an die absolut geltende Regel gebunden ist, für das Überleben der anderen Klanmitglieder genauso wie für das eigene zu sorgen. Er kann sich ein privilegiertes Leben eines Mitglieds des Klans nicht vorstellen, und er kann sich ebensowenig ein Leben außerhalb des Klans vorstellen. Er mag jagen, es mag sogar Kannibalismus geben. Aber das alles dient dem Überleben des Klans. Die Lebensregel im Klan lautet „alles oder nichts“ bzw. „alle oder keiner“. Die Anthropologie betont diese Eigenschaft der Klans und spricht von einer Art Gruppenpersönlichkeit. Niemand kann sich eine individuelle Ei-

1 Der Begriff ist offensichtlich angelehnt an Murray Bookchins „organische Gesellschaft“, siehe: Murray Boochins, The Ecology of Freedom: The Emergence and Dissolution of Hierarchy, Fort Bragg 1982.

genständigkeit oder persönliche Entscheidungen vorstellen. Die besondere Bedeutung des Klans liegt darin, daß er die erste und grundlegende Daseinsform des Menschen ist.

Er ist eine gesellschaftliche Form, die frei von Privilegien, Klassen und Hierarchien ist, die keine Ausbeutung kennt. Sie hat für Millionen von Jahren existiert.[2] Daraus ergibt sich unmittelbar die Folgerung, daß für die längste Zeit die Entwicklung der menschlichen Art als Gesellschaft nicht auf Herrschaftsbeziehungen, sondern auf dem Solidaritätsprinzip beruhte. Die Natur nahm im kollektiven Gedächtnis ihren Platz als eine „Mutter" ein, die den Menschen in ihrem Schoß aufzieht. Die Menschen waren im Einklang untereinander und mit der Natur.

Das Symbol des Klanbewußtseins war das Totem. Das Totem stellte vermutlich das erste abstrakte Begriffssystem dar. Dieses System, das auch als Totemreligion bezeichnet wird, bildete den ersten Begriff von Heiligkeit und Tabus. Der Klan erklärte im symbolischen Wert des Totems sich selbst für heilig. So gelangte er zum ersten Begriff von Moral. Aus dem Bewußtsein, daß es kein Weiterleben ohne die Klangemeinschaft geben kann, folgte die Heiligkeit dieser gesellschaftlichen Daseinsweise. Deshalb mußte sie als höchster Wert symbolisiert und verehrt werden. (...)

Freiheit und Gleichheit des Klans

Der Klan war eine Einheit, in dessen Zentrum die Frau stand. Der Mann besaß noch keine Macht über die Frau. Seine Rolle bei der Zeugung war unbekannt oder galt zumindest als nebensächlich. Das Kind wußte nur, wer seine Mutter war. Doch nicht nur biologische Gründe verweisen auf die zentrale Rolle der Frau. Fast alle bildhauerischen Arbeiten, die aus dieser Zeit erhalten sind, weisen die Züge von Frauen auf. In der natürlichen Gesellschaft war die Frau diejenige, die aufgrund ihrer Lebenspraxis das breiteste Wissen besaß. Die Tatsache, daß sie gebar und Kinder aufzog, brachte sie dazu, ihre Fähigkeiten beim Sammeln und bei der Herstellung von Kleidung zu perfektionieren. Auch bei der Entwicklung der Sprache sprechen Forscher der Frau eine führende Rolle zu. All diese Tatsachen führten zu einem gesellschaftlichen Einfluß der Frauen.

Die kriegerischen und machtsüchtigen Charakterzüge des Mannes werden oft auf seine Aufgaben bei der Jagd nach Tieren zurückgeführt. Seine physischen Eigenschaften zwangen den Mann eher dazu, weiter entfernt nach Wild zu suchen und den Klan vor Gefahren zu beschützen. Diese gesellschaftlich eher neben-

2 Der Historiker Anthony Giddens drückt dies folgendermaßen aus: „Wenn wir uns den gesamten Zeitraum menschlicher Existenz als einen Tag vorstellten, entstünde der Ackerbau um 23.55 Uhr und die Zivilisation um 23.57 Uhr." (Anthony Giddens in: Sociology, 2001/4, 40.).

sächliche Rolle erklärt, warum der Mann blaß und profillos blieb. Im Klan haben sich noch keine privaten Beziehungen herausgebildet. Was durch Sammeln und die Jagd beschafft wird, gehört allen. Die Kinder sind die Kinder des gesamten Klans. Noch haben weder Mann noch Frau einen privaten Bereich. Wegen dieser Besonderheiten wurde diese Gesellschaftsform auch als Urkommunismus bezeichnet.

Die Entstehung der Lebensweise des Klans bedeutet also die Geburt der Gesellschaft, ihres erstes Gedächtnisses, ihres Urbewußtseins und den Boden für die Entwicklung der religiösen Begriffe. Es bleibt die Erkenntnis, daß eine gesunde Gesellschaft auf ihrer natürlichen Umwelt und der Kraft der Frau beruhen muß und daß die Menschwerdung durch eine starke Solidarität realisiert wurde, die keine Ausbeutung und keine Unterdrückung kannte. Menschlichkeit ist in diesem Sinne der Schnittpunkt dieser Grundwerte.

Es wäre nun widersinnig zu glauben, daß die gesellschaftliche Erfahrung von Jahrmillionen sich in Luft aufgelöst hätte. In der Natur wird nichts vernichtet, und das gilt erst recht für die Gesellschaft, die eine Form der Natur ist. Eine wichtige Feststellung der dialektischen Geschichtsbetrachtung ist, daß eine spätere Entwicklung die vorhergehende aufhebt im Sinne von beinhaltet. Die Vorstellung, daß Entwicklung stattfindet, indem sich die Gegensätze durch gegenseitige Vernichtung aufheben, führt dabei in die Irre.[3] Dieses Gesetz der Dialektik besagt vielmehr, daß sie in der Synthese aus These und Antithese ihre Existenz auf höherem Niveau fortsetzen. So entwickelten sich auch die Werte des Klans durch neue Synthesen weiter.

Daß bis heute die Begriffe Freiheit und Gleichheit so grundlegend sind, verdanken sie dem Leben in der Klangesellschaft, die ich als natürliche Gesellschaft bezeichne. Noch bevor Freiheit und Gleichheit bewußt formuliert wurden, waren sie in ihrer natürlichen Form in der Lebensweise des Klans verborgen. Wo immer Freiheit und Gleichheit verloren gehen, treten diese Begriffe, die insgeheim im gesellschaftlichen Gedächtnis weiterleben und Grundprinzipien jeder entwickelten Gesellschaft darstellen, bald wieder in den Vordergrund. Sobald eine Gesellschaft sich hin zu Hierarchien und staatlichen Institutionen entwickelt, wird im Namen von Freiheit und Gleichheit konsequent versucht, diese Institutionen zu bekämpfen. Im Grunde kämpft hier die Klangesellschaft selbst.

3 Der Autor und Vorsitzende der Arbeiterpartei Kurdistans (PKK) kritisiert häufig realsozialistische und vulgärmaterialistische Interpretationen der Dialektik, worin sich auch die Auseinandersetzung mit den stalinistischen Vorstellungen zeigt, die zur Zeit der Gründung der PKK innerhalb der sozialistischen Bewegung in der Türkei dominant waren.

James Connolly
Irland vor der Eroberung (1897)

(...) „In der Zeit vor der Eroberung [durch die Anglo-Normannen ab dem 11. Jahrhundert] kannte das irische Volk nicht etwas derartiges wie absolutes Grundeigentum. Das Land gehörte der ganzen Sippe; das Oberhaupt war nicht mehr als ein geschäftsführendes Mitglied eines Vereins. Die feudale Idee, die durch die Eroberung kam, war verbunden mit der Fremdherrschaft, und wurde bis zum heutigen Tag noch nicht von den moralischen Gefühlen der Menschen aufgenommen."

In diesen wenigen Worten John Stuart Mills findet der unbefangene Student den Schlüssel, um den ganzen Knäuel der irischen Politik zu entwirren. Spätere Politiker, sowohl auf englischer, als auch auf irischer Seite, haben alles nur Erdenkliche unternommen, die Öffentlichkeit zu überzeugen, die irische Frage sei einzig und alleine aus der Bestrebung des irischen Volkes nach mehr Kontrolle über die inneren Angelegenheiten ihres Landes – soweit dies möglich ist, solange der Sitz der Regierung in Westminster bleibt – entstanden. Daraus ergibt sich die Ansicht, irgendeine Form von lokaler Selbstverwaltung, wie beispielsweise Mr. Gladstones „Home Rule Bill", würde ausreichen, all diese Fragen zu lösen und dadurch den Geist der irischen Unzufriedenheit aus der Welt zu schaffen. Laut dieser erhellenden Darstellung der irischen Geschichte kommen wir zu der Auffassung, die beiden Nationen wären in den letzten siebenhundert Jahren in unaufhörlichem Kriegszustand gewesen; daß das eine Land (Irland) während all dieser Zeit Zeuge sein mußte, wie seine Kinder ausgelöscht wurden, sei es durch Hungersnot, Seuchen oder dem Schwerte; daß jede neue Generation das Wiederaufkommen des Konflikts beobachten mußte, ein neuerliches Martyrium, bis der sensible Geist die Einsicht erhält, die irische Geschichte sei die Aneinanderreihung von Schlachtfeldern, und all dies, fürwahr, nur weil sich die Iren und Engländer nicht auf eine passende Form der geeignetsten politischen Verwaltung Irlands einigen konnten.

Würde diese Lesung der irischen Geschichte der Wahrheit entsprechen, so sei es dem intelligenten Fremden verziehen, wenn er die Intelligenz dieser beiden Nationen auf eine sehr niedrige Stufe stellt, waren sie doch nicht in der Lage, innerhalb von siebenhundert Jahren eine befriedigende Antwort auf eine einfache Frage zu finden. Derselbe niedrige Standard kann zur Bewertung des politischen Scharfsinns der irischen und englischen Politiker herangezogen werden, die heute meinen, die Selbstverwaltung („Home Rule") sei die Lösung von Irlands Misere.

Eine gelehrte Nation

Tatsächlich liegen die Wurzeln der irischen Frage weit tiefer, als in Unterschieden über die Art der Verwaltung. Der wahre Ursprung und die innere Bedeutung liegen in den Umständen, daß beide sich ablehnenden Nationen gänzlich unterschiedliche Auffassungen über die lebenswichtige Frage des Grundbesitzes haben. Aktuelle wissenschaftliche Studien von wichtigen Soziologen wie Letourneau, Lewis Morgan, Sir Henry Maine und anderen haben reichlich die Tatsache belegt, daß der kollektive Landbesitz die Basis der primitiven Gesellschaften in nahezu jedem Land bildete. Aber, während in der Mehrzahl der heute als zivilisiert geltenden Länder solch derart primitive Verbundenheit vor dem Morgengrauen der Geschichte nahezu gänzlich verschwunden ist – und niemals wurde darin eine höhere soziale Stufe als jene der nicht-schreibenden und ungebildeten Stämme erreicht – hat dieses System die wohlorganisierte soziale Organisation einer Nation von Gelehrten und Studenten hervorgebracht, sichtbar an Häuptling und Tanistry[1], Brehons[2] und Barde, als inspirierendes Prinzip des Zusammenlebens, und zugleich die Basis ihres nationales Systems der Rechtsprechung. Solch eine beeindruckende Tatsache wird selbstverständlich in viele verschiedene Richtungen interpretiert, je nach Naturell und politischer oder kultureller Einstellung des Lesers. Der Anhänger der heute vorherrschenden Ordnung der Gesellschaft wird es als Beweis für die Unfähigkeit der Iren ansehen, fortschrittliche Ideen aufzunehmen – und ohne Zweifel wird es ihm in der Ansicht bestätigen, daß diese Unfähigkeit der wahre Grund für Irlands Misere ist; sind ja ihre Söhne unfähig, im Gerangel um das Dasein konkurrenzfähig zu sein, und so sind sie gezwungen als Holzfäller und Wasserträger zu schuften.

Der leidenschaftliche Soziologiestudent, der den Fortschritt der Menschheit als Ablauf verschiedener Stufen von Kommunismus, Besitzsklaverei, Feudalismus und Lohnsklaverei sieht, und [meint, diese seien eine] Vorbereitung auf eine höhere Ordnung der Gesellschaft der Zukunft; daß somit die am meisten entwickelten Industrieländer oftmals unbewußt die sozialen Bedingungen selbst entwickeln, die seit dem Zusammenbruch des Stammeskommunismus für die Einführung einer neuen und gerechteren Wirtschaftsordnung, in der soziale, politische und nationale Antagonismen nicht bekannt sein werden, historische Notwendigkeit wurden; er, dieser leidenschaftliche Soziologiestudent, wird wohl meinen, die irische Form

---

1 Connolly bezieht sich hier auf den Brauch des *Tanistry* (altirisch *tánaistecht*, neuirisch *táinste*), die *Wahl des designierten Nachfolgers*, von air. *tán(a)ise* (Zweiter), nir. *tánaiste* (Vize-Premier). Dieser Brauch ist bei verschiedenen Stämmen Britanniens, vor allem Schottlands, und Irlands belegt, bei dem der Nachfolger des Anführers des Klans durch die Anführer oder alle männlichen Mitglieder der Sippen gewählt wurde. Er ist bis ins 11. Jahrhundert belegt und wurde endgültig von anglo-normannischen Königen abgeschafft, Anm. d. Hrsg.

2 Die irisch-gälische Bezeichnung für Richter, Anm. d. Hrsg.

des Stammeseigentums, zu einem vergleichsweise späten Zeitpunkt im 17. Jahrhundert, sei ein Beweis der zurückgebliebenen ökonomischen Entwicklung und dadurch ein wahres Hindernis für den Fortschritt. Der verständnisvolle Student der Geschichte dagegen, der an die Fähigkeit der Menschen glaubt, durch politisches Gespür die Lehren aus der traurigen Schule der Erfahrung zu ziehen, wird nicht abgeneigt sein, einzustimmen mit den begeisterten irischen Patrioten in ihrem überschwenglichem Ausdruck von Bewunderung für die Klugheit ihrer keltischen Vorfahren und ihrer demokratischen Organisation der irischen Stämme, die einem die kommende, perfekte Organisation der freien Gesellschaft vorahnen lassen.

Egal welche der oben genannten nun die richtige Deutung der irischen Geschichte sein mag, ein Faktum sticht klar und unleugbar hervor, nämlich: der Konflikt zwischen den rivalisierenden Systemen des Landbesitzes war der Angelpunkt, um den sich alle Kämpfe und Rebellionen, von denen die irische Geschichte so viele vorzuweisen hat, drehte. Die Iren betrachteten die englischen Herrscher mit eingefleischter Feindschaft, zu keiner Zeit setzten sie viel Wert auf die Versprechungen innerhalb der engen Grenzen der Verfassung; stattdessen wuchs der Enthusiasmus unter den betreffenden rebellischen Führern, denn diese sahen das als die wichtigste aller Fragen. In ihren Augen wurden die englische Herrschaft und die Parlamente in Dublin mit der Einführung und Aufrechterhaltung der Feudalordnung und des Privateigentums an Grund und Boden identifiziert. Im Gegensatz dazu stand das keltische System der Stämme oder des Gemeineigentums, welches sie, und ich denke, das war richtig, als das Pfand auf politische und soziale Freiheit sahen.

Die englische Regierung war auch schlau genug zu verstehen, daß die politische und nationale Unterwerfung Irlands für sie keinen Wert hatte, solange die politisch unterdrückte Nation weiterhin im Besitz ökonomischer Freiheit war. Folglich können wir also erkennen, daß immer wieder die erste Maßnahme, die den irischen Stämmen aufgedrängt wurde, die Überführung des Bodens in das Privateigentum des Stammesoberhauptes war; zugleich sollte er dies als eine Gabe der Krone sehen, an die er sich in Zukunft binden sollte; er sollte seinen irischen Titel fallen lassen, der ihn zum frei gewählten Oberhaupt einer freien Gemeinschaft machte, und stattdessen sollte er einen englischen Titel annehmen, etwa Herzog oder Graf, und gleichzeitig in allen Fragen den englischen Ideen der Zivilisation und sozialen Ordnung anhängen. In letzter Instanz liefen alle diese Vorgaben der irischen Vorstellung zuwider. Das Oberhaupt, wie Mill erst kürzlich beobachtete, war ausschließlich das verwaltende Mitglied einer Stammesvereinigung, doch unter stetiger Kriegsgefahr war die Auswahl auf ein oder zwei Familien beschränkt; doch das Recht auf Wahl wurde von den Stammesmitgliedern niemals aufgegeben. Wann immer die Verlockung des englischen Goldes den Patriotismus eines Oberhauptes überstieg und dem eine Akzeptanz des fremden Eigentumssystems und fremder Titel folgte (wie es der Fall war mit Aodh Mór Ó Néill und Niall Garbh Ó Domhnaill, dem königlichen O`Reilly und dem königlichen Maguire), wurde unverzüglich ein neues Oberhaupt an dessen Stelle gewählt; und von jenem Moment an wurde der unglückliche Renegat ein Geächteter seines eigenen Volkes, und konnte nur noch in sein angestammtes Gebiet, umringt von einer Eskorte englischer Bewacher.

Das irische System war damit auf einer Stufe mit jenen Vorstellungen von sozialen Rechten und Pflichten, die die heutigen herrschenden Klassen so heftig als „sozialistisch" anprangern. Es war offensichtlich inspiriert von dem demokratischen Prinzip, wonach jeder Besitz dem Wohle des Volkes dienen solle, und nicht von dem heute so universell angewendeten Prinzip, wonach die zentrale Funktion der Menschen es sei, als Leibeigene von denen zu dienen, die mittels Gewalt und Betrug erreicht haben, diese selbst als Eigentum zu besitzen. Die damaligen Menschen sahen nicht alle Formen des produktiven Eigentums als rechtmäßig der Gemeinschaft gehörend an; aber wenn wir bedenken, daß alleine das Land damals von Bedeutung war, im Vergleich dazu alle anderen Formen von Eigentum bedeutungsschwach erschienen, sehen wir sie als soweit sozialistisch, wie es die damalige industrielle Entwicklung erlaubte. Im Gegensatz dazu war die englische Zivilisation gegen die sie ankämpften, durch und durch individualistisch; und da diese triumphiert hat, ernten wir heute die Früchte in den betrieblichen Auseinandersetzungen, der landwirtschaftlichen Flaute, den Armenhäusern und anderen glorreichen Einrichtungen in Kirche und Staat, während uns gleichzeitig gestattet wird, gemeinsam mit unseren Kollegen den Luxus in diesem „integralen Teil des Britischen Empire" zu genießen. Die Ergebnisse des Wandels im nationalen Leben Erins[3] sind sehr gut illustriert in den höhnischen Worten mit denen Aubrey De Vere[4] lebhaft die neu entstandene Gruppe von Ausbeutern beschreibt:

Die Oberhäupter der Iren waren die Verkörperung des Volkes;
die Oberhäupter waren die Blüten, die Menschen die Wurzeln.
Ihre Eroberer, die Normannen, ehrenvoller Seele und Blutes,
erblühten als Iren – vom Kopf bis zum Fuße;
und ihr, ihr seid Söldner und Satrapen, keine Adeligen –
Ihr Sklaven werdet verabscheut und verachtet von euren Herren;
Der Fluß lebt weiter, doch die von der Sonne gemalten Blasen
vergehen rasch, unaufhörlich zu den Stromschnellen getragen.

3 *Erin* ist die englische Ableitung des Dativs Éirinn des neuirischen Wortes für Irland, Éire, Anm. d. Hrsg.

4 Irischer Dichter im 19. Jahrhundert, Anm. d. Hrsg.

James Connolly
Das Ende des Klansystems um das Jahr 1649 (1910)

(...) Politisch ist Irland in den letzten 700 Jahren unter der Kontrolle von England; während dieser Zeit war das Land Schauplatz ständiger Kriege gegen die Fremdherrschaft über die einheimischen Iren. Bis ins Jahr 1649 waren die Kriege gegen die politische und *soziale* Ordnung gerichtet, die die englischen Eindringlinge einzuführen versuchten. Es mag manche Leser überraschen, zu erfahren, daß bis zu diesem genannten Datum die Gesellschaft in Irland, mit Ausnahme des Pale (ein kleiner Streifen Land um die Hauptstadt Dublin), auf kommunalem und stammeszugehörigem Besitz an Grund und Boden basierte. Die Herrscher von Irland, obwohl sie an den Höfen von Frankreich, Spanien und Rom als gleichrangig unter den regierenden Oberhäuptern Europas angesehen wurden, hielten ihre Positionen in Wahrheit durch die Gnade ihrer Völker, und sie waren Verwalter der Stammesangelegenheiten ihrer Völker, während gleichzeitig das Land oder das Gebiet des Klans komplett von der privaten Zuständigkeit befreit war. In den Teilen Irlands, in denen in den ersten 400 Jahren nach der Eroberung die (sogenannten) englischen Herrscher nicht anders agieren konnten, als an der Spitze einer machtvollen Armee, war die soziale Ordnung, die in England herrschte, noch unbekannt. Doch als diese Sozialordnung sich nach und nach über alle Teile des Landes ausbreitete, wurde schrittweise verstanden, daß der Kampf gegen die fremden Unterdrücker ebenso ein Kampf gegen den Privatbesitz an Grund und Boden war. Aber mit dem gewaltsamen Zusammenbruch des Klansystems im Jahr 1649 verschwand diese soziale Komponente aus dem irischen Kampf, und seinen Platz usurpierte der ausschließliche politische Ausdruck im Kampf für Freiheit. Solch ein Ergebnis war jedoch in keinem Fall zu verhindern. Gemeinsamer Besitz an Grund und Boden hat unzweifelhaft dem kapitalistischen Gutsbesitzertum den Weg bereitet, auch wenn Irland ein unabhängiges Land geblieben wäre. Es kam, wie es ist, einerseits durch den Gehorsam gegen die bewaffneten Streitkräfte von außerhalb und andererseits gegen die inneren wirtschaftlichen Kräfte, und so wurde der Wandel von der großen Masse des irischen Volkes übel genommen. Viele von ihnen mischen ihren Traum von Freiheit immer noch mit der Hoffnung auf eine Rückkehr zum altertümlichen System des Landbesitzes – was nun organisch unmöglich geworden ist. Die Auflösung der Klans führte zum Ende der Herrschaft der Oberhäupter und in dieser Konsequenz war die irische Aristokratie *gänzlich fremden oder verräterischen Ursprungs* und die irische patriotische Bewegung gänzlich in den Händen der Mittelschicht und wurde so zum Großteil lediglich ein idealisierter Ausdruck mittelständischer Interessen. (...)

Peter Berresford Ellis
Der keltische Kommunismus (1972)

(...) Durch das Studium der frühen keltischen Gesellschaft erscheinen uns die Thesen von Connolly und anderen vergleichbaren Schriftstellern völlig einleuchtend. Sobald ein irischer Klan, oder eine Gemeinschaft, sich auf einem Landstrich niederließ, gehörte dieses Land zum Klan als Gemeingut. Das Gebiet wurde abgegrenzt durch natürliche Grenzen und in der Folge zum Wohle der Gemeinschaft unterteilt. Einige Teile bekamen das Oberhaupt und die ihn umgebende Beamtenschaft und deren Familien (*flaith*) als Ausgleich für die Dienste, die sie für die Gemeinschaft verrichteten. Jedes Stammesmitglied (*céile*) erhielt ebenso einen Landstrich zur Beackerung und Pflege. Der größte Teil des Landes, das sogenannte *Fearann Fine*, gehörte dem ganzen Klan als Gemeineigentum, das jeder in gleichem Maße nutzen konnte. Dies war guter, ländlicher Boden für die Landwirtschaft, nicht unbrauchbares Land, das sonst niemand haben wollte. Ein anderer Teil des Landes, der *Cumhall Senorba* genannt wurde, war für die armen, alten und arbeitsunfähigen Personen des Klans reserviert. Jene, die ihr eigenes Feld besaßen, mußten Abgabe zur Erhaltung der Gemeinschaft, zur Unterstützung der Armen, Alten und Waisen leisten. Falls ein Mann starb und Schulden hinterließ, waren seine Angehörigen nicht gezwungen, diese abzuzahlen, denn das irische Recht betonte auf menschliche Weise: „Mit dem Tode jedes Mannes stirbt seine Schuld mit ihm."

Der Boden, der entweder von *céile, flaith* oder dem Oberhaupt bebaut wurde, war nicht dazu da, das sie damit tun und lassen konnten, was sie wollten. In seiner Studie über das *Brehon Law*[1] betont Ginnell, daß es „nichts Derartiges wie absolutes Eigentum an Grund und Boden gegeben hat"[2]. Das wird in Montgomerys Studie über den Landbesitz bestätigt: „Für ein ursprüngliches Konzept einer Organisation dieser Art ist die Idee von individuellem Eigentum an Grund und Boden völlig fremd; das Recht des Einzelnen war nicht mehr und nicht weniger als die temporäre Nutznießung des Bodens durch die Großfamilie, der Heimfall blieb jedoch bei der Gemeinschaft."[3] Der Córus Béscnai betont: „Niemandem soll Land eingeräumt werden ... solange dies nicht der gemeinsame Willen des Stammes ist, und er muss garantieren, daß sein Anteil am gemeinsamen Boden nach ihm wieder in den gemeinschaftlichen Besitz des Stammes zurückkehrt."[4] Montgomery fügt hin-

1 Alte irische Zivilrechtssprechung aus der Zeit vor der anglo-normannischen Herrschaft, Anm. d. Hrsg.
2 Laurence Ginnell, The Brehon Laws, 1894.
3 William E. Montgomery, Land Tenure in Ireland, 1889.
4 Der irische Rechtstext Corus Béscnai wird zumeist als „Die Verordnung für korrektes Verhalten" übersetzt und

zu: „Das Konzept des gemeinschaftlichen Besitzes kennt kein Recht auf Veräußerung eines Anteils am Stammesbesitz durch das Individuum, und selbst im Brehon Law bleibt diese Doktrin bestehen: ‚Kein Stammesmitglied besitzt die Fähigkeit, seinen Stammesboden zu besitzen, er darf es nicht verkaufen, oder veräußern, oder es verhehlen, oder damit seine Strafen oder seine Schulden begleichen'." Selbst die Verfügungsgewalt über bewegliche Dinge, wie etwa Rinder, war eingeschränkt. Wenn ein Mann irgendwelche Güter veräußern wollte, mußte er die *flaith* informieren und die Zustimmung seiner Sippe oder des Klans einholen. (...)

Am unteren Ende der keltischen Gesellschaftsordnung befand sich eine Gruppe, die als „Unfreie" bezeichnet werden kann. Viele Historiker, um es mit den Worten von Connolly zu sagen, „die durchtränkt waren vom Konzept der feudalen und kapitalistischen Gesellschaftsordnung", haben diese „Unfreien" als Sklaven bezeichnet. Doch über viele Generationen hindurch sind Historiker auf der falschen Fährte gewesen, indem sie versuchten, Analogien für diese Bezeichnungen in der feudalen Gesellschaftsordnung zu finden. Die „Unfreien" als Sklaven zu bezeichnen, ist falsch. Es wäre hier besser, einen Vergleich dieser Gruppe mit Gesetzesbrechern im modernen französischen Recht zu ziehen, bei denen die Strafe zu einer zivilen Herabstufung durch die Chambre Civique[5] führt. Dies bedeutete einen Verlust von zivilen Rechten, Einstellung der Rente, Arbeitsverbot in höheren oder öffentlichen Berufen. Ginnell schreibt: „Es gab keine Gefängnisse oder Straflager in Irland, außer dort, wo es natürliche Gefängnisse, wie kleine Inseln, gab. Herabstufung auf das Niveau eines Sklaven, permanent oder nur vorübergehend, war als passende Bestrafung für Kriminalität oder größere Straftaten (...) und Kriminelle, die ihre Tagessätze nicht entrichten konnten, angesehen." Somit war die Schicht der „Unfreien" nichts anderes, als eine Gruppe von Menschen, die eine Strafe ableisten mußten. Die Menschlichkeit der keltischen Gesellschaft bestand also in der Ablehnung, Menschen ihre physische Freiheit zu entziehen. Stattdessen wurde es vorgezogen, den Verbrecher schlicht und einfach von der Wahl in eine führende Position in der Gesellschaft abzuhalten, solange er für seine Schandtat zu büßen hatte. Straffällige wurden nicht aus der Gesellschaft ausgeschlossen, sondern in eine Position gebracht, in der sie einen Beitrag zum Wohle der Gesellschaft erbringen konnten. (...)

Bevor ich mit der Erörterung des Status von einzelnen Menschen in der keltischen Gesellschaft ende, muß die bedeutende Stellung der Frau betont werden. Professor Eoin MacNeill schreibt: „Der Status der Frauen im frühen irischen Recht

---

datiert vermutlich ins 12. Jahrhundert. Er beschreibt die Beziehung zwischen der Kirche und den Menschen als ein Vertrag und zeigt somit den Einfluß kanonischen Rechts auf das Brehon Law, Anm. d. Hrsg.

5 Zivilgerichte, 1944 in Frankreich nach der Landung der Alliierten eingerichtet, um französische Nazikollaborateure von französischen Gerichten zu verurteilen, Anm. d. Hrsg

und die soziale Bedeutung der Frauen in der frühen irischen Literatur sind bemerkenswert." Bestimmt hatten die Frauen eine einzigartige Stellung im Vergleich mit anderen Zivilisationen. Die Frau konnte zum Oberhaupt gewählt werden, ihren Klan im Kampfe oder bei der Verteidigung seines Gebietes anführen, und nach irischem Recht war die Frau weiterhin im Besitz aller Dinge, die sie in die eheliche Partnerschaft mitbrachte. Die Wahlerbschaft im Häuptlingssystem ging sehr oft über die weibliche Linie, wie wir anhand der alten Sagen des Ulstersagenkreis[6] sehen können. Frauen waren durch das Recht mehr geschützt. Falls eine Frau durch Bosheit oder Vernachlässigung durch einen Mann starb, gab es mehrere Möglichkeiten der Strafe für ihn. Angriffe auf die Ehre einer Frau führten zu hohen Bußzahlungen. Die Exekution einer Frau war strikt verboten, auch wenn sie vorsätzlichen Mord verübt hatte. Frauen, die mordeten, wurden exiliert. (...)

Kurz gesagt, die frühe irische Gesellschaft war eine sehr komplexe Zivilisation, die, wie von Connolly vorgeschlagen, als kommunistisches System bezeichnet werden kann. Aber Connolly strich heraus: „Gemeinsamer Besitz an Grund und Boden hat unzweifelhaft dem kapitalistischen Gutsbesitzertum den Weg bereitet, auch wenn Irland ein unabhängiges Land geblieben wäre." Ginnell behauptet, die irische Gesellschaftsordnung begann sich ab dem 8. Jahrhundert aufzulösen und meint, die Gründe lagen im „engen Kontakt und [den daraus resultierenden] Spannungen mit nicht-keltischen Gruppen, beginnend mit den Kriegen gegen die Dänen[7], die das reibungslos funktionierende gälische System schrittweise zerstörten". Er meint, eines der großen Probleme sei gewesen, daß die [besitzende] Schicht der *flaidh* in den Kontakten mit fremden Gruppen die Möglichkeiten der persönlichen Bereicherung eines auf Erbschaft beruhenden Systems erkannte. „Tatsächlich war die *flaith* in einer derart guten Ausgangsposition, daß sie letztendlich den Klan als Besitzer von allem ablösen konnte."

Montgomery setzt den Untergang des keltischen Systems mit dem Einsetzen der institutionalisierten Christianisierung des Landes an.[8] Die theoretischen An-

---

6 Zu den wichtigsten mittelalterlichen Sagenkreisen Irlands gehören der Finn- und der Ulstersagenkreis. Letzterer bildet eine thematisch deutlich abgegrenzte Gruppe, die die Personen und Ereignisse um König Conchobor mac Nessa von Ulster (der nordöstlichen Provinz des historischen Irlands), dessen Königshalle in Emain Macha (Navan Fort, Co. Armagh) und den Haupthelden Cú Chulainn beschreibt. Sprachlich datiert das Hauptwerk *Táin Bó Cuailnge* (*Der Rinderraub von Cooley*) in das 8. oder bereits 6. Jahrhundert. Die älteste schriftliche Überlieferung stammt aus dem Manuskript *Lebor na hUidre* aus dem 12. Jahrhundert. Der Meinungsaustausch darüber, ob die Texte durch lange orale Tradierung heidnischen oder christlichen Inhalts sind, wurde als Nativismus-Antinativismus-Streit bekannt. Anm. d. Hrsg.

7 Gemeint sind hier wohl die Wikinger-Einfälle an den Küsten Irlands ab dem 7./8. Jahrhundert. Die Einfälle beendeten nach archäologischer Terminologie die Eisenzeit in Irland und führten eine neue gesellschaftliche Formation ein, die nach heutigen historisch-materialistischen Begrifflichkeiten am ehesten als „frühe Klassengesellschaft" oder „militärische Despotie" bezeichnet werden kann, Anm. d. Hrsg

8 Der Papst schickte Mitte des 5. Jahrhundert den Heiligen Patrick „zu den Christen nach Irland", um diesen bei der Missionierung behilflich zu sein, Anm. d. Hrsg.

sätze des Christentums standen kaum in Widerspruch mit der älteren keltischen Religionsphilosophie und eine Verschmelzung der beiden philosophischen Konzepte war ein Leichtes. Einheimische Bräuche, Zeremonien und Interpretationen wurden von der kirchlichen Institution verwendet und so kann diese [frühe irische Christenheit] als „Keltische Kirche", unabhängig von Rom, bezeichnet werden. Doch die Orientierung der Kirche an der feudalen, römischen Organisation führte zu einer stetigen Zurückdrängung des keltischen Konzepts. (...)

Unter dem Einfluß der Kirche und dem zerstörerischem Treiben der nordischen Invasoren begann sich die feudale Idee über Irland auszudehnen. Montgomery schreibt abermals: „... am Ende des 10. oder vielleicht am Beginn des 11. Jahrhunderts befand sich die irische Bevölkerung in einem Übergang von Gemeineigentum zu verschiedenen Formen des Besitzes, die Brehonen (Richter) selbst bevorzugten das Privateigentum." Er fügt hinzu: „Zusätzlich hatte ein Wandel in der sozialen Ordnung der Gesellschaft, namentlich die Anhäufung der Macht in den Händen des Stammesoberhaupts, einen enormen Einfluß im Aufbrechen der archaischen Vorstellung eines Agrarkommunismus." Diese grundlegende Reorganisierung der irischen Gesellschaft wurde notwendig aufgrund der heftigen militärischen Angriffe durch die Dänen. Eine Militarisierung der Gesellschaft, angeführt von einem mit größerer Machtbefugnis ausgestatteten Provinzführer mit stehendem Söldnerheer, begann das vorangegangene System abzulösen. Die Versuche, die keltische Gesellschaftsordnung zu ändern, waren dennoch bis zur erfolgreichen Invasion der Anglo-Normannen im Jahr 1172 kaum geglückt. (...)

Kapitel III: Forschung in der UdSSR und der DDR

Mark Osipovič Kosven
Die Erforschung der Urgesellschaft in der Sowjetunion (1957)

Die Menschheit existiert auf der Erde – nach Berechnungen, die zwar einen völlig wissenschaftlichen Charakter tragen, jedoch nur Annäherungswerte ergeben können – seit ungefähr einer Million Jahren. Jedoch erst vor vier- bis fünftausend Jahren begannen in einigen Gebieten der Erde menschliche Gemeinschaften in die sogenannte Epoche der Zivilisation einzutreten. Es entstanden die Klassengesellschaft und der Staat. Die gesamte vorhergehende Zeit, die vielen Jahrtausende, die die Menschheit bis zur Entstehung des Staates durchlief, bildet die Periode, die als Epoche der *Urgesellschaft* oder der Vorklassengesellschaft bezeichnet wird. Ein großer Teil der Menschheit gelangte jedoch nicht aus eigener Kraft zur Zivilisation und zum Klassenstaat, sondern verharrte im Zustand einer mehr oder weniger großen Rückständigkeit.

Lange Zeit hindurch lag die Epoche der Urgesellschaft für die Wissenschaft im Dunkel der Vergangenheit, jenseits der Grenze des Vorstellbaren. Das antike Denken schwankte zwischen den Vorstellungen von einem „Goldenen Zeitalter" des Menschen einerseits und einer Epoche seines halbtierischen Zustandes andererseits. Die gleichen Ansichten herrschten noch später in verschiedenen Varianten mehrere Jahrhunderte hindurch vor. Noch in der ersten Hälfte des 19. Jahrhunderts betrachtete die bürgerliche Wissenschaft die Urgemeinschaft als etwas Hypothetisches und lehnte es ab, sie als Gegenstand einer echten historischen Wissenschaft anzuerkennen. Man sprach von der „vorgeschichtlichen Periode" und ließ die wirkliche Geschichte erst mit dem Anbruch der Zivilisation, mit dem Auftreten der „echten" historischen Quellen – mit den schriftlichen Denkmälern – beginnen. Daher sind nach den Anschauungen der bürgerlichen Wissenschaft die rückständigen Völker, die nicht aus eigener Kraft zur Zivilisation gelangten, „unhistorisch", d. h., sie stellen nicht nur kein Objekt der Geschichte dar, sondern sie sind und können auch nicht ihre aktiven Teilnehmer, ihre Schöpfer, sein.

Die wissenschaftliche Betrachtung der Urgeschichte beginnt erst in der Mitte des 19. Jahrhunderts. Wenn auch die bürgerliche Wissenschaft, wie Engels sagte, eine gewisse „Ordnung" schuf, so konnte sie doch infolge ihrer methodologischen Unzulänglichkeiten noch keine echte Erkenntnis über die Epoche der Urgesellschaft gewinnen. Das betrifft sowohl die allgemeine Einschätzung des Wesens und der historischen Bedeutung dieser Epoche als auch die Klärung der Gesetzmäßigkeiten, welche die Entwicklung und schließlich den Verfall der Urgesellschaft bedingten. Mehr noch, die reaktionäre bürgerliche Wissenschaft entstellte sogar nicht selten in grober Weise das Wesen der urgemeinschaftlichen Verhältnisse und benutzte deren Unerforschtheit, um die Richtigkeit reaktionärer Theorien zu beweisen. Sie bediente sich ihrer beliebten Methode, der ungerechtfertigten Modernisierung, und schrieb der Urgesellschaft die Existenz von Privateigentum, Sklaverei und Monotheismus, ja sogar von Erscheinungsformen des Kapitalismus und des Staates zu. Damit sollten alle diese Erscheinungen als „von Anfang an bestehend" erklärt und ihr ewiges Bestehen und ihre Unveränderlichkeit bewiesen werden. Auch gegenwärtig gibt es im reaktionären Lager der modernen bürgerlichen Wissenschaft ähnliche längst widerlegte Ansichten, zu denen die rassistischen und menschenfeindlichen Ideen und die Bemühungen gehören, die Ewigkeit des Bestehens von Rassen und Rassenungleichheit, die Unvermeidlichkeit der Kriege usw. zu beweisen und neu zu beleben.

Eine wirklich wissenschaftliche Lehre von der Epoche der Urgesellschaft und ihrer Geschichte wurde erst vom Marxismus geschaffen. Die Marxisten vor allem versuchten zum ersten Male diese Epoche aus dem undurchdringlichen Dunkel der Vergangenheit herauszuheben und sie in den Bereich der allgemeinen Geschichte einzubeziehen. „Mit dem Menschen" – so sagte Engels – „treten wir ein in die *Geschichte*".[1] Anders ausgedrückt beginnt mit der Entstehung des Menschen auch die Geschichte der menschlichen Gesellschaft. Die Begründer des Marxismus maßen damit diesem Abschnitt der Geschichte eine große wissenschaftliche Bedeutung zu. Nicht umsonst wurde von Marx eine spezielle Arbeit „Der Ursprung der Familie, des Privateigentums und des Staats" begonnen und von Engels vollendet, die bis heute ihre Gültigkeit als grundlegender Leitfaden auf diesem Gebiet behalten hat. Seit der Niederschrift dieser Arbeit vergingen über 70 Jahre. In dieser Zeit wurde umfangreiches neues Material gesammelt, das voll und ganz das von Engels entworfene Bild der Entwicklung der Urgesellschaft bestätigte und es noch bedeutend ergänzte und erweiterte. (...)

Quellen zur Urgesellschaft

Grundlegend für die Urgeschichte ist die Lehre von den sozialökonomischen Formationen oder den historischen Typen der Produktionsverhältnisse. Die Geschichte der Menschheit kennt fünf Typen von Produktionsverhältnissen: Urgesellschaft, Sklavenhaltergesellschaft, Feudalismus, Kapitalismus und Sozialismus. Die Urgesellschaft stellt den historisch ersten, ältesten Typ der Produktionsver-

1 Karl Marx/Friedrich Engels, Ausgewählte Schriften. Band 2, Berlin 1952, 65.

hältnisse dar. Die Grundlage der *Urgemeinschaftsordnung* ist das gesellschaftliche Eigentum an den Produktionsmitteln. Der niedrige Entwicklungsstand der Produktivkräfte und ihr Charakter bedingen neben den allgemeinen Lebensverhältnissen der Menschen in dieser Epoche die Notwendigkeit einer gemeinsamen, kollektiven Arbeit, und die gemeinsame Arbeit führt auch zu einem gemeinsamen, kollektiven Eigentum sowohl an den Produktionsmitteln als auch an ihren Produkten. Es gibt kein Privateigentum. Diese Epoche kennt weder gesellschaftliche Ungleichheit noch Klassen. Darum kann es auch keine Ausbeutung des Menschen durch den Menschen geben.

Die Epoche der Urgesellschaft stellt die am weitesten zurückliegende Vergangenheit der Menschheit dar. Welche Grundlagen, welche Quellen besitzen wir nun, um diese Vergangenheit zu rekonstruieren, um ihre Geschichte zu schreiben? Die Geschichte der darauffolgenden Epochen stützt sich in der Hauptsache auf Schriftdenkmäler. Für die Urgeschichte dagegen steht solches Material nicht zur Verfügung. Dennoch gibt es eine Anzahl verschiedenartiger anderer Quellen, deren umfangreiches und konkretes Material mit mehr oder weniger großer Vollständigkeit und Deutlichkeit die ferne Vergangenheit der Menschheit beleuchtet.

In der Urgeschichte haben wir es zunächst mit der Frage der Menschwerdung selbst zu tun. Mit diesem Thema befaßt sich die Anthropologie, ganz besonders jenes Teilgebiet dieser Disziplin, das sich mit der Anthropogenese, mit der Lehre vom Ursprung und der Entwicklung des Menschengeschlechts beschäftigt. Von grundlegender Bedeutung sind in unserer Wissenschaft die archäologischen Forschungsergebnisse. Die früheste Menschheit verschwand von der Erde, aber in den oberen Erdschichten finden sich Ablagerungen, in denen die materiellen Überreste der Tätigkeit des frühen Menschen erhalten geblieben sind. Es sind seine Werkzeuge, Waffen, Behausungen, Geräte, Reste der Kleidung, Erzeugnisse der bildenden Kunst, Kultgegenstände usw. und schließlich auch Knochen von wilden und gezähmten Tieren, die einst zur Umwelt des Menschen gehörten. Der Erdboden wurde auf diese Weise zu einer Art Archiv unserer ältesten Geschichtsepoche. An jenen Stellen, die dem Urmenschen als Rastplätze für längere Aufenthalte dienten, begegnen wir solchen Überresten in bedeutendem Umfange, oftmals als aufeinanderfolgende Kulturschichten. Die geologischen Hinweise auf das Alter der verschiedenen Erdschichten bilden eine Grundlage, nach der man entsprechend der stratigraphischen Lagerung der in ihnen gefundenen Altertümer deren höheres oder minderes Alter feststellen und zugleich eine relative Datierung vornehmen kann. Die in vielen Ländern, besonders in der UdSSR, intensiv und erfolgreich durchgeführten wissenschaftlich-systematischen Ausgrabungen vermehren diese Materialien zur Urgeschichte ständig.

Sehr wichtiges Material liefert auch die Ethnographie, insbesondere jener Fachzweig, der sich mit der Erforschung der zurückgebliebenen Stämme und Völkerschaften beschäftigt. Alle diese zurückgebliebenen Gemeinschaften befanden sich jedoch zu jener Zeit, als man zum ersten Male begann, ihnen wissenschaftliche Betrachtungen zu widmen, bereits auf einer Entwicklungsstufe, die vom wirklichen Urzustand weit entfernt war. Sie alle haben ihre eigene Geschichte. Sofern sie sich in ihrer Vergangenheit nicht isoliert hatten, erlagen sie alle dem Einfluß entwickelterer Völker und später besonders der zersetzenden Einwirkung der kapitalistischen „Zivilisation". Aber trotzdem bewahrten sie in ihrer Lebens- und Denkweise sehr viele urtümliche Elemente. Die Ethnographie kennt eine Anzahl besonders rückständiger Völker, die sich zum Teil bis heute in einigen Winkeln der Erde gehalten haben. Dazu gehören die von den Engländern Mitte des 19. Jahrhunderts völlig ausgerotteten Tasmanier, ferner die noch heute in geringer Zahl erhalten gebliebenen Australier, der Stamm der Kubu auf der Insel Sumatra, die Wedda auf der Insel Ceylon, einige Indianerstämme Zentral- und Südamerikas usw. Die Beschreibung dieser Stämme könnte von besonderem Interesse und von besonderer Bedeutung sein, weil wir hier die Möglichkeit hätten, die frühesten Formen der Kultur zu finden. Jedoch lassen die obengenannten Umstände und die äußerst schwierige Erforschung dieser Stämme nur wenig Raum für die Benutzung solchen Materials. Verhältnismäßig zahlreiche Angaben besitzen wir über die Australier, weshalb in unserer Darstellung Hinweise auf sie besonders oft erscheinen werden. Ein beachtenswerter Platz muß auch dem ethnographischen Material über die amerikanischen Indianer eingeräumt werden. Die amerikanischen Indianer, die sich sehr lange gehalten haben, lebten offenbar fast bis zur europäischen Kolonisation Amerikas völlig isoliert. Sie legten daher einen langen, selbständigen Entwicklungsweg zurück und stellen in ihrer historischen Vergangenheit lebendige Beispiele der Urgeschichte dar.

Ein helleres Licht werfen bei sinnvoller und richtiger Deutung die sogenannten *Relikte* auf die ferne Vergangenheit. Dabei handelt es sich um modifizierte urtümliche Reste, die in der Lebensweise und vor allem in der Ideologie höher entwickelter Völker erhalten geblieben sind. Eine wertvolle Quelle sind die seit alters her mündlich überlieferten Werke des Volksschaffens, d. h. der Folklore. Schließlich ist auch die Sprache selbst in gewissem Sinne eine solche Quelle, insofern als die Sinnverwandlung einzelner Wörter an ihre frühere, ursprüngliche Bedeutung erinnert.

Etappen der Urgesellschaft

Für die Geschichte der Urgesellschaft sind selbstverständlich mehrere Stadien oder Etappen der Entwicklung kennzeichnend. Seit langem ist es in der Wissenschaft üblich, die urgeschichtliche Epoche nach dem Material, aus dem die Werkzeuge und Waffen vorwiegend hergestellt wurden, in Stein-, Bronze- und Eisenzeit einzuteilen. Später wurde das Steinzeitalter in die Altsteinzeit oder das *Paläolithikum* (griech.: palaios = „altertümlich" und lithos = „Stein") und die Neusteinzeit oder das Neolithikum (griech.: neos = „neu") untergliedert. Geologisch gehören das Paläolithikum und das Neolithikum in das Quartär, wobei das Neolithikum in den jüngeren Abschnitt dieser Periode zu setzen ist. Eine andere alte Periodisierungsweise geht von den Produktionszweigen aus und unterteilt die urgeschichtliche Epoche in die Stadien der Jagd, des Ackerbaus und der Viehzucht. Eine differenziertere Periodisierung der ältesten Zeit stellte der amerikanische Gelehrte Lewis Henry Morgan in seiner Arbeit „Die Urgesellschaft" (1887) auf. Indem er die von der Wissenschaft bereits im 18. Jahrhundert eingeführte Einteilung der gesamten Geschichte in die Perioden der Wildheit, Barbarei und Zivilisation übernahm, gliederte er jede der beiden ersten Perioden noch einmal in drei Stufen, und zwar in eine untere, mittlere und obere Stufe. Dieser Einteilung legte er bestimmte materielle und wirtschaftliche Merkmale zugrunde.

Die moderne Sowjetwissenschaft gliedert die Urgeschichte, indem sie sich von der marxistisch-leninistischen Lehre von der Entwicklung der menschlichen Gesellschaft und den entsprechenden konkreten Äußerungen der Klassiker des Marxismus-Leninismus leiten läßt, in folgende Hauptetappen:

Mit der Entstehung des Menschen und der menschlichen Gesellschaft beginnt die *früheste Periode* der Geschichte. Sie ist vor allem dadurch gekennzeichnet, daß in ihr die biologische Entwicklung des Menschen selbst zum Abschluß gelangt. Aber bereits in dieser Frühperiode seiner Existenz unterscheidet sich der Mensch weitgehend und von Grund auf von seinen tierischen Vorfahren. Der Mensch organisiert seine Arbeit, stellt einfache Werkzeuge her und schafft damit die Anfänge der materiellen Kultur. Das menschliche Kollektiv ist in dieser Epoche noch lose verbunden und in seiner Größe unbeständig, was in hohem Maße durch den Charakter Produktivkräfte bedingt ist und von den Lebensbedingungen des Menschen in dieser Zeit abhängt.

Auf einer bestimmten Stufe kommt es dann in der Entwicklung der Produktivkräfte und der gesamten Kultur zu erheblichen Fortschritten. Dieser Aufschwung führt zur Entstehung festerer Organisationen in der menschlichen Gesellschaft. Die Form dieser Organisationen ergibt sich aus der natürlichen Blutsverwandtschaft. Es entsteht die Gens oder Gentilgemeinschaft, und es beginnt die Epoche der *Gentilordnung,* die Hauptperiode der Urgeschichte, in der sich die gesamte materielle, gesellschaftliche und geistige Kultur entwickelte.

Die Epoche der Gentilordnung gliedert sich in zwei Perioden, und zwar in das *Matriarchat* oder die mutterrechtliche Gentilordnung und in das *Patriarchat* oder die vaterrechtliche Gentilordnung. In der Periode des Matriarchat nimmt die Frau eine dem Manne ebenbürtige Stellung in der gesellschaftlichen Produktion ein, wodurch sich auch ihre Gleichberechtigung in gesellschaftlicher Beziehung ergibt. Aber das Matriarchat entwickelte sich in den verschiedenen Gesellschaften keineswegs gleichartig. In bestimmten Gemeinschaften, wo die matriarchale Ordnung aufgrund besonderer Bedingungen eine stärkere Ausprägung erfahren hat, nahm die Frau eine bevorzugte Stellung in der Gesellschaft ein. Die Weiterentwicklung der Produktivkräfte hatte jedoch dann eine gründliche Umgestaltung der Wirtschaft zur Folge und räumte dem Manne eine Vorrangstellung in der gesellschaftlichen Produktion ein. Hier beginnt der Übergang vom Matriarchat zum Patriarchat, der schließlich zu einer allseitigen Vorherrschaft des Mannes führte.

Der weitere Aufschwung der Produktivkräfte, der besonders auf der wachsenden Bedeutung der Metallurgie für die gesellschaftliche Produktion beruht, leitet eine neue Etappe der Geschichte der Urgesellschaftsordnung ein. Es wachsen und vertiefen sich ständig die Widersprüche zwischen der fortschreitenden Entwicklung der Produktivkräfte und den der Gentilordnung eigenen Produktionsverhältnissen. Die Urgesellschaftsordnung beginnt zu zerfallen, es entstehen andere, neue Produktionsverhältnisse, und mit ihnen keimen neue Beziehungen der Menschen zueinander, nämlich Klassenverhältnisse, auf. Dies ist die Periode der sogenannten *Militärischen Demokratie*. Die Epoche der Urgesellschaft geht zu Ende. Es entstehen die Klassengesellschaften und der Staat.

Echter Heroismus

Im Laufe von langen Jahrtausenden, im fortdauernden Wechsel der Generationen lernten die Menschen der Urgesellschaft unter gewaltigen Kraftanstrengungen und zahllosen Opfern sowie nach Überwindung einer endlosen Reihe von Irrtümern und Fehlern langsam aber beharrlich die Naturkräfte beherrschen, machten sie sich untertan und schufen so die Anfänge der menschlichen Kultur. Schwer war das Dasein dieser Urmenschen. Der Mythos vom „Goldenen Zeitalter" ist seit langem entthront. Dennoch ging der Mensch durch unermüdliche und angestrengte, aber freie kollektive Arbeit als Sieger aus dem Kampf mit der Natur hervor. Wie einfach und primitiv die von ihm geschaffene urgeschichtliche Kultur auch gewesen ist, stellt sie doch einen großen und mannigfaltigen Komplex differenzierter Elemente der Technik, der Wirtschaft hinsichtlich der Gesellungsformen und innerhalb der Vorstellungswelt dar. Diese Kultur, die sich von einfacheren zu immer höheren und vollkommeneren Formen fortentwickelte, war im Grunde stets progressiv. Die Kultur der Urgemeinschaft bildete die unumgänglich notwendige Voraussetzung für die Weiterentwicklung der Menschheit und wurde in ihren höchsten Formen zur Grundlage allen weiteren Fortschritts. Bis zum heutigen Tage hat eine große Anzahl von Errungenschaften, die von den urgeschichtlichen Menschen geschaffen wurden, ihre Bedeutung im Bestand der modernen Kultur behalten.

Die gesamte Menschheit hat in ihrer Vergangenheit die Epoche der Urgemeinschaft durchlaufen. Jedoch gingen während dieser Epoche die einzelnen Stämme und Völkerschaften in gewissem Maße ihre eigenen Wege. Sie schufen sich eine eigene Kultur und leisteten damit ihren Beitrag zur Schatzkammer der allgemeinen Kultur. Die Urgeschichte der einzelnen Stämme und Völkerschaften kann jedoch zur Zeit noch nicht allseitig und vollständig rekonstruiert werden. Das ist in Anbetracht der mangelhaften oder fragmentarischen Überlieferungen aus der fernen Vergangenheit unmöglich. Um die Entwicklung der urgesellschaftlichen Kultur in ihrer ganzen Breite und mit genügender Vollständigkeit darstellen zu können, ist es notwendig, die vorhandenen Befunde bei den verschiedenen Stämmen und Völkern und die Angaben aus den verschiedenen Ländern der Erde zu vereinigen. Indem die Urgeschichtsforschung somit Material aus der ganzen Welt heranzieht, hat sie einen stark verallgemeinernden Charakter. Gleichzeitig stellt sie, da sie die gesamte urgeschichtliche Menschheit umfaßt, die urgeschichtliche Kultur als allgemeine Menschheitskultur dar und betrachtet alle Stämme und Völkerschaften der Urgemeinschaft als deren gemeinsame Schöpfer.

Die Urgeschichte ist namenlos. Sie kennt weder Persönlichkeiten noch Helden, sie kennt auch keine bedeutsamen Daten. Dennoch ist sie von einem echten Heroismus durchweht, von dem Heroismus der großen Anzahl unbekannter Schöpfer ihrer Kultur.

Karl-Heinz Otto
Die gentile Ordnung der Stammesgemeinschaften auf dem Gebiet des heutigen Deutschland (1981)

Die bäuerliche Wirtschaftsweise hatte die Struktur der Sippengemeinschaften weiter gefestigt. Als Wirtschaftseinheiten waren sie Gemeineigentümer des Grund und Bodens. Sie bewirtschafteten ihn gemeinsam, und der Ertrag kam allen Sippenangehörigen gleichermaßen zugute. Alle aus dieser Zeit überlieferten Tatsachen weisen darauf hin, daß die Menschen noch in einer festgefügten Gentilgesellschaft ohne soziale Unterschiede gelebt haben und daß es damals noch kein Privateigentum an Produktionsmitteln und keine Ausbeutung des Menschen durch den Menschen gab. Die sicherlich in gegenseitiger Hilfe gebauten Wohnstätten waren innerhalb einer Siedlung ganz gleichartig, sogar die Wohnräume waren etwa gleich groß. Meist unterschied sich nur das Versammlungshaus von den übrigen. Die wirtschaftliche und gesellschaftliche Gleichstellung aller Sippenmitglieder schloß im allgemeinen aus, daß Rechte und Pflichten unterschiedlich verteilt waren. Demzufolge gab es noch keine Bevorrechteten in der Gemeinschaft und auch nicht das reiche Haus neben der armen Hütte. Die Sippen gliederten sich in Großfamilien bzw. Familien auf. Die Größe und Aufteilung der Wohnhäuser lassen darauf schließen, daß die einzelnen Familienhaushalte in der Gemeinschaft der Großfamilie lebten. Eine Großfamilie und verschiedentlich auch eine ganze Sippe wohnte unter einem Dach oder in Gruppen beieinander stehender Wohnstätten. Besondere Wirtschaftsgebäude, wie Speicher, Backöfen, Dörrhäuser, wurden gemeinschaftlich benutzt.Die Zahl der Sippenmitglieder vergrößerte sich jetzt stark. Wie der Umfang einiger Siedlungen und Hausbauten zeigt, haben größere Sippen sicherlich mehrere hundert Mitglieder gezählt.[1]

Mit der Gentilordnung war die Gliederung der Gesellschaft in Stämme verbunden. Über die Stammesorganisation ging sie jedoch nicht hinaus. Verwandte und befreundete Sippen schlossen sich zu Stämmen zusammen. Eine der Ursachen war, daß an die Kooperation der Arbeit auf Grund der veränderten Lebensweise wesentlich größere Anforderungen gestellt wurden. Der Umfang der Leistungen, die hier und da aufgebracht werden mußten, ging sicher über das Vermögen eines einzel-

1 In den Siedlungen der donauländischen Kultur (z. B. während einer Besiedlungsphase von Köln-Lindenthal mit über 20 Großhäusern von zum Teil mehr als 30 Meter Länge) ebenso wie in den Ansiedlungen der Trichterbecher-Kultur (z. B. Barkaer in Djursland auf der jütischen Halbinsel mit zwei 85 Meter langen Häusern), der Michelsberger Kultur (z. B. auf dem Michelsberg bei Bruchsal mit etwa 100 Wohnstätten) oder auch der „Altheimer Gruppe“ (wie auf dem Goldberg bei Nördlingen mit etwa 40 Häusern) haben solche großen Sippen gelebt.

nen Sippenkollektivs oft weit hinaus, so beim Bau von großen Befestigungsanlagen.[1]

Der organisatorische Aufbau der Gesellschaft war straffer und das gemeinsame Handeln vorsorglicher und planvoller geworden. Aber auch die Notwendigkeit, erzeugtes gesellschaftliches Produkt zu schützen, hatte sich verstärkt. Im späten Neolithikum mehrten sich die Anzeichen dafür. Anscheinend wandelten sich allmählich mit der fortschreitenden ökonomischen Entwicklung die Anlässe für die Feindseligkeiten zwischen den Gemeinschaften. Vorher ging es meist um Vergeltung, wenn z. B. die Unantastbarkeit des Siedlungs- und Wirtschaftsgebietes verletzt worden war, oder um Rache für Schmähungen, wie Frauenraub, und andere Vergehen; im Spätneolithikum begann offenbar der Raub von Erzeugnissen menschlicher Arbeit bzw. von Vieh das wichtigste Motiv für den Ausbruch von feindlichen Unternehmungen zu werden. Diese Tendenzen und andere Faktoren ökonomischer Art sowie die Exogamie förderten den Zusammenschluß der Sippen zu Stämmen.

Stämme und Sippen

Vereinfacht betrachtet[2], entwickelte sich die Stammesorganisation etwa so, daß sich zwei verwandte bzw. befreundete Sippen zu einem Stamm vereinigten; jede Sippe bildete dann eine Stammeshälfte. Diese Stammesteile blieben exogam. Wenn sich mehrere Sippen zu einem Stamm zusammenschlossen, dann gehörten zu einer Stammeshälfte mehrere Sippen, die unter sich ebenfalls exogam waren. Durch den ständigen Bevölkerungszuwachs in den Sippen und Stämmen zerfielen von Zeit zu Zeit die alten Gemeinschaften. Die abgespaltenen Teile bildeten neue Sippen und vereinigten sich zu neuen Stämmen, die sich dann an einem anderen Ort ansiedelten und sich hier ein Wirtschaftsgebiet schufen. Die Geschicke des Stammes leitete der Stammesrat, der aus den Sippenvorstehern und anderen hoch geachteten Stammesmitgliedern bestand und der vor allem die Beziehungen zu anderen Stämmen regelte.

Die Stammesbildung und ihre Konsolidierung widerspiegelten sich in der materiellen und auch in der geistigen Kultur. Kulturelle Traditionen des Mesolithikums, landschaftliche Bedingungen, kulturelle Einflüsse aus Nachbargebieten usw. haben bestimmte Kulturen mitgeformt; aber auch die Stammesbildung hat zur Ent-

1 Für den Bau des neolithischen Erdverteidigungswerkes von Urmitz bei Koblenz sind z. B. mindestens 40.000 m^3 Erde bewegt worden, um die Wälle aufzurichten, die vielen tausend Menschen oder mehreren tausend Stück Vieh Schutz bieten sollten.

2 Trotz der sicherlich sehr mannigfaltigen und im einzelnen auch oft unterschiedlichen Vorgänge und Formen der Entstehung von Stämmen kann hier die klassisch gewordene Stammesorganisation der Seneka (Irokesen) in Amerika als Beispiel verallgemeinert werden, vgl. Friedrich Engels, Der Ursprung der Familie, des Privateigentums und des Staats: III. Die irokesische Gens.

stehung einzelner Kulturen beigetragen. Das bedeutet jedoch nicht, daß jeder Kulturprovinz unbedingt ein bestimmtes Stammesgebiet entsprach.[3] Grenzen eines Stammes zeichneten sich auf Grund kultureller Besonderheiten im allgemeinen nicht ab. Einige der neolithischen „Kulturen" repräsentierten nur stilistische Besonderheiten, meist in der Keramik, andere vereinigten in sich mehrere Kulturelemente, und schließlich stellte die eine oder die andere „Kultur" eine lokal begrenzte historisch gewordene Erscheinung dar, die sich auf ganz bestimmte Stämme einer Gegend beschränkte. In einem solchen Fall hatten die wechselseitigen wirtschaftlichen Beziehungen zwischen diesen Stämmen in ganz spezifischen Merkmalen der materiellen und geistigen Kultur und in ganz besonders typischen Sitten und Gebräuchen Ausdruck gefunden, die auf ethnischen Traditionen beruhten.

Die donauländische Kultur, die Trichterbecher-Kultur und die Michelsberger Kultur entstanden in den weiten Wirtschaftsräumen der Bodenbauern und Viehhalter. Bei der extensiven landwirtschaftlichen Produktion im Neolithikum waren Siedlungs- und Wirtschaftsgebiet nicht immer identisch. Die Großräumigkeit des Wirtschaftsgebietes übte einen stark nivellierenden Einfluß auf die kulturellen Besonderheiten der Stämme aus, da sie die Kontakte mit anderen Stämmen förderte. Auf diese Weise entstanden im Neolithikum „historisch-kulturelle Gebiete"[4], die auf später deutschem Territorium etwa mit der Verbreitung der drei großen genannten Kulturen übereinstimmen. Kaum eine der Kulturgrenzen entsprach den Grenzen der Verbreitung einer bestimmten ethnischen Gemeinschaft, eines bestimmten „Volkes", dessen Geschichte sich im Entstehen, in der Ausbreitung, im Blühen und Erlöschen einer dieser Kulturen widerspiegeln würde. Die historische Kategorie ethnischen Zusammenschlusses im Neolithikum war der Stamm, der einige Sippen vereinigte und in dem eine gemeinsame, allen Stammesangehörigen verständliche Sprache gesprochen wurde.

Es entsprach der Gentilordnung, daß in den Stammesgemeinschaften die Sippe wirtschaftliche Grundeinheit blieb. Dem Stamm oblagen vor allem wichtige politische Entscheidungen. Der Charakter der Produktionsverhältnisse, insbesondere der Eigentumsverhältnisse, sowie die Formen des Produktaustausches änderten sich in den Stammesgemeinschaften im Prinzip nicht.

---

3 vgl. den Lehrsatz Kossinnas: „Streng umrissene, scharf sich heraushebende, geschlossene archäologische Kulturprovinzen fallen unbedingt mit bestimmten Völker- und Stammesgebieten zusammen." – Zur Kritik an der Kossinna-Methode vgl. Karl-Heinz Otto, Archäologische Kulturen und die Erforschung der konkreten Geschichte von Stämmen und Völkerschaften; in: Ethnographisch-Archäologische Forschungen I, Berlin 1953, 1ff.

4 vgl. M. G. Lewin/N. N. Tscheboksarow, Wirtschaftlich-kulturelle Typen und historisch-ethnographische Gebiete; in: Ethnographisch-Archäologische Forschungen IV, Berlin 1958, 131ff., und Karl-Heinz Otto, Archäologische Kulturen und die Erforschung der konkreten Geschichte von Stämmen und Völkerschaften; in: Ethnographisch-Archäologische Forschungen I, Berlin 1953, 1ff.; vgl. dazu auch die Kategorie der „sozialökonomischen Gebiete", J. Herrmann, Archäologische Kulturen und sozialökonomische Gebiete; in: Ethnographisch-Archäologische Zeitschrift VI, Berlin 1965, 97ff.

Begehrter Werkstoff, wie der Feuerstein, ist von den ober- und untertägigen Abbaustätten Skandinaviens, Rügens und Polens aus von Stamm zu Stamm verbreitet worden. Perlen oder Anhänger aus den Schalen der im Mittelmeer und in südlicheren Gegenden beheimateten Spondylus-Muschel sind in großer Zahl auf die gleiche Weise nach Mitteleuropa gelangt. Sie waren ein beliebter Schmuck der „Bandkeramiker". Schließlich ist im späten Neolithikum die Verbreitung des Bernsteins von den jütischen und samländischen Küsten aus bis weit nach Süden erfolgt. Aus all dem kann nicht geschlossen werden, daß es bereits im Neolithikum spezielle Gewerbe und einen Groß- und Fernhandel gegeben hätte. Unter den sozialökonomischen Verhältnissen der neolithischen Gentilordnung konnte der einzelne nur für die Gemeinschaft arbeiten, in der er lebte. Nach wirtschaftlichem Gewinn und Vorteil konnte nur das Sippenkollektiv erfolgreich streben. Individuelles Bemühen um Gewinnerzielung vermochte sich noch nicht durchzusetzen. Händler, die sich von der Produktion gelöst hatten und von Austauschgeschäften lebten, gab es zu dieser Zeit noch nicht.

Karl-Heinz Otto
Die Gesetzmäßigkeiten des historischen Geschehens in der Urgesellschaft (1981)

Die Epoche der Urgesellschaft, die etwa 500.000 Jahre Geschichte menschlichen Lebens auf später deutschem Territorium umfaßt, entsprach in ihrem Verlauf dem allgemeinen, universalhistorischen Geschehen in vorklassengesellschaftlicher Zeit. Privates Eigentum an wichtigen Produktionsmitteln, mit dem der Mensch andere Menschen auszubeuten vermag, soziale Schichtung der Bevölkerung und Aufspaltung in antagonistische Klassen sowie der Staat als Machtinstrument der herrschenden Klasse zur Unterdrückung der ausgebeuteten Massen waren den Menschen in dieser weitaus längsten Epoche der Geschichte ebenso fremd wie Anschauungen, Ideen und Einrichtungen aus dem Bereich der Politik, des Rechts, der Religion usw., wie sie erst später aus Produktionsverhältnissen der Klassengesellschaft erwachsen sind.

Alle jene Theorien der bürgerlichen Geschichtsschreibung, die besagen, daß beispielsweise die Familie die Urform des Staates sei oder daß ein Stamm als ein Staatswesen betrachtet werden müsse, sowie die Versuche, das von Anfang an vorhandene Eigentum an Dingen des persönlichen Gebrauchs als Privateigentum an Produktionsmitteln hinzustellen, wie es für die Klassengesellschaft typisch ist, verkennen nicht nur den wirklichen Charakter dieser Erscheinungen und Einrichtungen, sondern verschleiern den gesetzmäßigen Ablauf der Geschichte der menschlichen Gesellschaft.

Die Jahrhunderttausende währende Geschichte der urgesellschaftlichen Bevölkerung in dem Raum, in dem später das deutsche Volk entstand, läßt erkennen, daß die Wirksamkeit der wirklichen Triebkräfte des historischen Geschehens, wie in der Geschichte aller anderen Länder und Völker, in der Wechselwirkung zwischen den Produktionsverhältnissen und dem Charakter der Produktivkräfte besteht.

Alle menschlichen Gemeinschaften der Vorklassengesellschaft sind in ihrer Entwicklung vorangeschritten, indem sie die Produktivkräfte durch ihre Arbeit vermehrten, durch die gesellschaftliche Arbeit neue Erkenntnisse und Einblicke in das naturgesetzliche Geschehen gewannen und schließlich eine hohe Kultur hervorbrachten. Meilensteine auf dem Wege der Entwicklung vom Niederen zum Höheren waren der Übergang vom Sammler- und Jägerdasein zum Bodenbauern- und Viehzüchtertum, die großen gesellschaftlichen und die mannigfachen sonstigen

Arbeitsteilungen, die Erzielung eines gesellschaftlichen Mehrprodukts sowie die Entstehung einer festgefügten Gentilordnung.

Die Ordnung, die ihre höchste Blüte im Neolithikum erreichte, trug jedoch bereits den Keim ihrer Zersetzung und des Verfalls, aber auch das Neue, Zukünftige in sich. Das weitere Wachstum der Produktivkräfte, vor allem die Herstellung von Produktionsinstrumenten aus Metall, sowie das Entstehen primitiver Formen der Warenproduktion riefen Widersprüche zu den bestehenden urgesellschaftlichen Produktionsverhältnissen hervor. Diese Produktionsverhältnisse beruhten auf dem Grundgesetz der Urgesellschaft, d. h. auf gemeinsamer freier Arbeit aller Mitglieder der Gesellschaft im Produktionsprozeß; die selbstgenügsame gesellschaftliche Arbeit aller Angehörigen eines Kollektivs für das Kollektiv war die herrschende Form der Produktion. Die Grundlage für die Beziehungen der Menschen zueinander im Produktionsprozeß bildete das Gemeineigentum an den wesentlichen Produktionsmitteln, vor allem an Grund und Boden, und sicherte die Existenz der Gemeinschaften. Die Zersetzung dieser Ordnung und die allmähliche Aufhebung dieses ökonomischen Grundgesetzes begann bei den Stämmen auf später deutschem Gebiet etwa an der Wende vom 3. zum 2. Jahrtausend vor unserer Zeit, und zwar vor allem mit den Anfängen der Metallproduktion.

Ein Ausdruck des Verfalls der Urgesellschaftsordnung, ein Prozeß, der etwa zweieinhalb Jahrtausende andauerte, war das Entstehen ungeprägten Geldes in Form von Gebrauchsgegenständen aus Metall oder in Form von Barren als Tauschäquivalent; auf dieser Grundlage entwickelten sich zuerst bei den Kelten und später auch bei den Germanen im Verkehr mit den Römern Ware-Geld-Beziehungen. Der Übergang vom matriarchal-gentilen zum patriarchal-gentilen Prinzip, die soziale Differenzierung sowie der Zusammenschluß von Stämmen zu Stammesverbänden und später zu Hauptstämmen sind weitere Erscheinungen dieses Verfalls. Schließlich bildete sich innerhalb der Stammesordnung eine Schicht heraus, die nicht mehr aktiv an der Produktion beteiligt war und, gestützt auf Gefolgschaften, vom Kriegführen lebte. Das Wachstum der Produktivkräfte, u. a. als Folge der Metallerzeugung, drängte in der Landwirtschaft und in anderen Produktionszweigen immer mehr dazu, daß neben die kollektive Arbeit auf gentiler Basis die des unmittelbaren Einzelproduzenten trat. Die Gentilverfassung nahm seit der Bronzezeit zunehmend den Charakter einer militärischen Demokratie an, und die Keimformen neuer Produktionsverhältnisse begannen in Widerspruch zur alten Ordnung zu geraten. Kennzeichnend dafür war die Ausbeutung des Menschen durch den Menschen, und zwar bei den Germanen in Form der patriarchalischen Sklaverei.

Als die germanischen Stämme in das Licht der schriftlich überlieferten Geschichte eintraten, befand sich bei ihnen die Urgesellschaftsordnung bereits im

Stadium des Zerfalls. Im Laufe der folgenden Jahrhunderte, namentlich in der Völkerwanderungszeit, verstärkten sich die Auflösungserscheinungen und führten schließlich zur Entstehung der Klassengesellschaft, allerdings nicht in der Form der überlebten antiken Sklaverei, sondern über Ansätze der patriarchalischen Haussklaverei zur feudalen Produktionsweise. Auf dieser Grundlage entstand der erste Staat auf deutschem Gebiet, dessen politisches Zentrum zunächst jedoch westlich des Rheins im späteren Frankreich lag. Auch wenn dieser fränkische Staat sich über den Rhein hinweg weit nach Osten erstreckte, so kann er doch nicht als deutscher Staat bezeichnet werden. Dieser entstand erst nach der Reichsteilung (843) aus dem ostfränkischen Teilreich seit der Mitte des 9. Jahrhunderts unserer Zeit.

Kapitel IV: Archäologen und Anthropologen über den Urkommunismus

Vere Gordon Childe
Werkzeuge in der Urgesellschaft (1948)

(...) Steinnadeln und Ahlen (mit Stichel und Bohrer verfertigt) ermöglichten den Frauen das Zusammennähen der Tierhäute und sogar die Anfertigung von Hosen und mit Ärmeln versehenen Jacken, die in mesolithischer und in späterer Zeit sicherlich unentbehrlich waren bei der Mammutjagd auf den paläolithischen Steppen und im Siedlungsleben Nordrußlands. Die spät-paläolithischen und die mesolithischen Werkzeuge bestätigen also die im Mittel-Paläolithikum nur unsicher zu erkennende Arbeitsteilung zwischen den Geschlechtern. Aber keines der bisher untersuchten Werkzeuge enthält Merkmale, die einen zwingenden Schluß auf weitere Arbeitsteilungen in der Gemeinschaftsgruppe zulassen. Theoretisch wenigstens war es jedem möglich, einen Stichel oder eine Ahle und mit diesen eine Pfeilspitze oder eine Harpune herzustellen.

Die spät-paläolithischen Gemeinschaften in Südrußland hatten die Gepflogenheit, Holz mithilfe von Keilen aus Mammutelfenbein oder aus Geweihstücken zu spalten, indem sie den Keil mit einem in der Hand gehaltenen Stein oder mit einem Geweih- oder einem Holzhammer, der einen Griff aus einem Ast oder aus einer Geweihsprosse hatte, in den Holzklotz eintrieben. Im Mesolithikum wurden Kieselsteine in die Form der alten Geweihkeile gebracht und durch die gleiche Art des Zuschleifens wie bei den Keilen mit einer Schneide versehen. Solche geschärfte Kiesel, oftmals auch „Kelten" genannt, konnten als Beilköpfe oder Breitbeil-Klingen in Holz- oder in Geweihgriffe eingesetzt werden. Sie dienten, allein gebraucht, als Keile oder als Meißel oder, wenn die Kante hohl geschliffen war, als Hohlmeißel. Auf diese Weise schufen sich die mesolithischen Gemeinschaften Nordeuropas recht leistungsfähige Hackwerkzeug-Garnituren. (Man beachte, daß im Axt- oder im Breitbeilkopf im allgemeinen keine Ausnehmung für den Stiel vorhanden war, wie bei unseren Axtköpfen; die Beilköpfe wurden vielmehr in eine Öffnung im Stiel eingefügt oder an ihn angebunden.)

So ausgerüstet waren die Menschen der damaligen Epoche in der Lage, durch Aushöhlen von Baumstämmen Kanus herzustellen und auch kleine Bretter sowie zugerichtete Ruder und Schlittenkufen anzufertigen. (Manche davon sind in Torfmooren erhalten geblieben.) Steinwerkzeuge sind für diese Arbeiten und sogar zur Herstellung von Zapfengelenken und Scharnieren völlig ausreichend. Für umfangreiche Schlägerungen, d. h. zur Rodung von Urwald, sind sie zu schwach und gebrechlich und zur Herstellung von Klammern und ähnlichen Verbindungsstücken für Bretter zu plump. Ähnliche Holzbearbeitungsgarnituren sind vielleicht auch anderswo und auf andere Weise entwickelt worden. Sie waren im allgemeinen in allen neolithischen Gesellschaften verbreitet, in Vorderasien ebenso wie in Nordeuropa.

Gewisse der oben beschriebenen Waffen und Geräte waren wohl „Eigentum" desjenigen, der sie verfertigt und gebraucht hatte – sie wurden ja auch beim Tode des Besitzers mit diesem begraben – ihr Besitz verlieh ihnen jedoch keine Gewalt über ihre Gefährten; das Rohmaterial war allen zugänglich, und jeder konnte sich die Geräte selbst machen. Daher gab es keinen Beweggrund zur Ausbeutung und auch keine wirtschaftlich bevorzugten Klassen. Im Gegenteil, wenigstens im Gebrauch der Geräte war Kooperation zur Selbsterhaltung des einzelnen wie der Gemeinschaft unbedingt notwendig. Ein einzelner Jäger mit seiner unzulänglichen Ausrüstung wäre einem Mammut oder einem Bären nicht gewachsen gewesen. Nur durch Jagen in Horden konnten sich z. B. die Neandertaler Mammut- oder Bärenfleisch verschaffen. Das Land und seine Produkte waren Gemeinschaftsbesitz, und die Jagd- wie die Fischereirechte des einzelnen waren durch die Vorschriften der Gemeinschaft geregelt. Die heutigen Wilden z. B. erzwingen in der Jagd die Einhaltung von Schonzeiten für das Wild.

In der neolithischen Epoche besteht diese Art eines primitiven Kommunismus weiter fort. Der entscheidende Fortschritt ist hier der Anbau von Nahrungspflanzen vor allem von Getreide, oftmals kombiniert mit der Haltung von Nutztieren, Rindern, Schafen, Ziegen und Schweinen. Die Gesellschaft erreichte auf diese Weise eine beträchtliche Einflußnahme auf ihre Nahrungsversorgung, und die Bevölkerung konnte sich vermehren. Die einfachste und wahrscheinlich älteste Form der neolithischen Wirtschaft ist die Kultivierung kleiner Grundstücke oder Gärten. Bei den barbarischen Stämmen, die sich heute in diesem Stadium befinden, wird die Kultivierung stets den Frauen überlassen. Hier tritt wieder die Arbeitsteilung zwischen den Geschlechtern und auch schon die erhöhte Bedeutung der wirtschaftlichen Stellung der Frauen in Erscheinung, da der Ertrag ihrer Grundstükke die verläßlichste Quelle der Gemeinschaftsernährung bildet. Das Land ist Gemeinschaftsbesitz und wird im allgemeinen periodisch neu aufgeteilt; der Ertrag der einzelnen Grundstücke verbleibt aber jenen, die es bearbeitet haben. Es ist beachtenswert, daß Ackerbauwerkzeuge kaum jemals in Gräbern gefunden werden, was darauf hindeutet, daß persönliches Eigentum an solchen nicht erlaubt war. Der Ackerbau an sich begründete also keine Klassenteilung. Aber da man jetzt mehr produzieren konnte, als zum Eigenbedarf notwendig war, lohnte es sich, Gefangene als Sklaven arbeiten zu lassen. (...)

Neolithische Revolution

Gegen Ende der letzten Eiszeit vollzogen sich im Mittleren Osten, im sogenannten Fruchtbaren Halbmond (ein Gebiet, das sich von Palästina über die Levante und Anatolien bis nach Mesopotamien spannt), mit dem Übergang von der Stufe der Jäger und Sammler zu der durch Seßhaftigkeit und Nahrungserzeugung bestimmten Lebensweise tiefgreifende Veränderungen, die vor über 12.000 Jahren eine neue Menschheitsepoche einleiteten.

Für diesen grundlegenden Wandel der Wirtschaftsform prägte der australische Archäologe und Sozialist Vere Gordon Childe den Begriff *Neolithische Revolution*. Diese Analogie zur *Industriellen Revolution* bezeichnet den Übergang von der aneignenden Wirtschaftsform der altsteinzeitlichen Wildbeuter zur produktiven Wirtschaftsform der jungsteinzeitlichen seßhaften Kulturen.

Childe schreibt: „Die Schritte, durch die die Herrschaft des Menschen verwirklicht wurden, sind langsam gewesen, und ihre Wirkungen haben allmählich zugenommen, die (...) als Umwälzungen bezeichnet werden können. Die erste Umwälzung, die die menschliche Wirtschaft umgestaltete, verschaffte dem Menschen die Herrschaft über seine eigene Versorgung mit Nahrungsmitteln. Der Mensch begann zu pflanzen, das Land urbar zu machen und durch Auslese eßbare Gräser, Wurzeln und auch Bäume zu veredeln. Ferner gelang es ihm, gewisse Tiergattungen zu zähmen und fest an seine Person zu ketten, durch das Futter, das er ihnen darbieten, für den Schutz, der er ihnen gewähren, und für die Vorsorge, die er zu ihren Gunsten treffen konnte. Diese beiden Fortschritte sind eng miteinander verbunden." (Childe 1959: 71.)

Zum Begriff der *Neolithischen Revolution* meint Childe: „Die vergleichende Bevölkerungsstatistik beweist, daß der Erschließung von neuen Nahrungsquellen normalerweise eine Vermehrung der Verbraucher folgt. Ständen uns statistische Angaben zur Verfügung, würde die europäische Bevölkerungskurve sicherlich zu Beginn der Jungsteinzeit einen scharfen Knick und eine Aufwärtsbewegung zeigen, vergleichbar derjenigen, die auf die Industrielle Revolution in England folgte. Diese Ähnlichkeit möge es mir gestatten, von einer ‚Neolithischen Revolution' zu sprechen. Mit dieser Bezeichnung ist jedoch keine einmalige, katastrophal eintretende Veränderung gemeint. Selbst die Industrielle Revolution war nur der Kulminationspunkt eines allmählichen, schon Jahrhunderte früher einsetzenden Prozesses. Das Vorspiel zu der Neolithischen Revolution muß jedoch sehr viel länger gedauert haben, und es ist auch weniger leicht zu entscheiden, was man genau als ihren Höhepunkt bezeichnen sollte." (Childe 1960: 29.)

Childe geht in seinem Revolutionskonzept davon aus, Revolutionen würden bereits sehr früh einsetzen, sobald sich die Produktivkräfte zu wandeln beginnen. Der Höhepunkt ist erreicht, sobald Quantität in Qualität umschlägt, doch findet die Revolution nicht ihren Abschluß mit der Machtergreifung und -konsolidierung einer neuen sozialen Schicht, sondern erst mit der allmählichen, langsamen Konsolidierung der neuen Produktionsweise.

Ähnlich sieht es auch Chris Knight in seinem Konzept der mehrere zehntausend Jahre dauernden Menschlichen Revolution. Auf den Kapitalismus umgelegt würde dies bedeuten, daß die Umwälzung mit dem Beginn des Wandels der Produktivkräfte in den spätmittelalterlichen Städten begann. Ihr Höhepunkt wurde mit der Französischen Revolution erreicht, doch fand die Bürgerliche Revolution ihr Ende erst mit der endgültigen Konsolidierung der kapitalistischen Produktionsweise im Zeitalter des Imperialismus.

Weiterführende Literatur:

Vere Gordon Childe, Der Mensch schafft sich selbst, Fundus-Bücher. VEB Verlag der Kunst, Dresden 1959.

Vere Gordon Childe, Vorgeschichte der Europäischen Kultur, Rowohlts deutsche Enzyklopädie, Hamburg 1960.

Marija Gimbutas
Das Ende Alteuropas (1994)

Der alteuropäische und der indogermanische Glaube stehen einander diametral gegenüber. Die indogermanische Gesellschaft basierte auf einem kriegerischen, exogamen, patriarchalen, patrilinearen und patrilokalen Prinzip, wies eine stark sippenhafte Organisation und eine soziale Hierarchie auf, die den Weg für den Aufstieg einer Kriegerklasse bereitete. Ihre Hauptgötter waren männlich und werden als Krieger dargestellt. Diese Art des sozialen Aufbaus kann sich auf keinen Fall aus der auf matrilinearen, matrizentrischen und endogamen Prinzipien beruhenden Gesellschaftsform Alteuropas entwickelt haben. Das Erscheinen der Indogermanen in Europa bedeutet daher keine Weiterentwicklung älterer einheimischer Vorstellungen, sondern das Aufeinanderprallen zweier gegensätzlicher Ideologien.

Der Einfall der Kurgan-Leute in Europa setzte der langgehegten Tradition des Tempelbaus, mit Ausnahme der Ägäis und des Mittelmeerraums, ein Ende. Die kunstvoll hergestellten religiösen Gegenstände, wunderschöne Vasen, Opfergefäße, Tempelminiaturen, Altäre, Skulpturen, sakralen Symbole in hieroglyphenartigen Schriftmustern verschwanden ebenfalls. Es ist uns aus der Zeit der Wanderungen kein einziger Tempel bekannt, weder in der nordpontischen Steppe, in der Wolga-Steppe, noch im europäischen Einflußbereich der Kurgan-Kultur, der diesem Volk zugeschrieben werden könnte. Das Fehlen von Tempeln oder auch nur festen Altären ist typisch für Hirtennomadenkulturen. (...)

Die zwei Religionssysteme verfügten über völlig verschiedene Vorstellungen vom Leben nach dem Tod. Die Alteuropäer glaubten fest an eine zyklische Wiedergeburt, was sich in der Grabarchitektur als Vorstellung der Identität von Grab und Mutterleib („*Tomb is Womb*") äußert. Gräber sind oval, ofenförmig, uterusförmig oder anthropomorph und werden als Leib der Göttin betrachtet. Das Dreieck von Geburt, Tod und Wiedergeburt findet sich auch im Grundriß und Bau von Gräbern und Schreinen. Gravierungen auf megalithischen Grabsteinen stellen Symbole von Wiedergeburt, lebensspendendem Wasser und Lebenskraft dar (Becherabdrücke, konzentrische Kreise um einen zentralen Punkt, konzentrische Bögen, sich windende Schlangen, Schlangenspiralen, Stierhörner als Uteri, Dreiekke, Rhomben, Stundenglasformen, Zickzackmuster, Mondzyklen), oder die Göttin der Wiedergeburt selbst wird dargestellt mit Labyrinthen, Vulven und Brüsten. Man stellte sich die Jenseitswelt im Westen vor, vom Diesseits durch eine Barriere aus Wasser getrennt, die mit Booten, selbst Symbole der Regeneration, überwunden werden mußte.

Gemeinschaftsgräber waren typisch für die Alteuropäer. Die Megalithen Westeuropas waren heiliger Mittelpunkt für die Gemeinschaft, und die Bestattung der vom Fleisch befreiten Gebeine in diesen Heiligtümern wurde gleichgesetzt mit der Rückkehr zu den Ahnen. Alle alteuropäischen Bestattungen bedeuteten auf die eine oder andere Weise eine Rückkehr zum Leib der Mutter, um aus dem Schoß der Natur wiedergeboren zu werden.

Das Ende der Theakratie

Die Indogermanen glaubten an eine lineare Fortführung des Lebens im Reich der Toten. Aus diesem Grund baute man Totenhäuser und gab den Toten ihre Habe mit auf den Weg in die Nachwelt: Werkzeuge, Waffen und Schmuck, der ihre soziale Stellung widerspiegelte. Gräber von Königen und anderen wichtigen Würdenträgern waren großzügig ausgestattet, wodurch der Status des Toten sichtbar wurde. Der Tod auf dem Schlachtfeld wurde besonders verherrlicht. Könige und Fürsten wurden häufig mit ihrem gesamten Haushalt begraben – mit Frauen, Dienern, Kindern und Tieren (Pferden, Ochsengespannen und Hunden). Speisegaben wurden auch noch nach dem Begräbnis dargebracht und sollten für das Wohlergehen im Reich der Schatten sorgen.

Aus der vergleichenden indogermanischen Mythologie wissen wir, daß sich die Menschen die Totenwelt als ein kaltes, sumpfiges Reich der Unterwelt vorstellten, das von dem zuständigen männlichen Gott beherrscht wurde. Der Weg in die düstere Unterwelt führte über eine Straße oder einen Fluß und wurde meist als eine drei Tage dauernde Wanderung, ein Ritt oder eine Reise in einem Streitwagen aufgefaßt. Die Seelen wanderten dort farblos und teilnahmslos umher, und es gab keine Hoffnung auf Wiedergeburt.

Diese völlig verschiedenen Auffassungen können sich nicht aus der alteuropäischen Vorstellung entwickelt haben. Mit der Entstehung der Baden-Ezero-Kultur in Ostmitteleuropa und der Kugelamphoren-Kultur in Nordmitteleuropa in der zweiten Hälfte des 4. Jahrtausends [vor Christi] setzten sich die indogermanischen Bestattungsriten und Vorstellungen vom Jenseits in Europa durch und verdrängten allmählich Bestattungen im alteuropäischen Stil. (...)

Der ökonomische und soziale Transformationsprozeß war in fast allen Teilen Alteuropas mit dem Beginn der zweiten Hälfte des 3. Jahrtausends [vor Christi] abgeschlossen. Während Viehzucht und eine halbnomadische Lebensform an Bedeutung zunahmen, verlor der Ackerbau an Gewicht. Alteuropäische Siedlungsmuster verschwanden mit Ausnahme von Gebieten und Inseln, die nie ganz indogermanisiert werden konnten, von der Bildfläche. Indogermanische Glaubensvorstellungen wurden zur offiziellen Religion, die alteuropäische Verehrung weiblicher Gottheiten überlebte jedoch in kulturellen Relikten bis zur Gegenwart.

Funktion und Darstellung alteuropäischer und indogermanischer Gottheiten, Vorstellungen vom Leben nach dem Tod im Gegensatz zum Glauben an die Wiedergeburt, und völlig verschiedene Symbolsysteme sind Beweise für die Existenz von zwei Religionen und Mythologien – der einheimischen, aus dem Paläolithikum übernommenen alteuropäischen und der fremden, dem Nahen Osten nahestehenden indogermanischen Tradition. Ihr Aufeinanderprallen in Europa führte zur Hybridisierung zweier Symbolsysteme, wobei das indogermanische Element überwog, das alteuropäische jedoch unterschwellig weiterwirkte. Ohne das Wissen um diese verschiedenen symbolischen Strukturen ist ein echtes Verständnis der europäischen Völker, ihrer Ideologien und der Entstehung und Bedeutung ihrer Symbole, Glaubensvorstellungen und Mythen nicht möglich.

Das Aufeinandertreffen dieser beiden Ideologien und sozio-ökonomischen Strukturen führte zu einer drastischen Transformation Alteuropas. Dieser Wandel drückte sich im Übergang von einer matrilinearen zu einer patrilinearen Gesellschaftsordnung aus; die kultivierte „Theakratie" wurde abgelöst von einem militanten Patriarchat; eine auf Gleichheit der Geschlechter beruhende Gesellschaft wurde zur männerdominierten Hierarchie; die weiblichen Erdgottheiten wurden vom Pantheon der indogermanischen Himmelsgötter verdrängt.

Der Begriff „Alteuropa"

Marija Gimbutas führte in ihren Forschungen ab Ende der 1960er Jahre den Begriff des matriarchalen „Alteuropa" im Gegensatz zu dem es ablösenden, patriarchalen „Indo-Europa" ein. Sie beschreibt den Begriff „Alteuropa" in ihrem 1974 auf Englisch erschienenen Werk „Göttinnen und Götter des Alten Europa" wie folgt:

(...) Dörfliche Siedlungen, deren Lebensgrundlage im Anbau von Pflanzen und der Zucht von Tieren bestand, traten in Südosteuropa bereits im 7. Jahrtausend vor Christi in Erscheinung und die geistigen Umwälzungen, die diesen Wandel der ökonomischen und sozialen Organisation begleiteten, manifestierten sich in der eindrucksvollen künstlerischen Tradition des Neolithikums. Die Entwicklung einer ihre Nahrungsmittel selbst produzierenden Wirtschaft und der daraus folgenden kulturellen Neuerungen kann nicht mehr länger als Einführung ungenau definierter Einwanderer aus Anatolien oder dem östlichen Mittelmeerraum dargestellt werden. Während des 7.-5. Jahrhunderts vor Christi bildeten die bäuerlichen Bewohner Südosteuropas, zeitgleich zu ähnlichen Entwicklungen in Anatolien, Mesopotamien, Syrien, Palästina und Ägypten, eigenständige kulturelle Formen aus, die ihre höchste Stufe schließlich im 5. Jahrhundert vor Christi erreichten.

In Ansehung der hochstehenden kulturellen Identität der verschiedenen Gesellschaften des jung- und kupfersteinzeitlichen Südosteuropa wird hier die neue Bezeichnung „Kultur Alteuropas" eingeführt. Das von ihr eingenommene Gebiet erstreckt sich von Ägäis und Adria, einschließlich der Inseln, nach Norden bis in das heutige Tschechien, die Slowakei, das südliche Polen und die westliche Ukraine. Zwischen 7000 und 3500 vor Christi entwickelten die Einwohner dieser Region eine weit vielschichtigere gesellschaftliche Struktur als ihre westlichen und nördlichen Nachbarn und bildeten dabei Siedlungen, die sich oft zu kleinen Städten ausweiteten, was notwendigerweise mit Arbeitsteilung sowie der Ausbildung fester Institutionen im religiösen und politischen Bereich einherging. Sie entdeckten selbständig die Möglichkeit, Kupfer und Gold für Werkzeuge und Verzierungen nutzbar zu machen, und scheinen sogar eine rudimentäre Schrift entwickelt zu haben. Definiert man Kultur als die Fähigkeit eines Volkes, sich seiner Umwelt anzupassen und die entsprechenden Künste, Techniken, Gesellschaftsformen sowie eine Schrift auszubilden, so ist unmittelbar einsichtig, daß Alteuropa eine beachtliche Entwicklungsstufe erreicht hat. (...)

Die Einwohner Südosteuropas waren vor 7.000 Jahren nicht die primitiven Dorfbewohner des beginnenden Neolithikums. In zwei Jahrtausenden einer stabilen Landwirtschaft hat sich der materielle Wohlstand durch die zunehmende Urbarmachung der fruchtbaren Flußtäler fortwährend gesteigert. (...)

Das kontinuierliche Anwachsen des Wohlstandes und die zunehmende Ausdifferenzierung der gesellschaftlichen Organisation hätte in Südosteuropa sicherlich zur Ausbildung einer urbanen Zivilisation, weitgehend analog zu der des Nahen Ostens sowie auf Kreta im dritten und zweiten Jahrtausend, geführt; jedoch wurde die dynamische Entwicklung von fünf Jahrtausenden europäischer Kultur durch die aggressive Einwanderung und Ansiedelung von halbnomadischen Viehzüchtern, den Vorfahren der Indoeuropäer, abgeschnitten, die weite Teile Mittel- und Osteuropas im vierten Jahrtausend vor Christi durcheinanderbrachten. Die farbige Töpferei und figürliche Kunst der ursprünglichen Kultur Alteuropas verschwand schnell; lediglich an den ägäischen Küsten und auf den Inseln überlebten diese Traditionen bis zum Ende des dritten Jahrtausends, auf Kreta bis zur Mitte des zweiten. Die frühe helladische Kultur Griechenlands und der Kykladen sowie die minoische Kultur Kretas mit der üppigen Kunst ihrer Paläste verkörpern noch die Welt des Alten Europa der Jung- und Kupfersteinzeit. (...)

Richard B. Lee
Überlegungen zum Urkommunismus (1988)

Primitiver Urkommunismus – ein einfaches Konzept, doch alleine die Erwähnung dieses Wortes führt zu Unbehagen und Ablehnung. Es ist ein doppeltes Reizwort. „Primitivität" ist ein sehr belasteter Ausdruck und „Kommunismus" noch weit mehr. Doch wieso ist dies der Fall? Kommunismus ist klarerweise der Hauptfeind für Ronald Reagans Amerika, aber das alleine erklärt nicht, wieso dieser Begriff von so vielen Gelehrten abgelehnt wird. Selbst viele Marxisten würden ihn lieber ignorieren. Das verwundert vor allem vor dem Hintergrund, daß der Urkommunismus ein im 19. Jahrhundert weit verbreitetes Konzept war, es hielt sich sogar bis in 20. Jahrhundert. Es ist ein leichtes, Anthropologen der Jahre 1910 bis 1930 zu finden, die ohne Rechtfertigungszwang über Kommunismus oder kommunistische Gesellschaften sprechen und auch mit keinen Anführungszeichen das Wort „Kommunismus" zu schmücken versuchen.

Und obwohl diese Bezeichnung derart emotional belastet ist, besteht kein großes Mysterium, was es mit diesem Phänomen auf sich hat. Vor dem Aufstieg des Staates und der sich verfestigenden sozialen Ungleichheit lebten Menschen für Jahrtausende in kleinen, auf der Sippe basierenden, sozialen Gruppen, deren wichtigster Ausdruck des wirtschaftlichen Lebens im kollektiven und gleichen Besitz an Boden und Ressourcen, sowie in gegenseitiger Unterstützung in der Nahrungsverteilung und relativer Egalität in der politischen Entscheidungsfindung bestand. Diese grundlegenden Muster können mit kleinen Unterschieden bei hunderten vor-staatlichen Gesellschaften beobachtet werden, als Beispiel sei Murdocks „Ethnographic Atlas" aus dem Jahr 1967 genannt. Diese Gesellschaften, darunter Klans, einfache Stammesstrukturen oder Stammesfürstentümer, sind unter den verschiedensten Bezeichnungen bekannt: wild, staatenlos, vor-staatlich, ungebildet, verwandtschaftsbasierend, primitiv – in der Tat alles außer kommunistisch. Aber die grundlegenden Prinzipien sind immer die gleichen. Es gibt also etwas, das erklärt werden muß.

Unsere Aufgabe ist zweifach: Einerseits das Phänomen als solches und seinen Inhalt erklären; und andererseits darlegen, *wieso* das Konzept des (primitiven) Kommunismus derart viel Unbehagen hervorruft.

Setzen wir kurz bei der zweiten Frage an: Offensichtlich ist das Konzept nicht mehr zeitgemäß bei den bürgerlichen Ideologen. Die bürgerliche Ideologie will uns nämlich weismachen, daß der Urkommunismus nicht existierte. Im populären Bewußtsein wird er schließlich mit dem Romantizismus und Exotismus zusammengeworfen und raus kommen: die edlen Wilden. „Oh, natürlich, du glaubst doch nicht *wirklich*, daß sie Kommunisten waren?", meinen Gegner. Es gibt eine umfangreiche anthropologische Industrie, besonders in der Volksanthropologie, die zeigen will, daß der Primitive auf Hobbessche Weise sein Dasein verbrachte – ein Leben, das „böse, brutal und kurz" gewesen sei. Bei dem derzeitigen Meinungsbild im Westen wagt niemand die Raffinesse und den Zynismus der Intellektuellen im Spätkapitalismus anzuprangern. Niemand möchte als Romantiker oder gar weich gegenüber dem Kommunismus, selbst wenn es seine frühe Variante ist, abgestempelt werden. Es ist eine Erscheinung der kapitalistischen Hegemonie, daß der Großteil der Akademiker, selbst die marxistischen, in einem Umfeld des bürgerlichen Diskurses agieren müssen. Viele Marxisten scheitern daran, die Bedeutung der Existenz des Urkommunismus und der Abwesenheit von Privateigentum als zentrale Aspekte in vorkapitalistischen Gesellschaftsordnungen anzuerkennen.

Um die Geschichte und Entwicklung von Eigentumsverhältnissen in Jäger-und-Sammler- sowie Post-Jäger-und-Sammler-Gesellschaften zu verstehen, müssen wir zunächst das Konzept des Urkommunismus hervorkramen und es aus dem ideologischen Geflecht, von dem es umgeben ist, lösen. Wir müssen weiters anerkennen, daß die unterentwickelte kommunistische Vergangenheit und die revolutionäre kommunistische Zukunft zwei unterschiedliche Gebilde sind und die Realität der Ersteren in keiner Weise von unserer Zuneigung oder Ablehnung der Letzteren abhängig gemacht werden darf.

Hat der Urkommunismus bestanden?

„*Urkommunismus*: Das ist das kollektive Recht auf die Benützung der grundlegenden Ressourcen, das Fehlen von angeborenem Status oder autoritärer Herrschaft und die egalitäre Beziehung, die Ausbeutung und ökonomischer Stratifikation in der Menschheitsgeschichte vorausgeht."[1] Doch bei derartigen Definitionen besteht ein großes Problem, und auch Leacock konnte es nicht vermeiden, denn sie sind alle eingebettet in negativer Wortwahl: das *Fehlen* von autoritärer Herrschaft, das *Fehlen* von Ausbeutung und so weiter. Solch eine Verwendung ist unvermeidbar, denn das zentrale Problem, das jeder besitzt, der über den Themenbereich des Urkommunismus schreibt, ist, das wir alle Mitglieder einer Staatsordnung sind. Wir sind alle in Staaten aufgewachsen und die staatliche Ideologie ist tief in uns verwurzelt. Unsere alleinige Vorstellung von der Primitivität ist dichotom: Wir und

1 E. Leacock, Primitive Communism; in: T. Bottomore et. al. (eds.), A Dictionary of Marxist Thought, Harvard University Press, Cambridge (MA), 1983, 394.

sie; Wir sind modern, sie sind traditionell, oder: Wir sind entwickelt und sie sind rückständig.

Es muß der Kulturanthropologie zugutegehalten werden, daß eine ihrer wichtigsten Errungenschaften das Aufbrechen dieser dichotomen Vorstellungen war und diese „Primitiven" schließlich mit ihren eigenen Rechten und Bezeichnungen behandelt wurden. In der Anthropologie ist der „Kulturrelativismus" ein wichtiges Versprechen. Aber der Kulturrelativismus hat auch seine Probleme, denn er ist zutiefst ahistorisch. Es reicht nicht aus, zu sagen, alle Kulturen seien von gleichem Wert, oder alle sind einzigartig, denn derartige Behauptungen ignorieren die Geschichte, sie ignorieren die soziale Evolution und vor allem ignorieren sie den Imperialismus.

Meiner Ansicht nach ist die zentrale Frage, wie wir die endgültige soziale Abfolge vom Einfachen zum Komplexen ohne pejorative Wertung vornehmen können. Zwischen der Art des Rassismus, der das Primitive als schlecht ansieht und dem Kulturrelativismus, der alle Kulturen als von gleichem Wert ansieht, muß es einen dritten Weg geben: Wir müssen die Primitivität als ein historisch gültiges und funktionierendes Gesellschaftssystem anerkennen. (...)

Vor-staatliche Gesellschaften hatten keine übergeordnete politische Herrschaft. Politische Macht jeder Form war schwach. Entscheidungen wurden teilweise auf diffusem Wege getroffen, für gewöhnlich demokratisch, durch Konsens, durch die Ältesten, durch Familiengruppen und durch eine Palette weiterer Möglichkeiten. Es gab kein Privateigentum an Grund und Boden; Land wurde gemeinsam besessen, oder zumindest kollektiv, etwa durch alle oder durch einen Stamm; kaum war es im Besitz eines Individuums. Produkte waren zum Gebrauch, nicht zum Tausch. Es gab keine Märkte und keine Währung. Wo es Tausch gab, basierte dieser auf Mitbenutzung und Wechselseitigkeit. Das Recht auf Gastfreundschaft war stark ausgeprägt; mehr als das, es war sogar unantastbar. Es gab hohe Strafen bei Anhäufung von Reichtum. Anführer bestanden zwar, doch deren Rolle war die eines Verteilers und nicht die von Bereicherern. Die hauptsächlichen Indikatoren für unterschiedlichen Status waren Alter, Geschlecht und Herkunft. Die gesamte Bevölkerung behielt Zugang zu den Produktions- und Reproduktionsmitteln. Marx beschrieb das als eine „Gesellschaft der Besitzer, die auch arbeiteten". Es gab keine Aufspaltung in unterschiedliche soziale Klassen.

Doch ich möchte nicht ein zu rosiges Bild malen und daher rasch hinzufügen, daß es auch vor-staatliche Gesellschaften gab, die die Bakterien der Ungleichheit in sich trugen und Oberhäupter hatten, Rangordnungen, Besitzunterschiede und Sklaverei. Die nordwestliche Küste Indiens war dafür ein Beispiel, genauso wie viele Gesellschaften in Nordamerika, Afrika und Polynesien diesem Muster folgten. Es gab allerdings auch hunderte andere Gesellschaften, wo diese Einrichtungen fehlten oder nur bis zu einem sehr kleinen Punkt ausgeprägt waren, darunter die Masse an nahrungssuchenden Gesellschaften. Damit mein Argument für den Urkommunismus Gültigkeit behält, muß ich nicht zeigen, daß alle vor-staatlichen Gesellschaften perfekt egalitär waren, sondern lediglich, daß ein sehr großer Teil dieser Gesellschaften mit den meisten Punkten dieser Definition übereinstimmen. Und sogar diese von Oberhäuptern beherrschten und nach Rangordnung gegliederten Gesellschaften haben nicht alle Errungenschaften des Kommunalismus aufgegeben. Viele Gesellschaften haben weiterhin das Land als Gemeinschaft besessen und wechselseitige Wirtschaftsbeziehungen gepflegt. Daher würde ich solche Gesellschaften als semi-kommunal bezeichnen.

Anstatt der Prämisse, diese erstaunliche Zusammenrottung von Charakteristika sei zufällig, zu folgen, argumentiert der Historische Materialismus, daß der Kern der Kultur in primitiven Gesellschaften exakt mit der Produktionsweise verbunden ist. Dieser Aspekt ist viel langlebiger und hat eine viel größere zeitliche Tiefe, als die westliche kapitalistische Kultur. Der Historische Marxismus argumentiert weiters, daß der Kern dieser Kultur kommunistisch ist: er umfaßt das kollektive Recht auf die grundlegenden Ressourcen und eine egalitäre politische Ordnung. Nach jeder Definition von Kommunismus waren unsere Vorfahren Kommunisten. (...)

Das Geheimnis des Urkommunismus

Ich habe nun einige Überlegungen zum Begriff des Urkommunismus dargelegt. Nun müssen wir aber eine weitere Frage stellen: Können wir den Urkommunismus nur als etwas vollkommen anderes definieren, in negativen Worten, in dem Fehlen von Führerschaft, dem Fehlen von Ungleichheit, dem Fehlen von Eigentum; oder gibt es auch etwas anderes? Eine ähnliche Frage ist folgende: Ist das Konzept des Urkommunismus etwas, das nur in utopischen Beschreibungen besteht, als Ausdruck der Sehnsucht des modernen Menschen nach der Eintracht einer sich imaginierten Vergangenheit? Ich argumentiere, daß es abseits der ideologischen Aufgeladenheit dieser Debatten eine sehr konkrete Substanz für diese Vision gibt. Als Beispiel möchte ich die !Kung erwähnen, die all diese Dinge nicht kannten, bis die Kolonialisten kamen und ihnen ihre Defizite vor Augen führten![2]

2 Die Erörterungen über die !Kung müssen aus Platzmangel weggelassen werden. Es sei aber auf folgende drei Arbeiten zu den !Kung hingewiesen: *!Kung Bushman Subsistence: An Input-Output Analysis; in: D. Damas (ed.), Contributions to Anthropology: band societes, Ottawa 1969*; *!Kung Spatial Organization: An Ecological and Historical Perspective; in: Human Ecology 1, 1972, 125-147*; sowie *The !Kung San: Men, Women and Work in a Foraging Society, Cambridge 1979*; weiters sei auf die Seiten 264-267 im englischen Original des hier zitierten Betrags hingewiesen, Anm. d. Hrsg.

Was also *ist* der besondere Charakter der Ideologie des Urkommunismus? Was bildet den Kern des Urkommunismus, was ist seine Rechtfertigung und wieso haben die Menschen dieser Welt sich an sein Bestehen derart heftig angeschmiegt und sich seinen Aufgaben derart widersetzt? (...)

Ein wertvoller Hinweis, den Urkommunismus zu betrachten, liegt darin, sich ihn als einen Raum vorzustellen, bis an die Decke angefüllt mit Gütern, die darüber niemals hinauswachsen können. Doch als logische Konsequenz kann auch niemand unter dessen Boden hinabsinken. Die Decke und der Boden sind dialektisch verbunden; das eine kann nicht ohne das andere bestehen. Sobald auch nur irgendein Stück Nahrung im Raum vorhanden ist, wird jeder davon bekommen. Es ist eine Pflicht, die Nahrung zu teilen und genauso ein Tabu, Güter zu horten, wie das viel bekanntere Tabu des Inzests. Doch anders als das Inzest-Tabu, das bis heute Bestand hat, fiel das Tabu, Güter zu horten, der sozialen Evolution zum Opfer.

Eine der zentralen Entwicklungen der sozialen Evolution war es, die Decke für mögliche Akkumulation zu öffnen. Die Domestizierung der Tiere war ein derartiger Schritt. Anstatt das Tier zu ermorden und sein Fleisch zu essen, wurde die Kuh in das Lager gebracht und dort als Eigentum gehalten.

Sobald die Decke gesprengt war, entstand die Möglichkeit von unterschiedlichem Reichtum. Es wurde möglich, daß einer keine Ziege hatte und ein anderer eine; und sobald ein solcher Fall eingetreten war, wurde es auch möglich, daß einer keine Ziege hatte und ein anderer zehn, oder einer keine und der andere hundert Ziegen.

An einem kritischen Punkt in der Entwicklung der Zivilisation wurde schließlich der Boden gesenkt. Ich weiß nicht genau, wie dies vonstattenging. Im Urkommunismus wurde es von allen wieder gerade gebügelt, falls einer etwas dreist wurde. Genauso war es auch, wenn zu erkennen war, daß jemand durch das Netz zu fallen drohte – die Gruppe sorgte dafür, daß dies nicht passieren konnte. Eine der interessantesten Fragen der sozialen Evolution ist, wie die Löcher im Boden größer werden konnten. Fielen Menschen in diese Löcher durch Vernachlässigung oder wurden sie hineingedrängt – hat sich die Gesellschaft selbst aufgefressen, da die Reichen die Armen begannen auszubeuten? Im antiken Griechenland nahmen die Menschen, die reicher wurden, als allerstes das Land von ihren Nachbarn, dann versklavten sie diese.[3] Wie gesagt, die Decke und der Boden sind dialektisch verbunden. (...)

Urkommunismus existierte in einem sehr engen Bereich am unteren Ende der Skala. Die zukünftige kommunistische Gesellschaft wird sich in einem ähnlich

3 Dieser Vorgang wird diskutiert in: Richard B. Lee, Greeks and Victorians: A Reexamination of Engel's Theory of the Athenian Polis; in: Culture 5, 1985, 63-74.

engen Bereich am oberen Ende der Skala bewegen. Was auch immer die Zukunft bringen wird, die Vergangenheit war geprägt von der langen Erfahrung der egalitären Verteilung. Obwohl wir heute eine hierarchische Ordnung übernommen haben und Menschenrechte in vielen Teilen der Welt nicht beachtet werden, gibt es Zeichen dafür, daß die Menschheit tief in sich verwurzelt einen Egalitarismus, ein tief verwurzeltes Verständnis von Gegenseitigkeit und ein tief verwurzeltes Verlangen nach etwas trägt, das Victor Turner *communitas* bezeichnete – das Verständnis von Gemeinschaft.[4] Alle Theorien der Gleichheit drehen sich um diese Prinzipien und unsere Ablehnung gegen die Verletzung dieser Werte zeigt, wie tief diese sitzen. Das ist meiner Meinung nach das Geheimnis des Urkommunismus.

4 Victor Turner, The Ritual Process: Structure and Anti-Structure, Chicago 1969.

Das Volk der !Kung

Die !Kung sind ein in der Kalahari-Wüste von Namibia, Botswana und Angola lebendes Volk von Jägern und Sammlern. Sie sprechen die sogenannten !Kung-Sprache, die für ihre Glucklaute bekannt ist und zur Khoisan-Sprachfamilie gehört.

Die !Kung leben in kleinen, nicht-dauerhaften Lagern, die sich zumeist um Wasservorkommen gruppieren, in Einheiten von ein bis drei Dutzend Personen. Sobald die Wasserressourcen aufgebraucht sind, zieht die Gruppe weiter. Die Männer sind für die Jagd und die Herstellung von Werkzeugen und Jagdwaffen zuständig, die Frauen kümmern sich um den Haushalt und organisieren die Nahrungsbeschaffung. Jede Frau muß mehrere Tage pro Woche eßbare Wurzeln, Nüsse und Beeren sammeln.

Kollektiver Wohlstand wird bei den !Kung über individuellen Reichtum gestellt. So besitzen sie für gewöhnlich auch kein Stammesoberhaupt. Zwar wird von Anthropologen berichtet, wonach einzelne Stämme im südlichen Bereich der Wüste in der Vergangenheit in einem komplizierten Prozeß Oberhäupter gewählt hatten. Doch war dies keine Position, die mehr Macht über die anderen Gesellschaftsmitglieder mit sich brachte. Der Häuptling hatte weiterhin denselben sozialen Status, zu seinen Aufgaben zählte etwa die Verteilung des Fleischs. Er selbst bekam aber kein größeres Stück, sondern mußte im Gegenteil beachten, daß jeder die gleiche Portion erhielt.

Richard B. Lee zählt die !Kung zu den „urkommunistischen Gesellschaften". Er berichtet: „Völker, wie die !Kung und andere Jäger und Sammler sind nicht willig, daß einer der ihren Vorsitzender oder Oberhaupt seines eigenen Volkes wird. (...) Mit dem Wachstum der Ungleichheit wird den Menschen langsam bewußt, dass es dadurch auch zu großen Unterschieden im Reichtum kommen wird; doch [bei den !Kung] gibt es sofort großen Widerstand gegen diese Vorstellung."

Weiterführende Literatur:

Richard B. Lee, The !Kung San. Men, Women and Work in a Foraging Society, Cambridge University Press, Cambridge/New York 1979.

Richard B. Lee, Politics, Sexual and Non-sexual, in an Egalitarian Society; in: Eleanor Leacock/Richard B. Lee, Politics and History in Band Societies, Cambridge University Press, Cambridge/New York 1982, 37-59.

Kapitel V:
Erkenntnisse aus dem 21. Jahrhundert

Chris Knight
Die Menschliche Revolution (2008)

(...) In gewisser Weise haben alle, die an die Menschliche Revolution glauben – und dazu gehören die meisten Archäologen – etwas falsch verstanden, mich eingeschloßen. Wir haben Zeit und Ort falsch bestimmt. Wir glaubten, die Menschliche Revolution hätte vor 40.000 Jahren in Europa stattgefunden.[1] Der Grund lag darin, dass die frühesten Beweise für Kunst und ähnlichem aus Europa stammten, in einer Zeit, die wir jungpaläolithische Revolution nannten und die vor etwa 30.000 Jahren ihren Höhepunkt erreichte. Diese genuin europäische Erscheinung wird als die Menschliche Revolution identifiziert.

Die erste Kunst

In meinem Buch *Blood Relations*[2] versuchte ich mich bereits zaghaft von dieser Vorstellung zu lösen und argumentierte, den Ereignissen in Europa müssen wichtige Veränderungen in Afrika vorausgegangen sein. Doch ich verband die Menschliche Revolution zu sehr mit diesen Ereignissen in Europa. Nun muß ich eingestehen, daß ich in diesem einem Punkt im Buch wohl falsch gelegen bin. Ich machte eine Vorhersage, wonach der Beweis für die Revolution, wo auch immer er gefunden werden würde, in der Form von Kosmetik, rotem Ocker, auftreten würde. Ich habe sehr viel darüber in *Blood Relations* geschrieben.

Dann begann mein früherer Student und heutiger Kollege Ian Watts den genannten Zeitpunkt zu hinterfragen. Er erklärte, ich würde völlig falsch liegen und alles hätte sich bereits viel früher in Afrika ereignet. Ich erinnere mich, dass ich zu Ian sagte: „In Ordnung, dann geh nach Afrika ausgraben und finde es heraus!" Aber ich vermutete, dort würde er ausreichend roten Ocker als Zeichen der Revolution finden. Ian ging in die Blombos-Höhle[3] nach Südafrika und entdeckte dort die ältesten Hinweise auf Kunst.

1 Es sei in diesem Zusammenhang auf folgende Artikel verwiesen: Simon Wells, The Origin of Uur Species, Radical Anthropology 5, Nov. 2011, 39-41; sowie Philip Guelpa, Did Neanderthals Create Cave Art?, World Socialist Web Site, www.wsws.org, July 10, 2012, Anm. d. Hrsg.

2 vgl. Chris Knight, Blood Relations: Menstruation and the Origins of Culture, London 1995.

3 Die Blombos-Höhle ist eine Fundstelle in Südafrika. Durch Funde von tausenden Ockerstücken und Steinwerkzeugen zählt sie seit Jahren zu den wichtigsten Orten der Erforschung des frühen *Homo sapiens*, des modernen Menschen. Die Höhle liegt nahe an der heutigen Küstenlinie, knapp 30 Meter über dem Meeresspiegel. Die knapp zwanzig Fundhorizonte verlaufen von 140.000 Jahren bis etwa 70.000 Jahren vor unserer Zeit. In der Höhle wurde etwa die älteste „Malwerkstatt" entdeckt (100.000), verzierte Ockerstücke und durchbohrte Schneckenhäuser (77.000-75.000), die als die ältesten Belege für Schmuck und Kunst dienen, Anm. d. Hrsg.

Viele Menschen glauben einfach, Kunst ist etwas, das an irgendeine Wand geworfen wird. Das ist ein bürgerliches Konzept. Wenn Jäger und Sammler versuchten, Tiere zu imitieren, tanzten sie verkleidet als diese Tiere, sie mußten daher zunächst ihre Körper bemalen. Die Kunst verkörpert sich im Singen, Tanzen, Bewegen und in der zweidimensionalen Variante. Farben werden am Körper angebracht und der Mensch *wird* die Giraffe, Antilope oder ähnliches. Die Kunst, die in der Blombos-Höhle von Ian und seinem Team entdeckt wurde, ist der älteste Hinweis, den wir heute haben. Sie datiert vor rund 70.000 bis 80.000 Jahren. Die Menschliche Revolution könnte also bereits viel früher ihren Ausgang genommen haben.

Roter Ocker

Warum aber die rote Ockerfarbe? Es ist die Solidarität. Im Gesellschaftssystem der Schimpansen gehen alle männlichen Wesen auf Raubzug, sobald eine weibliche Schimpansin fruchtbar ist. Sie kämpfen, um sie zu erhalten. Im Laufe der Menschlichen Revolution wurde der Eisprung verschwiegen. Warum das? Was war der Grund? Wenn du der Papst bist und glaubst, Geschlechtsverkehr diene rein der Reproduktion, macht es keinen Sinn, den korrekten Zeitpunkt für die Schwangerschaft zu verheimlichen. Doch das menschliche Weibchen verheimlicht diesen Moment. Warum?

Das Weibchen hat keinen Willen, beim Geschlechtsakt Zeit einzusparen und diesen nur rasch hinter sich zu bringen, einzig dem Zwecke der Schwangerschaft folgend. Stattdessen wollte sie Zeit dabei verbringen, denn wenn der männliche Teil ausreichend Zeit hier verwendet, dann macht er vielleicht auch andere sinnvolle Dinge. Je mehr Zeit beim Geschlechtsakt „verschwendet" werden kann, je mehr Energie kann bei anderen Dingen aus dem Mann gepreßt werden.

Das menschliche Weibchen begann, in immer größeren und sozial komplexeren Gruppen zu leben. Um ein Ressourcen verschlingendes Kind auf die Welt zu bringen, bedarf es zwei Dingen: zunächst mußte Hilfe in der Kinderbetreuung gewährleistet sein, aber ebenso mußten die Männchen den Unterhalt verdienen. Anstelle von Geschlechtsverkehr und anschließendem Auseinandergehen, versuchten die Weibchen nun etwas für sie lohnendes aus den Männchen herauszubekommen. Und je mehr die Weibchen ihren Eisprung verheimlichten, desto mehr mußten die Männchen anwesend sein und sich um sie kümmern, um sie schwängern zu können. Die Fruchtbarkeit zu verheimlichen, machte für sie also durchaus Sinn.

Aber es gab eine Sache, die das Spiel aufzufliegen lassen drohte und das war die Menstruation. Männchen suchen nach Weibchen aus der Gruppe, die potentiell schwanger werden konnten und zielten so auf alle ab, bei denen auch nur ansatzweise Zeichen des Menstruationszyklus erkannt wurden. Das passierte auf Kosten der anderen Weibchen und führte zu totalem Chaos. Irgendwann sehr spät im Laufe der Evolution mußte dieses Problem gelöst werden.

Und es wurde durch die Verwendung von Kosmetika gelöst. Jedes Mal, wenn Weibchen menstruierten, wurden diese von den anderen Frauen überwacht und unterstützt, alle bemalten sich dazu mit schillernder roter Farbe, damit der Eindruck erweckt werde, alle Frauen seien fruchtbar – wenn du eine von uns willst, dann mußt du alle nehmen – und so konnte der potentielle Drang der Männchen, den fruchtbaren Weibchen nachzustellen, verhindert werden.

Ians Entdeckungen des roten Ockers in Afrika waren eine Bestätigung meiner Vermutung. Mancher dieser roten Ocker war wie Lippenstift geformt und es war eindeutig erkennbar, daß dieser auf den Körper aufgetragen werden sollte.

Vom Urkommunismus zum Kommunismus

Das Buch *Rethinking the Human Revolution* von Paul Mellars, Chris Stringer und anderen handelt primär von der Tatsache, wonach die Menschliche Revolution nicht ein Ereignis war, das vor 40.000 Jahren in Europa begann, sondern ein wesentlich langsameres, aus Afrika kommendes Phänomen darstellt.[4] Das Buch war auch ein Produkt der Denkschulen, die gänzlich von der Vorstellung von Revolutionen wegzukommen versuchten. Im Kapitel mit dem Titel „Nieder mit der Revolution" wird behauptet, es hätte womöglich gar keine Revolution stattgefunden, da der Wandel langsam und früher vonstatten gegangen wäre.[5]

Im großen und ganzen argumentiert aber auch dieses Buch, dass es eine Revolution gab. Selbstverständlich geschah sie nicht plötzlich, über Nacht, sondern sie benötigte einen Aufbau und es bedurfte wohl einer langen Zeit, bis die neue, revolutionäre Sozialordnung, basierend auf matrilinealen Klans, Wurzeln schlagen konnte. Als sich die neue Ordnung schließlich stabilisierte, kam es ziemlich rasch zur Wanderschaft von Menschen aus Afrika über den gesamten Globus.

Ich gehe von der These aus, daß wir Wissenschaft an die oberste Stelle setzen müssen. Dies bedeutet, das große Bild zusammenzufügen. Die Bourgeoisie kann das nicht, denn sie ist Teil des Problems. Sobald jemand beginnt, Fragen zu stellen, wieso sie ihre Macht innehat, ob diese legitimiert ist und so weiter, wird sie beginnen, auf *diesen* Bereich der Wissenschaft einzuschlagen. Doch Marxisten können Wissenschaft an die oberste Stelle stellen, denn sie stehen außerhalb der Gesellschaft, wie sie heute organisiert ist.

---

4 vgl. Paul Mellars et. al eds., Rethinking the Human Revolution, Cambridge 2007.
5 vgl. Sally McBrearty, Down with the Revolution; in: Mellars 2007, 133-151.

Die Dialektik ist die Methode, um den Bauplan verwenden zu können und die verschiedenen Widersprüche zu lösen. Dialektik ist wenig mehr als das Verständnis, wonach Wandel durch Erkenntnis und Lösung von Widersprüchen entsteht. Doch Dialektik bedeutet auch zu verstehen, da der Wandel auf diesem Wege passiert, dass es eine Logik gibt, wonach das generelle Muster des evolutionären Wandels nicht ein geradliniger Ablauf ist, sondern eine Spirale. Immer und immer wieder sind wir an unserem Ausgangspunkt angelangt, jedoch auf einer höheren Stufe als zuvor.

Manche Menschen stellen sich das als Analogie vor. Vielleicht ist ja der zukünftige Kommunismus ein bisschen so, wie es der Urkommunismus war. Vielleicht können wir auch von den Jägern und Sammlern etwas für unseren Kommunismus der Zukunft lernen. Aber ich sehe es nicht auf diese Weise. Die Dialektik ist für mich etwas Tiefes. Es ist die unterschwellige Logik des evolutionären Wandels, die Trotzki beschrieb. Falls wir also irgendwann den Kommunismus errichten werden, wird dies eine Wiederholung auf einem höheren Niveau der Revolution, die uns zu Menschen machte, sein. Wir können also betrachten, wie Jäger und Sammler für ihre Kinder sorgten, wie sie miteinander kommunizierten und ihre Umgebung verwalteten. Wir können von ihnen über den zukünftigen Kommunismus lernen.

In anderen Worten, obwohl die Technologie eine andere sein wird, so wird die soziale Logik des kommenden Kommunismus egalitär sein. Genauso wie auch die Jäger und Sammler in Gleichheit lebten, die durch umgekehrte Dominanz gesichert wurde. Um zum Kommunismus zu gelangen, müssen wir eine Revolution gewinnen, die wir eigentlich schon siegreich vollendet haben. Dieser Gedanke findet sich bereits bei Engels, doch er hat ihn nicht mehr vollständig zu Ende gedacht.

Ich bin fest davon überzeugt: Um zu verstehen, wie die Revolution im Detail verlaufen wird, müssen wir das gesamte Bild erkennen können. Das haben Marx und Engels versucht. Dafür müssen wir aber im besonderen verstehen, daß wir genau diese Revolution bereits gewonnen haben. Ihr Ergebnis, daß wir Sprache haben, Kultur haben, uns selbst so sehen können, wie uns andere sehen und selbstbewußt sind, all das zeigt uns: die Revolution funktioniert.

Es mögen manche behaupten, die Englische oder die Französische Revolution hätten nicht zu dem Ergebnis geführt, das den Idealen der Revolutionäre entsprochen habe. Dasselbe kann auch von der Russischen Revolution gesagt werden. Doch die Revolution, die uneingeschränkt funktionierte, war die allergrößte Revolution der Menschheit. Es war die Menschliche Revolution. Beim Vergleich der Lebensweise der Jäger und Sammler zu jener vor der Revolution ist ein massiver und qualitativer Unterschied zu erkennen.

Nach derselben Logik werden wir nach der kommunistischen Revolution genauso anders zu der Lebensweise unter den heutigen kapitalistischen Bedingungen stehen, wie die ersten menschlichen Kreaturen sich von den Tieren vor ihnen unterschieden, bevor sie auszogen, die Menschliche Revolution zu gewinnen.

Chris Knight
Die weltgeschichtliche Niederlage der Frauen (2012)

Wir können so ziemlich jede Jäger-und-Sammler-Gesellschaft, in der Männer das rituelle Leben kontrollieren, hernehmen und werden dort irgendeinen Mythos finden, wie die Männer einstmals gewalttätig die Macht von den damaligen Herrscherinnen, den Frauen, an sich rissen. Sehr oft sind diese Mythen sehr explizit und bedürfen keiner Entschlüsselung. Doch es gibt auch kryptischere Erzählungen, wie „Hans und die Bohnenranke“, „Dornröschen“ oder „Rotkäppchen“.[1] Der große französische Sozialanthropologe Claude Lévi-Strauss untersuchte über 1.000 ähnliche Sagen aus Nord- und Südamerika. Im letzten Kapitel seines monumentalen Werks „Der nackte Mensch“[2] – mit dem Titel „Nur ein Mythos“ – kommt er zu dem Schluß, die menschlichen Mythen stehen in Verbindung zueinander und können schlußendlich auf einen [Mythos] zurückgeführt werden. Wie die wechselnden Muster eines Kaleidoskops sind sie nur Variationen ein und desselben Themas.

Nehmen wir zum Beispiel den Heiligen Georg und den Drachen. Unserem Helden wird die Einführung der sozialen Ordnung, wie wir sie heute kennen, zugeschrieben: Durch die Unterwerfung des Drachen wird die Welt sicher für Heirat und Familie. In meinem Werk *Blood Relations* zeigte ich, daß dieses beeindruckende Motiv des Drachen, welches bei den Aborigines in Australien als die Regenbogenschlange bekannt ist, ein verschlüsselter Hinweis auf die Vernunft der Klan-Solidarität sei. Da es sich hierbei um kompromisslosen Kollektivismus handelt, ist es nur folgerichtig, diesen mit mehreren Köpfen darzustellen. Jeder ambitionierte junge Mann, der in ein königliches Haus einheiraten will, solle sich aufs Pferd schwingen, sein Schwert zücken, die Brüder und Schwestern seiner Auserwählten – ihre Blutsverwandtschaft, die sie bisher geschützt hatte – jagen und ihnen ihre Köpfe abschlagen. Drei, sieben, einhundert – alle müssen ab.

Das Ziel all dessen war die ursprüngliche Freiheit und Unabhängigkeit der Frauenwelt, logischerweise wurde diese ausreichend dämonisiert, als ihr Entführer und Verletzer dargestellt. Besonders aggressiv sind diese Mythen gegen matrilineare Verwandtschaftsbeziehungen, bei denen die Rechte über Kinder und Eigentum auf der weiblichen Erbschaftslinie beruhen. Die heilige Mission des Helden ist es, seine Braut in sein alleiniges Eigentum zu verwandeln. Das „vielköpfige Ungeheuer“, das die Basis vor Marx' und Engels' Theorie des „Urkommunismus“ bildete, muß erschlagen werden. (...)

---

1 vgl. Chris Knight, Decoding Fairy Tales, London 2011.

2 vgl. Claude Lévi-Strauss, Mythologica IV. Der nackte Mensch, 2 Bde., Frankfurt am Main 1975.

Nach Lévi-Strauss ist die Mythologie jener privilegierte Bereich, in dem der Geist „mit sich selbst Zwiesprache hält".[3] Die Erschaffer derartiger Mythen philosophieren nicht nur untätig über eine weit entfernte Vergangenheit. Es gibt einen Konflikt. Während Frauen gemeinsam versuchen, diese männliche Behauptung aufzubrechen, verklingen ihre Stimmen ungehört. Die viel lauteren Stimmen aus Teilen der Männerschaft versuchen, das weibliche Geschlecht unterzuordnen, ja, zu terrorisieren. Unabhängig von der Vergangenheit wird in der derzeitigen Situation den Frauen jegliche Ableitung von Solidarität oder Macht durch ihren Menstruationszyklus oder durch Geburt verunmöglicht.

Die patriarchalen Religionen dieser Welt wiederholen bis heute die Vorstellung, Frauen würden nicht mehr als ein Stück Fleisch gebären – es liege am Manne, diesem Stück Seele einzuimpfen und so die Geburt zu vollenden. Erst mit der Wiedergeburt bekommt der männliche Sprößling eine Seele. Die Aborigines glauben daran, die Männer würden ihre Art reproduzieren, indem sie den ursprünglichen Leib von der Frau trennen. Zu einem bestimmten Zeitpunkt im Jahr nehmen berufene Männer eine Gruppe von Jugendlichen aus der Obhut ihrer Mütter. Die verängstigten Opfer werden für mehrere Nächte in einen symbolischen Mutterleib gelegt und ihr Körper zuvor aufgeschnitten, damit sie ordentlich bluten. Schließlich werden aus diesen rot bemalten und mit Blut überzogenen Gestalten endlich berufene Männer – sie wurden erfolgreich „wiedergeboren".[4]

Auf der ganzen Welt besteht der Kern der Mythen aus dem Vorwurf, die Frauen hätten ihre Macht an einem bestimmten Ort, den wir uns wohl wie einen Tempel vorstellen müssen, monopolisiert. Heutzutage hat das Patriarchat nahezu gänzlich die Spuren dieser Tradition ausgelöscht. Wo die „Frauenhäuser" in alten Erzählungen noch vorkommen, werden sie als nichts anderes als Bordelle dargestellt. Ich komme hier in die Versuchung an Friedrich Engels zu erinnern, der in der Befassung mit Eduard Westmark, dem moralistischen Geschichtsschreiber der Ehe, anmerkt:

„Westermarck geht freilich von der Ansicht aus, daß ‚Regellosigkeit die Unterdrückung der individuellen Neigungen einschließt', sodaß ‚die Prostitution ihre echteste Form ist'. Mir scheint vielmehr, daß alles Verständnis der Urzustände unmöglich bleibt, solange man sie durch die Bordellbrille anschaut."[5]

Im Geiste Engels wenden wir uns nun den Fakten zu.

---

3 vgl. Claude Lévi-Strauss, The Raw and the Cooked, London 1970, 10.

4 vgl. M.F.A. Montague, Coming Into Being Among the Australian Aborigines: The Procreative Beliefs of the Australian Aborigines, London 1974.

5 siehe Friedrich Engels, Der Ursprung der Familie, des Privateigentums und des Staats, Frankfurt am Main 1978, 45.

Der Ort der Frauen

Meine Quelle ist ein Buch von Wynne Maggi aus dem Jahr 2001: *Our Women Are Free: Gender and Ethnicity in the Hindukush*. Die Autorin erklärt, wie es bis heute für Frauen im Kalasha Valley im Nordwesten Pakistans möglich ist, „frei zu heiraten oder nicht, frei in das mütterliche Haus zurückzukehren und sich den Forderungen der Männer zu widersetzen". Die Bastion dieser Freiheiten ist das gemeinsame Frauenhaus. Hier können Frauen plaudern, lachen und zusammen singen. Zentral gelegen, ist dieser Ort der Frauen, *bashali* genannt, außerhalb des Zugriffs der Männer und kann für mehrere Tage zum Zwecke der Erholung oder der Bedenkzeit aufgesucht werden. Theoretisch sollten sich Frauen an diesem Ort nur während ihrer Menstruationsperiode oder der Schwangerschaft aufhalten. Aber wenn sie einfach ihrem Mann entkommen möchten, etwa um eine Flucht zu planen, kann die Menstruation als Vorwand dienen – und die Frauen wird Solidarität und Unterstützung erwarten.

Bis zu zwanzig Frauen sind teilweise vor Ort. Es ist aber üblich, daß nie mehr als die Hälfte von ihnen auch über Nacht bleibt. Untereinander hilft man sich bei der Obhut der Kinder. Innerhalb dieses „allerheiligsten Orts" können die Frauen über ihre Menstruation sprechen und schlafen in ihre Gliedmaßen gewickelt dicht aneinander. Männer haben gar nicht die Worte, um nachzufragen, was in diesen Häusern vor sich geht: die Bezeichnungen für die weiblichen Geschlechtsorgane sind den Männern verboten. Das *bashili* stellt für Frauen etwa jenen Ort dar, der in anderen Kulturen dem Männerhaus für Männer gleichkommt. Doch die Autorin warnt:

„Ich möchte nicht den Fehler begehen und glauben lassen, Frauen würden ihre mystische Solidarität allein durch das Miteinander in den Frauenhäusern erlangen ... Doch eines der schönsten Dinge ist, zumindest für mich, die Tatsache, daß Frauen, deren Wege sich sonst kaum kreuzen, für einige Tage etwas Gemeinsames finden ... Das *bashali* ist ein Ort enorm intensiver körperlicher Intimität, in dem Frauen ihr Wissen über ihre Körper teilen können, wie es sonst im täglichen Leben unmöglich ist."[6]

Die „wahre Menschliche Revolution"

Ich möchte, daß Sie dieses Beispiel im Auge behalten, wenn wir über frühere Religionen sprechen. Bevor Tempel entstanden, gab es Männerhäuser. Diese folgten dem Vorbild kommunaler Frauenhäuser. Das ist nicht nur manchmal wahr, sondern *immer*. Nein, das wird nicht in der Schule gelehrt. Noch fühlen sich Akade-

6 siehe Wynne Maggi, Our Women Are Free: Gender and Ethnicity in the Hindukush, Michigan 2001, 155, 157.

miker wohl, wenn sie diesen Aspekt erwähnen. Vor nicht allzu langer Zeit waren unsere größten Universitäten nichts weiter als religiöse Hochschulen. Wir sprechen von Kirchen, Synagogen, Moscheen, Tempeln. Das Weltbild der Menschen wird erschüttert durch diese neuen Informationen.

Es gibt zwei Theorien über Tempel. Eine lautet, daß Jäger und Sammler keine besaßen. Vorgeschichtliche Menschen hätten keine heiligen Orte gehabt, an denen sie sich versammeln konnten. Die Erklärung ist, daß sie noch keine „vollständig entwickelten geistigen Fähigkeiten" besaßen und somit auch Dingen und Erscheinungen noch keine „symbolische Bedeutung" zuschreiben konnten. Weil sie nicht schreiben konnten – unseres Wissens nach scheinen sie völlig analphabetisch –, waren sich auch nicht in der Lage, Religion oder irgendeine andere soziale Institution zu erschaffen.

Das ist eine weitverbreitete Ansicht. Der führende Archäologe in unserem Land, Lord Renfrew[7], interpretiert die Dinge genau in diese Richtung. Er ist der Meinung, die Menschheit hätte bis zum Neolithikum keine wirklich qualitative Entwicklung genommen. Davor hätten die Menschen als einfache Jäger und Sammler ihre soziale Kontinuität mit nicht-menschlichen Primaten beibehalten. Zwar war der *Homo sapiens* rein *biologisch* eine neue Spezies. Doch sozial und kognitiv passierte recht wenig vor der Entwicklung der Landwirtschaft in Verbindung mit der Herausbildung von Priesterschaften, Sklaverei, Armeen, Hierarchie, Privateigentum, Schrift und Bürokratie. Renfrew drückt es folgendermaßen aus: „Es scheint, als hätte die Verbreitung unserer Spezies über den gesamten Erdboden über zehntausende Jahre keine bedeutenden Konsequenzen mit sich gebracht."[8]

Bezugnehmend auf die Herausbildung eines spezifischen menschlichen „Geistes" – was von den meisten Archäologen als ein revolutionärer Wandel gesehen wird – schlägt Renfrew vor, „wir sollten diese vermutete Menschliche Revolution und womöglich die Entwicklung des ‚Geistes' selbst als einen Prozeß sehen, der (in mancher Hinsicht) vermutlich mit dem Auftreten unserer Spezies begann und eher graduell an unterschiedlichen Orten und mit unterschiedlichen Abläufen vonstattenging, womöglich sogar unabhängig voneinander in verschiedenen Erdteilen".[9] Jäger und Sammler sind *genetisch* wie wir, mit modernen Gehirnen. Sie hätten, laut Renfrew, die richtige „Hardware". Wenn sie aber die notwendige „Software" vermissen lassen, auf welche Art besitzen sie dann aber einen „Geist"? „Macht es dann Sinn, von der vollen Entwicklung des ‚Geistes' zu sprechen", fragt Renfrew, „wenn wir noch nicht im Besitz komplexer Notation sind, denn Argu-

7 Andrew Colin Renfrew, geboren am 25. Juli 1937, englischer Archäologe, Anm. d. Hrsg.

8 siehe Colin Renfrew, Commodification and Institution in Group-Oriented and Individualizing Societies; in: W.G. Runciman (ed.), The Origin of Human Social Institution, Oxford 2001, 93-117, 94.

9 vgl. ebd., 95.

mentation, etwa auf dem Feld der Mathematik oder Astronomie, wird nur durch die Schrift ermöglicht?"[10]

Während er also annimmt, Jäger und Sammler hätten „Kultur" besessen, erschafft Renfrew ein Konzept, wonach diese Analphabeten ihre Nahrung wie Tiere zu „suchen" hatten:

„Viele Tierarten sind Sucher und Sammler, abhängig hauptsächlich von pflanzlicher Nahrung, oder sie sind Jäger und müssen ihre sehr mobilen Opfer zunächst fangen. Dasselbe gilt für die meisten Jäger-und-Sammler-Gemeinschaften, auch wenn sie ihre eigenen kulturellen Formen des Handelns besitzen."[11]

„Erst mit dem Auftreten seßhafter Gemeinschaften (für gewöhnlich im Zusammenhang mit Nahrungsproduktion)", so Renfrew, „entwickelt sich ein neuer Prozeß, der ein neues Zusammenleben mit der materiellen Welt schafft und es erlaubt, (symbolische) Beschreibungen auf materielle Dinge anzuwenden."[12] Mit anderen Worten, da Jäger und Sammler keine Nahrung produzieren, sondern diese lediglich sammeln und konsumieren, kennen sie auch keine Arbeit. Das soll heißen, sie greifen nicht auf eine Art in die Natur ein, mit der sich ein wahres „symbolisches" Denken entwickeln könnte.

Renfrew bemerkt jedoch zu diesem Zeitpunkt, daß sein Geschwafel mit ethnozentrischen Vorurteilen reaktionärer Art verwechselt werden kann. Er gibt zu, „daß die Behauptung, der ‚Geist' sei unter den Analphabeten und Rechenschwachen in gewissem Maße noch nicht vollständig entwickelt, in unserer Zeit möglicherweise kontroversiell und offen für Fehlinterpretationen ist".[13] Dennoch geht Renfrew weiter: Zur „wahren menschlichen Revolution" – die Entwicklung des „vollständig ausgebildeten ‚Geistes'" – kam es erst im Neolithikum. Engels hatte geschrieben, daß der Ursprung der Familie, des Privateigentums und des Staats untrennbar mit der Landwirtschaft verbunden, im Zusammenhang mit der „weltgeschichtlichen Niederlage des weiblichen Geschlechts" steht – dies war der Zeitpunkt, als Klassenkonflikte und Ausbeutung einsetzten. Für Renfrew war jedoch die Etablierung des Eigentums keine Niederlage. Es war ein uneingeschränkter Sieg, die wahre Menschliche Revolution, und mit ihr das Auftreten von symbolischer Kultur und von Verstand.

Frauen, die Männer jagen

Gut, das ist also die eine Ansicht. Die ursprüngliche Theorie der „Menschlichen

10 vgl. ebd.
11 vgl. ebd., 96.
12 vgl. ebd., 100f.
13 vgl. ebd., 96.

Revolution" besagt nämlich etwas anderes.[14] Die Durchsetzung des Jäger-und-Sammler-Egalitarismus war ein qualitativer Übergang. Jäger und Sammler hatten vollständig entwickelten Verstand, sie gaben Dingen symbolische Bedeutung – und sie hatten symbolische Räume für religiöse Zeremonien. Der Übergang zu vollständig entwickeltem symbolischen Denken, Sprache und Kultur wartete nicht auf Bauern, Priester oder Bürokraten, um diese Dinge zu organisieren.

Ich möchte ein Beispiel geben, wie afrikanische Jäger und Sammler dem Handeln und Dingen in religiösen Zeremonien symbolische Bedeutung beimessen können – etwas, das laut Renfrew gar nicht passieren dürfte. Erwartet keinen Tempel: Diese Menschen bauen keine permanenten Unterkünfte. Im folgenden Abschnitt beschreibt Colin Turnball die wichtigste soziale Zeremonie der Mbuti-Pygmäen des zentralafrikanischen Ituri-Regenwalds. Um eine eigens errichtete Hütte namens *elima* wird die erste Menstruation einer jungen Frau gefeiert, denn dies wird positiv als ein Zeichen ihrer Fruchtbarkeit aufgenommen:

„Wenn ein junges Mädchen der Pygmäen beginnt, in ihrer Reife zu erblühen und aus ihr das erste Mal Blut fließt, so ist das ein Geschenk, das mit Dankbarkeit und Freude aufgenommen wird ... Es gibt kein Wort der Furcht oder des Aberglaubens und jeder erfährt gute Nachrichten.

Das Mädchen betritt die Abgeschiedenheit. Doch nicht jene des Dorf-Mädchens. Sie nimmt all ihre jungen Freundinnen mit sich, die ihre Fruchtbarkeit noch nicht erreicht haben, aber auch einige wenige ältere.

Im Haus *elima* feiern alle Mädchen zusammen dieses wunderbare Ereignis. Ihnen werden die Künste und das Handwerk der Mutterschaft durch eine ältere und angesehene Verwandte vermittelt. Sie lernen nicht nur, wie Erwachsene zu leben, sondern sie lernen auch, die Lieder der erwachsenen Frauen zu singen. Tag für Tag und Nacht für Nacht erklingen aus dem *elima*-Haus die gealterten Stimmen der erwachsenen Frauen und die hohen piepsenden Gesänge der Jüngsten. Es ist eine Zeit voller Glück und Zufriedenheit für alle Einwohner, gleich ob Frauen oder Männer. Pygmäen kommen von überall her, um ihren Respekt zu zollen. Die jungen Männer stehen um das *elima* und hoffen so, einen Blick auf die jungen Schönheiten im Inneren zu erhaschen. Und es gibt auch eigene *elima*-Gesänge, die miteinander gesungen werden. Die Frauen stimmen helle Kanons mit komplizierten Melodien an und die Männer antworten in reichhaltigen, vitalen Chorälen. Für die Pygmäen ist die *elima* eines der freudigsten Ereignisse im Leben.

Und so war es umso erfreulicher zu erfahren, daß nicht nur ein, sondern gar zwei Mädchen vom Mond gesegnet wurden."[15]

---

14 vgl. Chris Knight, Blood Relations: Menstruation and the Origins of Culture, London 1995.

15 siehe Colin Turnbull, The Forest People, London 1961 (1993), 169.

Einige Tage nach Beginn dieser Feierlichkeiten entschließen sich die Mädchen, auf Kriegspfad zu gehen. Plötzlich stürmen sie alle aus der *elima*. Wie wild geworden stellen sie jedem jungen Mann nach, der ihnen gerade über den Weg läuft. Sobald sie einen ergreifen, wird er ehrenvoll gefesselt und in das *elima* gebracht. Turnbull schreibt: „Einmal im Inneren bedarf es keiner weiteren Taten. Doch wer sich weigert, wird mit besonderer Aufmerksamkeit bedacht."[16] Turnbull wird hier sehr zurückhaltend: Ein Junge, vermutlich sehr jung, erfährt seine erste sexuelle Begegnung, die gleichzeitig von einer großen Gruppe von Frauen gesehen wird. Über die nächsten Tage finden weitere Jugendliche so ihren ersten Zugang zu Geschlechtsverkehr und Erwachsenenleben. Sobald die jungen Männer motiviert wurden, wird ihnen von den Frauen erklärt, daß ihr künftiger ehelicher Erfolg vom Ausgang der Jagd abhängen würde. Das ist dann der finale Test, den die Jugendlichen über sich ergehen lassen müssen: jeder muß in den Wald gehen, ein Wild fangen und das Fleisch zurückbringen, erst dann wird er als fähig angesehen.

Bedingte Dominanz

Die genauen Details mögen variieren, doch im großen und ganzen vollzieht sich der Initiationsritus bei den afrikanischen Jägern und Sammlern auf diese Weise. Er beginnt mit dem Einsetzen der Menstruation, die zumeist als Segen des Mondes angesehen wird. Jäger und Sammler sehen diese Periode als die fruchtbarste, um Kinder zu zeugen. Turnbull erklärt, „sie sind der Meinung, daß jedes Paar, das tatsächlich Nachwuchs haben möchte ‚mit dem Mond schlafen' sollte".[17] Die westliche Wissenschaft sieht die Dinge anders, doch das macht das Handeln der Jäger und Sammler nicht gleich falsch: wenn jemand mit einer fruchtbaren Frau liiert ist und er regelmäßig Geschlechtsverkehr mit ihr hat, wird sie früher oder später schwanger werden.

Betrachten wir nun die theoretischen Folgen. Nach Renfrew haben Jäger und Sammler noch nicht einen qualitativen Bruch mit dem sozialen Handeln der Affen vollzogen. Die Gesellschaft werde noch nicht moralisch geregelt. Nichts ist heilig. Religiöse Einrichtungen bestehen noch nicht. Doch würde das dann nicht auch einschließen, daß der Beginn der Menstruation einen Kampf der Männer um den Besitz der betroffenen Frau auslösen würde, genauso wie wir es von anderen Primaten kennen? Doch wie wir gesehen haben, ist das nicht der Fall. Im wahren Leben setzen die Frauen alles daran, einen schadhaften Ausgang zu vermeiden.

16 vgl. ebd., 171.
17 vgl. ebd., 169

Die erwachsenen Frauen kommen zuerst zu den Mädchen, noch bevor irgendein Mann Zutritt erhält. Sie und ihr Blut sind heilig. Bis die Gefahr nach einigen Tagen vorüber ist, etablieren die Frauen etwas, das der Evolutionsanthropologe Christopher Boehm als „bedingte Dominanz" (*reserve dominance*) bezeichnet – die Welt wird auf den Kopf gestellt.[18]

Die *elima* ist nichts Ungewöhnliches, lediglich ausgewählt zur Untermauerung einer konkreten Theorie. Der *Eland-Rinder-Tanz* der Kalahari-Ureinwohner ist ein weiteres berühmtes Beispiel.[19] Vielmehr kennen alle tatsächlich egalitären Jäger-und-Sammler-Gesellschaften, also so gut wie alle afrikanischen Jäger und Sammler, die *reserve dominance* auf ähnliche Weise. Ich selbst konnte sie bei den Pfeil-und-Bogen-Jägern der Hadza in Tansania beobachten. Während Ritualen dieser Art erlernen junge Männer anschaulich, daß physische Stärke zwar bewundernswert ist, die Waffen aber niemals nach innen gerichtet werden. Sie lernen kooperative und großzügige Jäger zu sein. Wenn sie Geschlechtsverkehr wollen, geht daran kein Weg vorbei. Die geschlechtliche Arbeitsteilung, ja, die gemeinschaftliche Arbeit als ganzes, wird so vom kollektiven Handeln der Frauen geleitet.

Initiation, wie im Fall der afrikanischen Jäger und Sammler, betrifft so grundlegend die Mädchen, obwohl natürlich auch die Jungen daran interessiert und involviert sind, wie wir gesehen haben. Durch die Sozialisierung des Geschlechts ist es zugleich befreit und nicht in den Wettbewerb nach Primaten-Stil mit seiner Dominanz von Gewinnern über Verlierern, der Eifersüchtelei und damit einhergehender Angst gedrängt. Engels erkannte die evolutionäre Bedeutung derartiger sexueller Befreiung. Er beschrieb, wie Rivalität unter Männern soziale Gruppen auseinanderbrechen konnte: „Gegenseitige Duldung der erwachsenen Männchen, Freiheit von Eifersucht, war aber die erste Bedingung für die Bildung solcher größeren und dauernden Gruppen, in deren Mitte die Menschwerdung des Tiers allein sich vollziehen konnte."[20]

Jeder der Gemeinschaft profitiert von der sexuellen Erziehung, einschließlich der Männer. Frauen dominieren derartige Zusammenkünfte, jedoch immer in humorvoller und spielerischer Art und Weise. Auf bösartige Weise wird diese Tatsache aber vom Patriarchat verdreht und werden derartige Verspieltheiten mit irreführenden Begriffen, wonach eine tyrannische Herrschaft der Frauen existiert hätte, verzerrt. Das heilige Haus der Frauen wird als Bordell dargestellt, ihre Bewohnerinnen werden dadurch notwendigerweise zu Prostituierten. Und dasselbe Pa-

---

18 vgl. Christopher Boehm, Hierarchy in the Forest: The Evolution of Egalitarian Behavior, Cambridge 2001

19 vgl. J.D. Lewis-Williams, Believing and Seeing: Symbolic Meanings in Southern San Rock Paintings, London 1981

20 siehe Engels, 42.

triarchat sieht das Blut der Frauenwelt nicht länger als Segen des Monds, sondern verkehrt es zu ihrer Strafe – zu ihrem monatlichen „Fluch".

Es gab niemals eine Zeit, in der Frauen herrschten. Zugegeben, wenn Frauen sich autonom als Frauen organisierten, drehten sie den Spieß um. In diesem Sinne war das Matriarchat immer mehr als nur ein Mythos. Aber die „Herrschaft" der Frauen war nicht mehr als ein periodisches Zusammenkommen. Zu einer Gruppe vereinigt, errangen sie spielerisch die Macht. Diese verloren sie aber wieder mit Absicht, in einem Ausbruch an Gelächter und in Freude der heterosexuellen Vorlieben. Doch dann rotteten sie sich wieder zusammen und drehten den Spieß neuerlich um. Auf diese Weise ging die Revolution weiter ...

Und gibt es darin nicht irgendwo eine Lehre zu erkennen? Es könnte etwa argumentiert werden, den Revolutionen würden notwendigerweise – sogar logischerweise – Konterrevolutionen folgen. Die beste Möglichkeit, damit klarzukommen, ist, die Konterrevolution selbst zu kontrollieren und so die Bewegungen beider Pendel in der Hand zu haben. So könnte dann auch sichergestellt werden, daß die Konterrevolution deine Gastfreundschaft nicht überstrapaziert.

Dies ist die Art und Weise, wie unter den heutigen afrikanischen Jägern und Sammlern Kommunismus funktioniert.[21] Aufgrund der Mondphasen springt die Macht von einem zum anderen Geschlecht und wieder zurück. Niemals monopolisiert eins das andere für einen längeren Zeitraum. Morna Finnegan bezeichnet dies als „Kommunismus in Bewegung".[22] Er existierte für weit über 100.000 Jahre. Doch als diese Regelungen aufbrachen, konnte das heute dominierende Geschlecht seine Macht konsolidieren – darüber gibt es keine Zweifel.[23] Die männlichen Eliten rechtfertigten ihre Macht damit, in den Fußstapfen der Frauen zu wandeln. Das war immer die ideologische Funktion dieser matriarchalen Mythen. Der patriarchale Ältere sagt: „Ja, wir verüben alle diese schrecklichen Dinge an Frauen: Wir drohen ihnen mit Mißhandlung, wir verschwören uns gegen sie. Aber, vergiß niemals, die Frauen taten einst dergleichen mit uns."

Es ist wohl nicht notwendig darauf hinzuweisen, daß diese Behauptung ein kompletter Mythos ist.

---

21 vgl. J. Lewis, Forest Hunter-Gatherers and Their World: A Study of the Mbendjele Yaka Pygmies of Congo-Brazzaville and Their Secular and Religious Activities and Representations, London 2002, unpubl. PhD-Thesis, verfügbar unter: http://www.radicalanthropologygroup.org/old/pub_lewisthsisfull.pdf.

22 vgl. Morna Finnegan, The Personal is Political: Eros, Ritual Dialogue and the Speaking Body in Central African Hunter-Gatherer Society, Edingburg 2008, 218, verfügbar unter: http://www.radicalanthropologygroup.org/old/pub_mornaphd_small.pdf.

23 vgl. Lionel Sims, The „Solarization" of the Moon: Manipulated Knowledge at Stonehenge, Cambridge Archaeological Journal 16/2, 2006, 191-207; Jack Conrad, When All the Crap Began, Weekly Worker supplement, February 24 2011.

Lionel Sims
Stonehenge und die neolithische Konterrevolution (2008)

Auf Wunsch von Karl Marx stellte Friedrich Engels 1884 sein Buch *Der Ursprung der Familie, des Privateigentums und des Staats* fertig. Darin stellte er weitreichende Behauptungen auf. So argumentierte er, die Menschheit sei eine revolutionäre Spezies. Auch seien wir unter der Führung matrilinearer Klans völliger Gleichheit entsprungen. Es gab keine Unterdrückung, keine Misogynie, Klassen oder Staat. Wir sind eine erstaunlich revolutionäre Art – das war es, was er im Anschluß an die Entdeckungen Lewis Henry Morgans betonte.

Wenn wir Engels Behauptungen bestätigen *können*, sind wir als Sozialisten stärker. Wenn wir es nicht können, sind wir schwächer. Doch Engels war an die Ergebnisse der anthropologischen und archäologischen Forschungen seiner Zeit gebunden.

Vom Tier zum Mensch

Das von ihm angeführte Hauptargument war die *„Two Mode"*-Theorie, wodurch die frühesten menschlichen Kulturen und Gesellschaften Inzest vermieden. Dies wurde garantiert, indem Mütter es untersagten, daß ihre Kinder Geschlechtsverkehr mit nahen Verwandten hatten. Da Frauen mehrere Partner besaßen, lag es alleine in der Hand der Mutter, derartige Kontakte zu kontrollieren. Während der Entwicklung von Familienformen gab es einen langsamen Anstieg an progressiven Strategien, um Inzucht zu vermeiden und daraus ein Tabu zu machen.

Wir begannen auf dem Niveau von Tieren. Durch die Vermeidung von Inzest und unserer stetigen Weiterbildung auf diesem Gebiet wurden wir schließlich Menschen. Wir machten technische Entdeckungen und graduell entwickelten sich die Produktivkräfte vom Jagen über die Landwirtschaft zur Technologie der Eisenzeit. Dies war eine Produktion weit über einer Subsistenzwirtschaft und so können wir sagen, daß sich zu diesem Zeitpunkt erstmals eine Produktivkraft entwikkelt hatte. Das ist die *„Two Mode"*-Theorie, eine Phase der Reproduktion und eine Phase der Produktion, die parallel arbeiteten und uns zusammen aus dem Tierreich hinauszogen.

Das Problem damit ist jedoch, daß jene, die noch Jäger und Sammler sind, auf eine niedrigere kulturelle Stufe gestellt werden, als jene, die Landwirte sind und ihre Nahrung produzieren. Auch muß eingestanden werden, daß Engels eine sehr fragwürdige Terminologie verwendete. So bezeichnete er Jäger und Sammler als Wilde. Er impliziert während seines gesamten Buchs, diese würden stetig am Rande des Hungertodes stehen und so seien ihre Chancen zum Überleben immer sehr dürftig.

Von der Anthropologie wurde diese Sicht richtigerweise immer angegriffen. Es ist ein rassistisches Argument, wonach Jäger und Sammler auf einer niedrigeren kulturellen Stufe stehen, als die ihnen nachfolgenden Hirten und Landwirte. Sie sind voll entwickelte Menschen und ebenso, wenn nicht sogar kulturell höher entwickelt – wie ich argumentieren werde – als Bauern.

Ebenso beinhaltet dieses Argument die Ansicht, daß zum ersten Mal in der Geschichte der Menschheit es mit der Landwirtschaft und der *Produktion* der Nahrung möglich wurde, nicht nur ausreichend Überschuß zu produzieren, um zu überleben, sondern auch ein geruhsames Leben zu führen. Und doch kann Engels die frühesten Kulturen wie jene der Jäger nicht genug loben, denn bei ihnen wird die Qualität der Gesellschaft sichtbar in der Behandlung der Frauen durch die Männer – durch den Respekt, der den Frauen zukam und ihre führende Rolle in der Gesellschaft.

Knappheit und Kommunismus

Die Ausführungen in Engels' Buch über die matrilinearen Gesellschaften und das Leben im Haushalt sind sehr inspirierend. Er verweist auf die Arbeiten von Morgan über die Irokesen in Nordamerika und zeigt seine Bewunderung für ihre Gemeinschaft und ihre sehr hohe moralische Einstellung zum Leben.

Und genau darin zeigt sich das wahre Paradoxon an Engels' Ausführungen, sind doch diese Gesellschaften nicht landwirtschaftlich organisiert. Denn er argumentiert zugleich, daß nur die Landwirtschaft die Erwirtschaftung von ausreichender Nahrung zum Überleben garantiert. Und er führt aus, wie das Neolithikum, also die Entwicklung genau dieser Landwirtschaft, eine Konterrevolution mit sich bringt, da sich erstmals soziale Klassenunterschiede herausbilden.

Nach diesem Argument haben wir also Kommunismus, Gleichheit, Respekt zwischen Männern und Frauen in der Gesellschaft, die *noch keinen* Überschuß produziert. Es sind Gesellschaften, in denen Jäger und Sammler am Rande des Aussterbens vegetieren, da sie immerzu vom Hunger bedroht sind. Nur mit der Landwirtschaft kommt der Überschuß. In anderen Worten, der Überschuß der Landwirtschaft geht Hand in Hand mit sozialen Unterschieden, dagegen brachte die Knappheit der Jäger und Sammler den Kommunismus.

Doch diese Sicht ist inkonsistent mit den Zielen von Marxisten. Wir würden nämlich alleine in einer egalitären Gesellschaft, auch eine wie die der Jäger und Sammler, Reichtum finden. Aber das ist nicht Engels' Argument.

Engels wurde in diesem Punkt sehr stark von Anthropologen angegriffen, und Archäologen haben diesen äußerst schwachen Punkt von Engels übernommen, um zu zeigen, daß vor dem Neolithikum nicht wirklich etwas passierte. Jäger und Sammler haben im archäologischen Befund kaum Spuren hinterlassen, was auf ihr niedriges kulturelles Niveau zurückgeführt wird. Erst die Landwirtschaft und die ihr folgenden Monumente, Plätze, Könige, Königinnen, Armeen und Gefangenen – all die Dinge, die archäologisch belegt werden können – sehen wir als Kultur und erst hier beginnt die Zivilisation zu blühen. Archäologen folgen seit langem der Sicht, wonach das Neolithikum die Zeit der wahren Geschichte einläuten würde, da sich ab hier die Kultur durch eine Nahrungsmittel produzierende Wirtschaftsweise festigen konnte.

Wir von der *Radical Anthropology Group* (RAG) vertreten die These, daß Jäger und Sammler kulturell vollständig entwickelt waren und Frauen eine führende Stellung innerhalb der Gesellschaft einnahmen. Dabei stützen wir uns auf das Modell von Chris Knight.[1] Er hat präzise ausgeführt, wie dies passieren konnte. Er hat ein abstraktes Modell entwickelt, wonach der Mondzyklus, und die damit einhergehenden Rituale, diese Gesellschaften organisierten. (…)

Das Modell von Chris kann die Probleme von Engels lösen. Engels impliziert, daß aufgrund der niedrigen Technologie der Jäger und Sammler ein reiches Leben nicht vorstellbar war. Wir sprechen hier von der Zeit des Paläolithikums, als in den Steppen, Savannen und Wiesen sich unzählige Tiere tummelten. Dies war ein Garten Eden für die Jägerkulturen. Solange die Solidarität zwischen Männern und Frauen bestand und relativ einfach Feuer erzeugt werden konnte, um so Tiere in Panik zu versetzen, in einen Hinterhalt zu locken und schließlich das Großwild zu erlegen, bedurfte es nichts Komplexerem. Im Zusammenspiel mit dem zu- und abnehmenden Mond wußte jeder, was er über den Monat hinweg tun mußte.

Die wirtschaftliche Grundlage dieses Modells ist die Großwildjagd. Dank der Archäologie wissen wir, daß derartiges Großwild etwa 10.000 vor unserer Zeit ausstarb, in der Zeit des ausgehenden Paläolithikums. Auf den Britischen Inseln nennen wir diese Phase das Mesolithikum. Die monatlichen Großwildjagden waren nicht mehr von Erfolg gekrönt und so mußten sich die Menschen nach Alternativen umsehen.

Ich frage mich nun, was ist im Mesolithikum und im Neolithikum passiert (…)? Frei nach Marx: Wann hat der ganze Mist begonnen?

1 Siehe die Beiträge von Chris Knight in diesem Band, Anm. d. Hrsg.

Konterrevolution im Neolithikum

Wenn wir davon ausgehen, daß der ganze Mist in unserem Ursprung zu finden ist, wenn wir tatsächlich einmal Wilde waren, dann können wir nicht die Idee aufrechterhalten, wonach wir eine revolutionäre Spezies sind, geboren im Kommunismus. Doch wenn wir behaupten können, daß Klassen, Unterdrückung, Stratifikation, soziale Unterschiede und Ausbeutung erst spät in der Geschichte begannen und uns Hypothesen auch erlauben, diese Theorie zu testen, dann haben wir einen weiteren Weg gefunden, um Engels' Aussagen zu bestätigen und die Archäologie des Mesolithikums und des Neolithikums neu zu interpretieren.

Archäologen gefällt das aber nicht. Sie wollen Fundstellen erforschen, um Tempel, Monumente, prunkvolle Artefakte oder Grabbauten zu finden. Aber die paläolithischen und mesolithischen Jäger und Sammler haben wenige Spuren hinterlassen. Gleichzeitig finden wir neolithische Monumente, egal wo wir in Nordost-Europa auch graben. Also wird angenommen, daß die Zivilisation unter den Jägern und Sammlern noch unterentwickelt war. Vor allem nicht so entwickelt, wie unter der Nahrungsmittel produzierenden Bevölkerung. Das Neolithikum sei die letzte Stufe in der Evolution zu modernen Menschen, der Transformation von der Wildheit zur Zivilisation. So ist es nur folgerichtig, das Neolithikum als eine Zeit der Revolution zu sehen.

Doch innerhalb der RAG argumentieren wir ganz anders. Anknüpfend an Chris Stringer meinen wir, daß moderne Menschen sich weit vorher in der Zeit des Paläolithikums in Afrika entwickelten.[2] Dies wurde durch einen revolutionären Bruch mit den Sexualpraktiken der Primaten ermöglicht. Die notwendigen Werkzeuge waren die monatlichen geschlechtsspezifischen Rituale und die kollektive Großwildjagd. So sehen wir es wie Engels und bezeichnen den Wandel hin zur Nahrungsmittelproduktion als eine Konterrevolution im Neolithikum. Archäologen behaupten das Gegenteil. Nämlich: Wir seien keine vollen Menschen, solange wir nicht Überschuß anhäufen könnten und würden.

Können wir diese Kritik von Seiten der Archäologen überprüfen? Wenn sie recht haben und die Bauern des Neolithikums ein viel höheres kulturelles Niveau und eine viel höhere Zivilisation als ihre Vorfahren gehabt hätten, würde das zugleich bedeuten, daß die materielle Kultur des Neolithikums aus der dunklen Vergangenheit der wilden Jäger und Sammler entstanden wäre. Somit wäre auch die Vorstellung von Göttern ein sehr spätes Ergebnis der Geschichte. Doch jede kosmische Erscheinung ist relativ einfach, selbst für das angeblich niedrige Niveau der Jäger und Sammler. So ist es sehr einfach, die Bewegungen der Sonne im Vergleich zu

2 vgl. Paul Mellars et. al eds., Rethinking the Human Revolution, Cambridge 2007.

anderen Himmelskörpern zu verfolgen. Folglich wurde die Sonne als die erste kosmische Gottheit angesehen.

Archäologen behaupten auch, das Neolithikum sei von Männern geführt worden. Diese männliche Elite stellte dann auch die entscheidende Kraft in der Ausbreitung der landwirtschaftlichen Revolution dar. So war die Funktion der Religion nichts anderes, als diese männliche Dominanz, die mit dem Neolithikum etwa 4.000 vor unserer Zeit auf den Britischen Inseln entstand, zu festigen.

Eine neue Religion

Ganz im Gegensatz dazu steht die RAG zu der Behauptung, die Revolution hätte sehr viel früher eingesetzt. Sie begann im frühen Paläolithikum, vor 150.000 bis 120.000 Jahren. Es gab Zehntausende Jahre, in denen die Jäger und Sammler ihre Kosmologie entwickelten. Ihre Mythen und Rituale bildeten sich in einer bereits sehr verfeinerten Gesellschaft heraus.

Frauen hatten eine führende Stellung in diesem Modell. Vor allem konnten sie ihre Brüder mütterlicher Linie um Hilfe bitten, wenn ihre abgeschiedenen Rituale nicht von ihren temporären Ehemännern respektiert wurden. Die Solidarität zwischen Brüdern und Schwestern war in diesen matriarchalen Klans eine wichtige sozio-politische Kraft. Doch mit dem Ende der Großwildjagd vor über 10.000 Jahren brach auch diese Solidarität zusammen.

Religion und Kosmologie reagierten auf diese neuen Entwicklungen. Die neue Religion des Neolithikums und Mesolithikums hatte die Aufgabe, die Elemente der alten Religion zu erhalten, sie aber für die neuen Gegebenheiten zu adaptieren. Die Religion des Mesolithikums und des Neolithikums war somit sehr komplex, denn es mußte gut durchdacht werden, wie einerseits das Alte bewahrt und anderseits dem neuen Umfeld Rechnung getragen werden konnte. Dies war für uns eine Konterrevolution, keine Revolution.

In der neuen neolithischen Agrargesellschaft konnte dem Mondrhythmus der zerfallenden Jäger-und-Sammler-Gesellschaft nicht mehr gefolgt werden, und so hat allem Anschein nach die Sonne den Platz des Mondes eingenommen. Die Landwirtschaft hängt viel mehr von der Sonne als dem Mond ab. Es gab also eine gewisse Wechselwirkung zwischen der auftretenden Sonnen-Kosmologie und der früheren Bewunderung für den Mond.

Nicht nur das. Wenn eine männliche Elite nun die Führung von den matriarchalen Klans übernahm, kann davon ausgegangen werden, daß nun auch die früheren, weiblichen Rituale von den Männern beschlagnahmt wurden, um diese neue Führungsrolle auch für alle anschaulich darzustellenden Zwecke zu adaptieren.

Mit ihnen also fortzufahren, jedoch unter den Regeln einer männlichen Herrschergruppe.

Es stehen also nun zwei Behauptungen im Gegensatz zueinander: War das Neolithikum eine Revolution oder eine Konterrevolution?

Stonehenge als Wegmarke

Das erste Mal habe ich diese Frage Mitte der 1980er Jahre gestellt. Einer meiner Professoren am University College London war Chris Tilley, ein führender Wissenschafter in der Frage der frühen Monumentalbauten in Nordost-Europa. Bis zu jener Zeit hatte ich absolut kein Interesse an Monumenten wie Stonehenge. Für mich war das ganze Gerede nur eine Hippie-Vorstellung. Doch Tilley sprach in seiner Vorlesung von der Sonne, und ich wollte Engels verteidigen und fragte ihn nach der Rolle des Mondes. Könnte es nicht auch möglich sein, daß Aspekte eines Mondkultes in diesen Monumenten verborgen sind? Er wurde unverzüglich zornig.

Meine bisherige Erfahrung hatte mich gelehrt, sobald jemand sofort wütend wird, dann hat man einen Nerv getroffen. Tilley versuchte mich zu belehren. Ich hätte nichts verstanden, der Mond sei sehr komplex. Er sei zu komplex gewesen, für die Menschen, die diese Monumente erbauten. Es gibt diese Ansicht: Je weiter zurück in der Urgeschichte gegangen wird, desto einfacher, wilder, ungebildeter, weniger intelligent seien die Menschen gewesen. Die Vorstellung des geradlinigen Anstiegs der menschlichen Intelligenz dominiert die archäologische Debatte.

Dieser Vorfall zeigte mir, daß ich auf etwas gestoßen war und ich begann mit Nachforschungen. Und natürlich, das bedeutendste Bauwerk der britischen Archäologie, des englisches Erbes und der gesamten Kulturerbe-Industrie ist Stonehenge. Wenn es uns nur gelingen würde, zu entschlüsseln, was Stonehenge tatsächlich bedeutet, würde dies eine enorm große Auswirkung auf jegliche theoretischen Schulen der Archäologie haben. War Stonehenge der Beginn der Zivilisation, als wir antraten, die Wildheit zu verlassen? Oder ist es Teil der neolithischen Konterrevolution?

Das sind zwei komplett gegensätzliche Ansätze der Urgeschichtsforschung. Durch die detaillierte Untersuchung dieser Monumente können wir diese beiden Theorien überprüfen. Schließlich gehört Stonehenge zu den am besten untersuchten Fundplätzen der Welt und wir haben massenweise Material dazu.

Die Sonne steht nicht im Zentrum

Archäologen sind Ausgräber und schauen auf Fundstellen wie Stonehenge mittels Plänen. Ein Plan von Stonehenge aus der Vogelperspektive wirft die Aufmerksamkeit des Betrachters auf zwei konzentrische Kreise im Zentrum. Der äußere Kreis ist aus Sarsenstein, der Innere ist aus Blaustein gefertigt. Ebenso gibt es ein Hufeisen aus fünf Trilithen[3], ein inneres Hufeisen aus neunzehn Blausteinen und knapp außerhalb des Zentrums befindet sich der sogenannte Altarstein.

Solche Pläne zeigen normalerweise die Himmelsrichtung, doch sind sie völlig losgelöst von den Steinen, auch zeigen sie keine Details des Bauwerks. Trotzdem werden sie von Archäologen immer wieder präsentiert. Daneben wird dann auch immer wieder irgendeine Zentralachse dargestellt, obwohl niemals irgendein Stein oder Sockel in der Mitte von Stonehenge gestanden hat. Trotzdem, diese Mitte wird auf den Plänen immer wieder markiert. Gleichzeitig können bei derartigen Plänen nicht die Türstürze des äußeren Rings dargestellt werden. Entweder schmälern die Pläne das Bild von Stonehenge, oder sie schreiben dem Monument Eigenschaften zu, die es nicht hatte. Sie sind somit kein guter Ausgangspunkt für die Beschäftigung mit Stonehenge.

Es gibt viele Fotografien von Stonehenge, die irgendwo nahe am Zentrum aufgenommen wurden. Jedes Jahr kommen zur Sommersonnenwende dorthin bis zu 30.000 Menschen. Manche von ihnen haben Glück und gelangen bis in die Mitte. Sie sehen den Sonnenaufgang über den Heelstone[4] gleiten, zumindest denken sie das.

Doch bedenken wir, daß es nie einen Stein in der Mitte gegeben hat. Strecke den Finger eine Armlänge von dir gerade in die Höhe und betrachte ihn mit einem Auge. Wechsle dann rasch von einem zum anderen Auge und du wirst sehen, wie der Gegenstand dahinter sich bewegt. Das ist der Parallaxe-Effekt. Es kann also problemlos eine Theorie konstruiert werden, mit der „bewiesen" werden kann, daß bei Sommersonnenwende die Sonne über den Heelstone Richtung Nordosten des Kreises wandert. Mit dieser Technik kann Stonehenge als alles interpretiert werden, was gerade paßt. Indem durch irgendeine andere Öffnung geschaut wird, kann jedes erdenkliche astronomische Ereignis hineininterpretiert werden.

Daß all das aber ein intentioneller Bestandteil von Stonehenge ist, kann allerdings nicht bewiesen werden. Du plazierst dich also auf dem von dir gewählten

3 Ein Trilith ist ein Torbau, Durchgang oder ein architektonisches Bauelement, das aus zwei Tragsteinen und einem aufliegenden (dritten) Deckstein besteht, eine eigenständige Statik besitzt und nicht mit anderen Bauelementen verzahnt ist, Anm. d. Hrsg.

4 Der Heelstone (deutsch: Fersenstein) ist der einzige unbearbeitete Stein von Stonehenge. Er steht außerhalb der eigentlichen Anlage, nahe des Zugangsweges, Anm. d. Hrsg.

Punkt, um genau dein gewünschtes Resultat fotografisch zu dokumentieren. Und dann kann jeder unzählige tolle Bücher verkaufen, die voll sind mit wunderschönen Bildern, wonach Stonehenge irgendetwas mit der Sommersonnenwende zu tun hat. Du kannst mit dem Monument alles Mögliche beweisen, solange du nur nicht das zeigen willst, was seine eigentliche Intention war.

Wahr ist viel mehr: Bei der Heranziehung moderner Prospektionsmethoden zur Suche nach dem Zentrum von Stonehenge und der Positionierung genau an dieser Stelle, erkennen wir, daß die Sonne bei Sommersonnenwenden gar nicht über dem Heelstone aufgeht. Sie steigt drei Sonnenbreiten links von ihm empor. Es ist also klar, daß der Heelstone keine eindeutige Ausrichtung hat. Aber das paßt den Archäologen so. Sie sind glücklich damit, denn diese Menschen waren doch „heulende Barbaren" und so verwundert ein derartig grober Fehler doch gar nicht. Zugleich weichen die Durchgänge beim äußeren Kreis auf einer Länge von dreißig Metern nur acht Zentimeter ab! Das ist viel weniger, als moderne Bauherren heute tolerieren würden.

Wir können also mit Sicherheit sagen, daß die Sommersonnenwende-Theorie für Stonehenge nicht als Erklärung herhalten kann.

56 Löcher

In den 1960er Jahren gab es im Zuge des Aufbrechens der veralteten, konservativen Denkmodelle einen Durchbruch bei der Interpretation alter Monumente. Angeführt vom US-amerikanischen Astrophysiker Gerald Hawkins wurde Stonehenge als eine Maschine zur Vorhersage von Sonnenfinsternissen gedeutet.

Zentraler Aspekt von Hawkins ist der bis dahin weitgehend ignorierte äußere Kreis mit seinen 56 Aubrey-Löchern, benannt nach dem Antiquar aus dem 17. Jahrhundert, John Aubrey. Damit können die Mondphasen bequem erklärt werden, soweit sie mit denen der Sonne übereinstimmen. Denn 56 ist die kleinste Zahl, die uns erklärt, wie Sonne und Mond in ihrem Lauf zusammenspielen. Damit können die Muster der Finsternis verstanden werden. Hawkins und später Robin Heath argumentierten, daß durch die Platzierung von Steinen in diese Aushebungen und deren Umgruppierung in verschiedene Richtungen vorhergesagt werden konnte, wann es zu Sonnen- und Mondfinsternissen kommen würde.

Das war eine sehr spannende Entdeckung (...). Eine Mondfinsternis würde die Möglichkeit für die regelmäßigen Vollmondrituale verhindern, was katastrophale Auswirkungen gehabt hätte. Dennoch, wenn wir scharf nachdenken, ist der Vorstellung eines Instruments zur Vorhersage der Mondfinsternis nicht einfach zu folgen.

Die 56 Aubrey-Vertiefungen markieren die erste Phase von Stonehenge, gegraben um 3.000 vor unserer Zeit, knapp 500 Jahre bevor die Sarsensteine aufgestellt wurden. Zu dieser späteren Zeit gab es keine 56 Gruben mehr. Wenn aber die Zahl 56 für das Verstehen der Mondfinsternis so wichtig ist, würde doch zu erwarten sein, daß die Zahl später wieder auftaucht. Aber das tut sie nicht. In den Aubrey-Gruben steckten Eichenholzstämme, die später herausgezogen und mit Leichenbrand verfüllt wurden, und nicht, um die Sonne oder den Mond anzuzeigen.

Meines Wissens gibt es nirgends auf den Britischen Inseln oder in Nordost-Europa Steinkreise mit 56 Positionen. Wieso wurde also diese angeblich so wichtige Zahl 56 nicht in der späteren Bautradition weitergeführt?

Stonehenge hatte dreißig Stützen im äußeren Kreis, die mit quer liegenden Steinen bedeckt waren und von den Archäologen die Nummern 1 bis 30 erhielten. Der Stein Nummer 11 hat genau die Hälfte des Gewichts, der Höhe und der Breite der anderen Stützen im Kreis. Richard Atkins, der in den 1950er und 1960er Jahren die Ausgrabungen leitete, hatte zwei Theorien dazu. Die erste ist, sie hätten damals nicht mehr genug passende Steine gehabt und daher diesen kleineren genommen. Die zweite war, ein Blitz hätte den Stein getroffen und genau in der Mitte gespalten. Ich bin Atheist, aber ich würde beginnen, an Gott zu glauben, wenn ein Blitz einen Stein genau auf die Hälfte seiner bisherigen Größe reduzieren kann. Das überzeugt mich nicht im geringsten.

Wir haben also 29 und einen halben Stein im Kreis. Neunundzwanzig plus ein halb ist genau die durchschnittliche Länge des synodischen Monats, von einem Neumond zum Nächsten. Das ist zwar kein Beweis, daß Stonehenge etwas mit dem Mond zu tun hat, dennoch ist es auffällig, wenn Stein 11 genau die Hälfte an Länge und Breite aufweist. Somit darf eine gewisse Verbindung doch gut und gerne angenommen werden.

Verdunkelungsmaschine

Es gibt einen Weg hin zu Stonehenge – zumindest nennen die Archäologen es einen Weg. Die Sommersonnenwende-Theorie besagt, die Menschen müßten im Zentrum des Bauwerks stehen und diesem Weg entlang nach Nordwesten schauen. Doch wenn es ein Weg ist, so würde jemand doch über diesen dahin *gelangen* und im folgenden durch Stonehenge *hindurchgehen*. Wenn also diese Theorie stimmt, hätte jeder die aufgehende Sonne genau im Rücken.

Es gibt keine Religion der Welt, in der es vorgesehen ist, dem verehrten Objekt – in diesem Fall der Sonne – den Rücken zuzuwenden. Oder sollte dem Pfad hin zu Stonehenge gefolgt werden und in der Mitte mußte gewendet werden, um den

Sonnenaufgang beobachten zu können? Das würde bedeuteten, den größten Steinen im Monument den Rücken zuzukehren. Auch das ist nicht einsichtig. Sollten diese Steine nicht in irgendeiner Weise Verwendung haben?

Macht es nicht mehr Sinn zu sagen, die, die auf dem Weg gingen, würden *hin zu* Stonehenge sich bewegen und sowohl Stonehenge, als auch die größten Steine vor Augen haben? Der Weg selbst gibt einen Hinweis, in welcher Art und Weise die Menschen, die es erbaut haben, ihr Bauwerk selbst gesehen haben. Noch eine weitere wenig bekannte Tatsache ist, daß Stonehenge auf einem steilen Hügel errichtet wurde, nicht auf einer ebenen Fläche. Der Pfad selbst führt diesen Hügel hinauf. So befindet sich Stonehenge beim Aufstieg immer über deinem Blick.

Es gibt einen Archäo-Astronomen namens John North, der von der Wissenschaft nahezu gänzlich vernachlässigt wird. Sein Werk mit dem Titel *Stonehenge. Neolithic Man and the Cosmos* ist faszinierend.[5] Er erwähnt, welche ungewöhnliche, paradoxe Eigenschaft Stonehenge hat. Eine Graphik zeigt mehrere freie Flächen zwischen den Steinen. Stonehenge ist wie ein Sieb, voll von Löchern. Doch daran ist etwas sehr ungewöhnlich. Denn wenn dem Weg Richtung Stonehenge gefolgt wird, kann man erkennen, daß die Steine so angeordnet sind, daß das gesamte Monument wie eine solide, geschlossene Mauer wirkt. North bezeichnet es eine Verdunkelungsmaschine.

Der Besucher schreitet den Weg hinauf und plötzlich, etwa zehn Meter vor dem Heelstone, erscheint das Monument geschlossen, mit Ausnahme einiger weniger Öffnungen. Von der anderen Seite kommt dieser Eindruck nicht auf. Stonehenge, das auf den gedruckten Plänen voller Löcher dargestellt wird, erscheint seitlich, vom Weg aus betrachtet, als eine massive Steinwand.

In seinem 1996 erschienenen Buch schreibt John North, es würde zwei Öffnungen in der sonst vermeintlich geschlossenen Wand geben. Wer auf der rechten Seite des Heelstone steht, sieht das untere Loch, links des Heelstone kann das obere erkannt werden. Warum wurde Stonehenge so errichtet, daß es den Weg hinauf als geschlossene Wand mit einer oberen und einer unteren Öffnung erscheint? Wozu dienten die beiden Öffnungen?

Mit Blick vom Heelstone Richtung Südwest kommt die Sonne bei der Wintersonnenwende in der unteren Öffnung zum Stillstand. Jeden Winter wird die Sonne um die Wintersonnenwende für sieben Tage hier durchscheinen.

Wenn der Beobachter langsamen Schrittes vom Heelstone sich entfernt und dabei Richtung Zentrum des Kreises blickt, wirkt es, als würde die Sonne still stehen bleiben. In diesem eindrucksvollen Moment scheint es, als sei die Zeit für fünf bis sieben Minuten stehen geblieben. Das ist, wieso Stonehenge erschaffen wurde.

5 vgl. John North, Stonehenge. Neolithic Man and the Cosmos, London 1996.

Einmal alle neunzehn Jahre – das nächste Mal im Jahr 2014 – scheint der Mond durch den oberen Teil des größten Trilith von Stonehenge. Dies wird als „Southern Minor Standstill Moonset" bezeichnet. Während dreizehn Mondwechseln wird er in diesem Jahr zu verschiedenen Phasen in der oberen Öffnung sichtbar sein.

Die Steine stammen aus einer Entfernung von knapp fünfzig Kilometern und wiegen je an die fünfzig Tonnen. Sie wurden abgeschlagen, um sie in diese Form zu bringen – die Form entstand nicht natürlich. So glatt und weich, wie die Steine bearbeitet wurden, bleibt nichts anderes übrig, als zu staunen, wie viele Millionen Arbeitsstunden hier drinnen stecken müssen.

John Norths Theorie kann aber auch nicht erklären, wieso derart viel harte Arbeit und außergewöhnliche Anstrengungen aufgebracht wurden, um die Sonne in der oberen und den Mond in der unteren Öffnung sichtbar zu machen. North erklärt nicht, wieso die Sonne und der Mond gemeinsam ins Zentrum gestellt werden, er behandelt sie nur getrennt voneinander. Doch genau das ist die Frage, die ich zu beantworten suche.

Ein Monument der Nacht

Es gibt zwei Sonnenwenden pro Jahr, am 21. Dezember und am 21. Juni. Um wieder an jene Position zu kommen, die die Sonne am östlichen Horizont einnimmt, braucht sie genau ein Jahr. Das gleiche gilt für den Sonnenuntergang im Westen. Die Bahnen des Mondes sind viel komplizierter als jene der Sonne.

Um die Bauweise zu verstehen, müssen wir versuchen, uns in die prähistorische „Astronomie" hineinzuversetzen. Sie war geozentrisch, das bedeutet, daß die Erde als das Zentrum des Universums gesehen wurde. Die Erde war in der Vorstellung noch flach. Die Sonne und der Mond steigen in die Unterwelt der Erde hinab und kommen gestärkt von ihr wieder hervor.

Einmal alle neunzehn Jahre kommt es zum großen Stillstand des Mondes. Der Mond steigt zehn Grad weiter nach Norden, als es die Sonne zur Sommersonnenwende jemals tun würde. Der Mond bleibt dort aber nicht über drei Tage, so wie es die Sonne zur Sonnenwende macht. Bereits am nächsten Tag zieht der Mond weiter Richtung Süden. Nach dreizehn bis vierzehn Tagen befindet sich der Mond dann weiter im Süden, als die Sonne jemals stehen würde. Die Spannbreite des Mondverlaufs ist einmal alle neunzehn Jahre um vieles größer als die extremen Bewegungen der Sonne am Horizont. Diese Bewegung geschieht in nur wenigen Tagen, nicht Monaten.

Doch von diesen extremen Positionen geht der Mond immer weiter ab, bis er neun und ein halbes Jahr später um zehn Grad von der Extremposition der Sonne zur Sommersonnenwende abweicht. Dieser Zeitpunkt wird als „Minor Standstill of the Moon" bezeichnet. In Stonehenge war es möglich, dieses Ereignis in der oberen Öffnung zu sehen und die Wintersonnenwende in der unteren Öffnung.

Es gibt acht mögliche Konstellationen, Sonne und Mond zu kombinieren, damit es für dieses Monument passen könnte. Wir bezeichnen sie mit den Buchstaben W1-W4 und E1-E4. Doch wieso wurde gerade die Möglichkeit W2 gewählt und nicht eine der anderen sieben? Ist daran etwas besonders, das wir wissen sollten, um die Rituale von Stonehenge zu verstehen?

In dem bei uns beschriebenen Fall W2 steht der Mond höher als die Sonne. Das ist auch bei einem zweiten Mal der Fall, nämlich beim „Northern Major Standstill Moonset", von uns als W4 bezeichnet. Doch es ging den Menschen nicht um die Sommersonnenwende, wie im letzten Fall W4. Der Sommer war ihnen völlig egal.

Der von uns angenommene Fall W2 repräsentiert die Wintersonnenwende. Stonehenge sollte ein Monument sein, das den Beginn der Nacht symbolisierte und nicht jenen des Tages. Daher wurde W2 gewählt, denn nur hier sind die Wintersonnenwende in der unteren Öffnung und der Mond in der oberen sichtbar.

Auch die Position bei W1 hätte den Beginn der Nächte der Wintersonnenwende angezeigt, doch es wäre die Sonne dennoch im oberen Fenster zu sehen gewesen und nicht im unteren. Die Menschen taten es aber nicht. Sie wollten kein Monument, das dieses Phänomen anzeigt. Sie wollten ein Monument, in dem der Mond über der Sonne stand.

Fassen wir also zusammen. Stonehenge verbindet die Wintersonnenwende mit dem „Southern Minor Standstill of the Moon". Während des kleinen Stillstands kommt es zum Neumond. Das ist alle 19 Jahre der Fall. Es ist der Zeitpunkt, an dem die Mondphasen genau mit den Bewegungen der Sonne übereinstimmen.

Angepaßte Konterrevolution

Das hatten die Erbauer des Monuments im Sinn. Sie hatten erkannt, daß es alle neunzehn Jahre zu genau diesem Ereignis kommt. In Stonehenge haben wir also ein Bauwerk, das zugleich den Mond und die Sonne regeln soll. Das Zusammentreffen von Wintersonnenwende und Neumond sollte so vorhergesagt werden. Denn an diesem Tag kommt es zur längsten und dunkelsten Nacht, nicht wie von anderen Forschern vermutet, wonach der längste und hellste Tag vorausgesagt werden sollten.

Diese unveränderliche Eigenschaft führt dazu, daß die Mondphasen immer wieder ein Zusammentreffen des Neumonds mit der Sonnenwende ermöglichen. Das Bauwerk wurde von den Anhängern einer neuen Religion verwendet, die aber an den alten religiösen Vorstellungen festhielten. Der Neumond war der Zeitpunkt der rituellen Abgeschiedenheit. Frauen begaben sich in kollektive Abgeschiedenheit und machten sich so unantastbar. Das war die wichtigste Praktik in der Religion der Jäger und Sammler. Sie wurde monatlich wiederholt. Die Konterrevolution mußte sich *das zu eigen machen*. Die Praktik mußte an den neuen, landwirtschaftlichen Zeitmaßstab angepaßt werden – an die Zeitskala der Sonne.

Die alte Religion der Zauberei und Neumond-Rituale wurde übernommen und an die Sonne angepaßt. Es unterstreicht das Argument, wonach das Neolithikum eine Konterrevolution mit sich brachte, in der die Zeitskala für die Landwirtschaft an die Sonne angelehnt wurde, jedoch basierend auf der Zeitskala des Mondes und dem Respekt vor dem Neumond.

Beim Durchschreiten des Bauwerks in der Zeit der längsten und dunkelsten Nacht zur Wintersonnenwende, war es den Menschen möglich, die größte mögliche Ansammlung an Sternen zu beobachten. Das paßt genau zur Idee der Aneignung der Logik des paläolithischen *Sex Strike* und des Respekts vor dem Neumond. Beides wird übernommen und an die Zeitskala der Sonne angepasst.

Stonehenge wurde nicht für die Sonne gebaut. In dem Bauwerk steckt auch großes Wissen über den Mond. Beides zusammen sollte Sonne-Mond-Kosmologie verständlich machen. Die Sonne führt nach ihrem Untergang zur Wintersonnenwende, zu denselben magischen Bedingungen des Neumonds, die in der alten Religion durch die Mondphasen und den Neumond-Symbolismus hervorgerufen werden konnten. Stonehenge wurde errichtet, um diese Tradition fortleben zu lassen, sie zugleich aber in Beschlag zu nehmen. Es sollte den Anforderungen der aufkommenden Agrargesellschaft, geführt von einer Priesterschaft und wohlhabenden, männlichen Viehzüchtern, genügen.

Stonehenge

Stonehenge ist eine megalithische Anlage, die zur Gruppe der Hengemonumente gehört. Dabei handelt es sich um jungsteinzeitliche Anlagen aus konzentrischen Steinkreisen, deren Pfeiler durch aufliegende Decksteine miteinander verbunden sind. Stonehenge befindet sich rund 12 Kilometer nördlich der Stadt Salisbury in Südengland und zählt zum UNESCO-Weltkulturerbe. Die Anlage besteht heute aus einem Kreis umgestürzter bzw. aufrecht stehender Steine innerhalb einer stark abgetragenen Einfriedung aus Wällen und Gräben. Sie wurde in drei Bauphasen ab rund 3.000 vor unserer Zeit errichtet.

Zunächst entstand ein Graben- und Wallring mit zwei Eingangssteinen und etwas außerhalb der sogenannte Ferstenstein. Ebenso zählen die 56 Aubrey-Gruben mit ihren regelmäßigen Abständen zu den ältesten Bereichen der Anlage.

Zwischen 2.300 und 1.900 vor unserer Zeit kam zur Anlage ein doppelter Blausteinkreis mit dem ursprünglich aufrecht stehenden Altarstein. In der Folge wurde die Anlage vor allem im Inneren stark umgestaltet. Verschiedene kreis- und hufeisenförmige Steinsetzungen sind nur zum Teil erhalten. So entstand zwischen 2.440 und 2.100 vor unserer Zeit der Sarsensteinkreis aus ursprünglich dreißig aufrecht stehenden, vier Meter hohen Steinblöcken. Jeder Pfeiler ist knapp zwanzig Tonnen schwer. Sie sind durch horizontale Blöcke verbunden.

Der Eintrag des Brockhaus-Lexikon liest sich wie folgt: „Die Gesamtkonzeption der unter großem gemeinschaftlichem Aufwand errichteten, ungewöhnlich lang genutzten Anlage, die axial auf den Sonnenaufgang zur Sommersonnenwende bzw. den Sonnenuntergang zur Wintersonnenwende ausgerichtet ist, legt eine rituell-religiöse Nutzung als überregional bedeutsamer Versammlungs- und Kulturort nahe."

Weiterführende Literatur:

Bernhard Maier, Stonehenge. Archäologie – Geschichte – Mythos, Beck'sche Reihe, München 2005.

Mehmet Özdoğan
Der neolithische Zusammenbruch oder: Die ersten echten Bauern (1997)

Vom Standpunkt der absoluten Chronologie ist die früheste Phase der neolithischen Gemeinschaften Südost-Europas zeitgleich mit dem Ende des Akeramischen Neolithikums[1] im Nahen Osten zu setzen. Das ist übrigens auch die Zeit einer plötzlichen Zunahme der Anzahl an Siedlungen, sowohl in Zentral- als auch in West-Anatolien. Somit ist es sinnvoll, einen genaueren Blick auf die Geschehnisse dieser Zeit zu werfen.

Trotz der zunehmenden Bedeutung der Landwirtschaft blieb während des Großteils des Akeramischen Neolithikums das Jagen und Sammeln ein wichtiger Teil der Nahrungsbeschaffung. Somit kann die Gewinnung des Lebensunterhalts im PPNA[2] und PPNB[3] als gemischte oder im Wandel befindliche Wirtschaftsweise angesehen werden. Erst in der letzten Phase des PPNB, also nachdem die Tiere domestiziert worden waren, wurde die Landwirtschaft zu einem festen Bestandteil der Wirtschaftsweise. Der wesentliche Wandel in sozialen, wirtschaftlichen und kulturellen Bereichen kam, anders als von Childe und Braidwood[4] angenommen, nicht in der ersten Phase der Neolithisierung, sondern bedeutend später, etwa am Übergang vom 7. zum 6. Jahrtausend vor unserer Zeit.[5] So wäre es also berechtig-

1 Im Gegensatz zum Nahen Osten beginnt das Neolithikum in Mittel- und Westeuropa erst nach der Entwicklung der Keramik, es gibt also in unserer Gegend kein sogenanntes Akeramisches Neolithikum. Dieser Abschnitt wird in Europa als Mesolithikum bezeichnet, Anm. d. Hrsg.

2 PPNA: Präkeramisches Neolithikum A, die ältere Phase des Akeramischen Neolithikums im Nahen Osten, die von rund 9.500 bis 8.800 vor unserer Zeit angesetzt wird. In Mittel- und Westeuropa setzte die Neolithisierung erst nach dem Aufkommen der Keramik ein. Die ältere Phase des Neolithikums wird hier gemeinsam mit dem sogenannten Epipaläolithikum zum Mesolithikum subsummiert. Da die Unterscheidung dieser Begriffe jedoch vor allem auf dem Balkan sehr vage ist, empfiehlt Özdoğan die Verwendung des 1971 von Tringham eingeführten Begriffs der „Post-glazialen Jäger-und-Sammler" (Ruth Tringham, Hunters, Fishers and Farmers of Eastern Europe, London 1971, Anm. d. Hrsg.

3 PPNB: Präkeramisches Neolithikum B, die jüngere Phase des Akeramischen Neolithikums, die von rund 8.800 bis 6.400 vor unserer Zeit angesetzt wird. (Teilweise wird das Ende von PPNB auch als PPNC bezeichnet, welches von 7.000 bis 6.400 vor unserer Zeit angegeben wird.), Anm. d. Hrsg.

4 Robert John Braidwood, 1907–2003, US-amerikanischer Archäologe, Anm. d. Hrsg.

5 Es gibt eine Reihe verschiedener Hypothesen, was zu diesem Wandel geführt hat. Nichtsdestotrotz deuten die Ergebnisse der aktuellen Forschungen darauf, daß die Geschehnisse, die dem Zusammenbruch des PPNB-Systems vorangingen, das Ergebnis irgendeiner Art sozialer Unruhen waren und kein ökologischer Wandel. Für nähere Ausführungen und ausführlicher Literatur sei auf *Mehmet Özdoğan, Neolithization of Europe: A view from Anatolia. Part 1: The Problem and the Evidence of East Anatolia. Porocilo 20/1996, 25-61*; auf *Mehmet Özdoğan, The Beginning of Neolithic Economies in Southeastern Europe, European Journal of Archaeology 5/2, 1997, 1-33*, sowie auf *Mehmet Özdoğan, Anatolia From The Last Glacial Maximum To The Holocene Climatic Optimum: Cultural Formations And The Impact Of The Enviromental Setting. A Conspectus of the Evidence, Pakeoriént, 1998* hingewiesen.

ter, diesen Zeitraum als den Beginn des wahren Neolithikums anzusehen. Diese relativ kurze Phase zwischen dem PPNB und dem Keramischen Neolithikum, sowie deren Folgen, wurde erst im letzten Jahrzehnt erkannt. Rollefson war der erste, der diese Periode als PPNC bezeichnete.[6] Der Begriff PPNC[7] wurde zuerst nur mit Vorbehalten aufgenommen, denn die Artefakte sind dem PPNB sehr ähnlich. Dennoch findet er immer weitere Aufnahme in die archäologische Literatur. Diese Periode, auch PPNB final oder End-PPNB genannt, wurde bisweilen am klarsten von Cauvin als „neolithischer Zusammenbruch" beschrieben.[8] Charakteristisch für diese Zeitspanne war der grundlegende Zusammenbruch des ausgefeilten Kulturkomplexes des nahöstlichen PPNB. Die meisten Siedlungen wurden aufgegeben, jene, die bestanden blieben, verloren an Größe, öffentliche Gebäude wurden aufgelassen, Kunstobjekte verschwanden und komplexe Technologien, wie Gipsestrich, gebrannter Lehm und verschiedene Arten der Bearbeitung anorganischer Materialien mittels Feuer, wurden nicht mehr verwendet. Çayönü ist eine der wenigen Siedlungen, die diese Übergangsperiode überlebte und aufgrund der Ausmaße der dort stattgefundenen Grabungen auch die am besten dokumentierte Fundstelle. In Çayönü zeigt sich diese Periode in der Großraum-Sub-Phase (*large room sub-phase*), die stratigraphisch zwischen der Kleinraum-Sub-Phase (*cell sub-phase*) und den Schichten des Frühkeramischen Neolithikums lokalisiert werden konnte. In der Großraum-Sub-Phase verliert die gepflegte und rigide Organisation der Siedlung, wie sie bis an das Ende der Kleinraum-Sub-Phase bestanden hatte, ihre Ordnung, öffentliche Gebäude werden aufgegeben und große Plätze, die dort bisher akribisch gehegt und gepflegt wurden, wandeln sich zu Müllhalden. Das architektonische Erscheinungsbild des Keramischen Neolithikums, das sogleich auf die Großraum-Sub-Phase folgt, ist sogar noch weit chaotischer.

Veränderte Wirtschaftsweise

Es gibt viele Erklärungsversuche, was zu einem derartigen Ereignis im Nahen Osten hätte führen können. Vorherrschend sind Modelle, die den Zusammenbruch auf eine Art Druck zurückführen, womöglich ökologischer Niedergang durch das starke Bevölkerungswachstum im PPNB, oder klimatische Veränderungen. Es ist wohl nicht notwendig, näher auf andere Hypothesen einzugehen, wie

6 vgl. Gary Rollefson/Ilse Köhler Rollefson, The collapse of Early Neolithic settlements in the Southern Levant; in: I. Hershkovitz (ed.), People and Culture in Change, BAR. Int. Series, Oxford 1989, 73-89; sowie: Gary Rollefson/Ilse Köhler Rollefson, PPNC adaptions in the first half of the 6th millennium BC, Paléorient 19/1993, 33-42.

7 Auch genannt *PPNB final* (s.o.), Anm. d. Hrsg.

8 vgl. Jacques Cauvin, La néolithisation du au Levant et sa premiére diffusion; in: Olivier Aurenche (ed.), Néolithisations, BAR. Int. Series 516, Oxford, 1989, 3-36; sowie: Jacques Cauvin, Naissance des divinités. Naissance de l'agriculture, Paris 1990, 191-204.

etwa die mögliche Ausbreitung neuer Infektionen durch die domestizierten Tiere[9] oder die Rodung großer Gebiete, um Rohstoff für das Brennen von Lehm zu erhalten, usw.[10] Es gibt einige neuere Ansichten, die die De-Popularisierungsthese verneinen und stattdessen den Zusammenbruch als eine Konsequenz sich verändernder Wirtschaftsweisen sehen. Diese führten entweder zu einer notwendigen Verlagerung der Bevölkerung in ein anderes Gebiet und/oder zu nomadischem Herdenwesen. Selbst wenn die letztere Behauptung für wenige Gegenden passen möge, etwa für gewisse Teile der südlichen Levante, wo es einen Einfluß in semiariden Landstrichen gegeben hat, ist es nicht möglich, diese Annahme für den gesamten Nahen Osten zu generalisieren. Zumindest die Funde und Befunde aus der Südost-Türkei und aus Nord-Syrien belegen einen Bevölkerungsrückgang in den frühkeramisch-neolithischen Schichten. Es müssen also zwei zentrale Fragen beantwortet werden: Was führte zu diesem radikalen Wandel und was passierte mit der Bevölkerung?

Um diese Fragen, vor allem die letztere, zu beantworten, muß Zentral-Anatolien gemeinsam mit dem gesamten Nahen Osten als ein Bereich angesehen werden, in dem erstmals seit dem Beginn der neolithischen Periode das Fundgut der beiden Regionen Gemeinsamkeiten aufweist. Die Verwendung von Keramik ab etwa 6.700 vor unserer Zeit setzt in beiden Regionen annähernd gleichzeitig ein; es zeigt spezifische Ähnlichkeiten in Material, Form und Verzierung. Es kann hier nicht auf die Details dieser Ähnlichkeiten eingegangen werden[11], aber alleine die Tatsache, daß es gemeinsame Elemente gibt, ist beachtenswert, wenn die gänzlich unterschiedlichen Typen der akeramischen Periode bedacht werden.

Ein Überblick über die demographische Situation der beiden Regionen bringt interessante Ergebnisse. Im starken Kontrast zu den zahlreichen und großen PPNB-Fundstellen im Nahen Osten nimmt sich die Anzahl der akeramisch-neolithischen Fundstellen auf dem anatolischen Plateau relativ gering aus und gen Westen gar noch weiter ab. Wir sind uns bewußt, daß ein großer Teil des Plateaus noch unzureichend untersucht ist, aber selbst die Gebiete, wo es bereits eine ausreichende

---

9 vgl. Lawrence Angel, Health as a crucial factor in the change from hunting to developed farming in the Eastern Mediterranean; in: Mark Cohen/George Armelagos (eds.), Paleopathology of the Origins of Agriculture, London 1984, 51-73; Mark Nathan Cohen/George Armelagos (eds.), Paleopathology at the Origins of Agriculture, New York 1984; sowie: L. Groube, The impact of diseases upon the emergence of agriculture; in: David Harris (ed.), The Origins and Spread of Agriculture and Pastoralism in Eurasia, London 1996, 101-29.

10 vgl. N. Miller, Clearing land for farmland and fuel: archaeobotanical studies of the Ancient Near East; in: N. Miller (ed.), Economy and Settlement in the Near East, Philadelphia 1990; sowie: Gary Rollefson, The uses of plaster at Neolithic 'Ain Ghazal (Jordan), Archeomaterials 4/1990, 33-54.

11 Um nur einige wenige Ähnlichkeiten zu nennen, sei das Vorhandensein von Rot überzogener, handgeformter Ware (*red slipped burnished ware*), weiß bemalter Ware, reduzierend gebrannter Ware (*dark faced burnished ware*) und reliefverzierter Ware in der Keramik erwähnt. Retuschierte Stielspitzen (*chipped stone discs*), unterschiedliche Typen von Figuren etc. sind unter den ähnlichen Funden in beiden Regionen anzutreffen.

Forschung gegeben hat, etwa die Ebene um Konya oder die Gebiete um die Seen, weisen überraschend wenige akeramisch-neolithische Fundstellen auf; bis heute beträgt die Gesamtzahl der bekannten akeramisch-neolithischen Siedlungen unter zehn.

Mit dem Keramischen Neolithikum beginnt ein plötzliches Ansteigen der Zahl der Siedlungen und dies nicht nur in Zentral-Anatolien, sondern auch im westlichen Teil der Halbinsel; über einhundert Fundstellen des Keramischen Neolithikums sind von Zentral- bis West-Anatolien bekannt. Und dies ist ebenso die Phase des ersten Auftretens neolithischer Fundstellen in der Ägäis und dem Balkan. Es ist interessant zu erkennen, daß die plötzliche Kolonisation des anatolischen Plateaus zu einer Zeit geschieht, als es im Nahen Osten zu einem Bevölkerungsrückgang kommt. Beachten wir die Ähnlichkeiten im Fundensemble, so zeigt die plötzliche Besiedelung Anatoliens, der Ägäis und des Balkans eine endemische Bewegung von Ost nach West. Gleichzeitig löst sich die enge Nord-Süd-Verbindung auf, die während der gesamten Zeit des PPNB bestanden hatte. Während des gesamten frühkeramischen Neolithikums haben das südöstliche Anatolien und der Norden Syro-Mesopotamiens sehr wenig gemeinsam mit der südlichen Levante – hier zeigt sich die neue Ost-West-Achse.

Soziale Unruhen

Fassen wir zusammen: Es scheint einen Migrationsschwung durch Anatolien bis nach Südost-Europa gegeben zu haben. Es ist weiters klar, daß dies keine große, einmalige Völkerwanderung von einem Ort zum anderen war, sondern wahrscheinlich eine kontinuierliche Bewegung, wohl ein Einsickern aus verschiedenen Teilen des Nahen Ostens. Viele vorherrschende Hypothesen über die Ausbreitung neolithischer Gemeinschaften in Europa sind ebenso von der Vorstellung ökologischen Niedergangs geprägt: Bauern hätten ihre Umwelt derart ausgebeutet, daß sie möglichst rasch fortziehen mußten.[12] Wir sehen diese Theorie als eher unwahrscheinlich an, denn besonders das westliche Anatolien, die Ägäis und der Großteil des Balkans bieten so viele ökologische Möglichkeiten, daß es egal gewesen wäre, was irgendwelche Bauern getan hätten, es wären immer noch ausreichend Ressourcen vorhanden gewesen, um mehr Siedler aufzunehmen. Außerdem unterstreichen die botanischen Untersuchungen, daß es während der gesamten neolithischen Periode keine Anzeichen auf irgendeinen ökologischen Verfall oder radikale Abholzung gibt.[13] Wir vermuten also ein so-

12 vgl. Albert Ammerman/Luca Cavalli-Sforza, A population model for the diffusion of early farming in Europe; in: Colin Renfrew (ed.), The Explanation of Culture Change. Models in Prehistory, London 1973, 343-57.

13 vgl. dazu im Besonderen: Kathy Willis, The vegetational history of the Balkans, Quaternary Science Review

zio-kulturelles Motiv hinter dieser Migration und kein ökonomisches oder ökologisches.

Zur Beantwortung der ersten Frage, was zur Wanderung aus dem Osten führte, sollten wir die sozio-ökonomischen Modelle der östlichen und westlichen neolithischen Kulturen vergleichen. Wie schon erwähnt, gibt es im PPNB Indikatoren einer sehr stratifizierten Gesellschaft und eines starken Einflusses kultischer Praktiken; charakteristisch war unter anderem das Vorhandensein besonderer kultischer Viertel mit Monumentalbauten und eine rigide Organisation der Siedlung. Auch wenn es noch keine klaren Belege gibt, können wir davon ausgehen, daß dieses System während des Keramischen Neolithikums im Nahen Osten bestehen blieb, da es die Basis späterer historischer Kulturen bildete. Auf der anderen Seite sind aber besonders gebaute Tempel oder kultische Gebäude weder in Anatolien, noch im südost-europäischen Neolithikum vorhanden. Hier kann ein Gebäude nur aufgrund seines Kontexts als kultisch angesprochen werden. Selbst in Çatalhöyük, der ertragsreichsten Fundstelle für kultische Objekte, ähneln die sogenannten Schreine (*shrines*) mit Ausnahme ihrer Innendekoration vollständig den normalen Häusern. Ähnlich ist es in Aşıklı[14], in Höyücek[15], in Toptepe[16] oder in Partsa[17]. Würde es in den Häusern, die dort als Schreine bezeichnet werden, keine kultischen Objekte geben, so würden sich die Häuser von anderen nicht unterscheiden, denn architektonisch sind sie genau dasselbe, wie alle anderen Wohnhäuser – sie sind nicht größer, noch deuten sie auf eine höhere Stellung in der Siedlung hin, wie man es von den nahöstlichen Tempeln kennt. Es scheint, als hätte sich während des Neolithikums in Anatolien und Südost-Europa eine sehr viel egalitärere ländliche Wirtschaftsweise herausentwickelt als im zentralistischen System Syro-Mesopotamiens. Wir können spekulieren, ob es sich bei den Motiven für die Migration um soziale Unruhen handelte, zu denen es am Ende des PPNB im Nahen Osten kam, und die zu Auswanderungen von Menschen in kleinen Gruppen gen Westen führten. Diese Menschen brachten nahezu alle Aspekte ihrer Kultur mit sich – mit Ausnahme der zentralisierten Gewalt. Im von ihnen neu besiedeltem Gebiet lebten sie in kleinen bäuerlichen Siedlungen, in denen die Dynamik für einen Wandel mit der Zeit nach und nach abnahm.

13/1994, 769-88 und Kathy Willis/K. D. Bennett, The Neolithic transition – fact or fiction? Palaeocological evidence from the Balkans, Holocene 4/1994, 326-30; ebenso in Verbindung früher Landwirtschaft und neuen Siedlungsräumen, siehe: Tjeerd Van Andel/Curtis Runnels, The earliest farmers in Europe, Antiquity, 1995, 481-500.

14 vgl. Ufuk Esin, Salvage excavations at the pre-pottery site of Asikli Höyük; in: Central Anatolia, Anatolica XVII/1991, 124-74.

15 Refik Duru, Höyücek Excavations 1990, Belleten LVIII/1995, 725-50, fig. 10.

16 Mehmet Özdoğan/Nilgün Özbasaran-Dede, Excavations at Toptepe in Eastern Thrace 1989, Arkeoloji ve Sanat 46/49, 1990, 2-23.

17 Gheorghe Lazarovici, Complexul Neolitic de la Partsa, Banatica 1985, 7-71.

Çayönü

Çayönü heißt die jungsteinzeitliche Siedlung nahe der kurdischen Stadt Diyarbakır in der heutigen Südosttürkei. Bekannt wurde die Fundstelle vor allem durch die aus dem neunten Jahrtausend vor unserer Zeit stammenden großen Wohnbauten mit rechteckigem Grundriß und Lehmziegelmauern auf Steinfundamenten, sowie durch die zum Teil unterirdischen Beinhäuser, in denen zahlreiche Schädel aufbewahrt wurden.

An diesem seit 1964 untersuchten Siedlungsplatz lässt sich die Entwicklung von den ersten Rundbauten einer Gemeinschaft von Jägern und Sammlern aus dem 10. Jahrhundert vor unserer Zeit zu einer großen dauerhaften Siedlung mit differenzierter Bebauung im 9./8. Jahrhundert bis zum Beginn des 7. Jahrhunderts nachvollziehen.

Die älteste Siedlung, aus der Rundbauphase, gehört zum Akeramischen Neolithikum A (PPNA) und bestand aus runden, leicht eingetieften Hütten. Der Oberbau war aus Lehmflechtwerk. Ihr folgt die Phase von langen, rechteckigen Grillplanbauten des späten PPNA und frühen PPNB, die wiederum von der Kanalplanphase ab 8.500 vor unserer Zeit und der Zellplanphase ab 7.500 vor unserer Zeit abgelöst wird. In dieser Phase entstanden professionelle Werkstätten und Sondergebäude, eingetieft im östlichen Hang.

Ab der Großraumphase werden keine Sondergebäude mehr errichtet und die Freiflächen kaum mehr gepflegt. Auch muß es zu einem sozialen und rituellen Wandel gekommen sein, da die Toten nun außerhalb der Siedlung bestattet wurden. Ab dieser Phase kann auch das Abernten von Wildgetreide nachgewiesen werden.

Weiterführende Literatur:

Badisches Landesmuseum Karlsruhe (Hg.), Vor 12.000 Jahren in Anatolien. Die ältesten Monumente der Menschheit, Konrad Theiss Verlag, Stuttgart 2007.

Ian Hodder
Stadt ohne Eliten (2006)

(...) Seit 1993 komme ich mittlerweile jeden Sommer zurück nach Zentralanatolien, um hier auf einem rund 20 Meter hohen Hügel zu graben. Wenn ich den Boden betrete, fühle ich das Kribbeln in meinen Füßen, wissend, unter mir liegen die Überreste einer Stadt, die vor 9.400 bis 8.000 Jahren bewohnt war. Gerade einmal 150 Meter westlich von hier ist ein zweiter, kleinerer Hügel, der vor 8.000 bis 7.700 Jahren bewohnt war. Die archäologische Fundstelle, die bisher untersucht werden konnte, nimmt gerade einmal rund fünf Prozent der Fläche dieses Areals ein. Bevor die Grabungen hier begannen, teilte sich ein alter Fußweg bei den beiden Hügeln; der größere erhielt so den Namen Çatalhöyük, die „Hügel an der Gabelung" (in etwa ch-tal-HÜ-yük ausgesprochen). Die Fundstelle übernahm diesen Namen.

Çatalhöyük wurde entdeckt und ausgegraben vom englischen Archäologen James Mellaart in den späten 1950er und frühen 1960er Jahren. Er konnte bei den Grabungen vierzehn Phasen im größeren Hügel erkennen. Diese entstanden, als die Bewohner ihre alten Häuser abrissen, planierten und an deren Stelle neue errichteten. Insgesamt erforschte Mellaart 160 Gebäude, verteilt über alle Besiedlungsphasen. In jedem Haus lebte eine Familie von fünf bis zehn Personen. Ein Raum war der zentrale Bereich, in dem gelebt, gekocht, gegessen, gearbeitet und geschlafen wurde. Es gab aber auch Nebenräume als Aufbewahrungskammern oder zur Zubereitung der Nahrung.

Vollgepackt mit Kunst

Mellaarts Ausgrabungen zeigten, daß die Menschen in Çatalhöyük domestizierte Pflanzen und Tiere verwendeten. Die Ergebnisse riefen großes Interesse hervor, denn erstmals konnte gezeigt werden, daß es sehr frühe Bauerndörfer nicht nur in der Levante und angrenzenden Gebieten des Mittleren Ostens gab, in denen die Wildpflanzen und -tiere erstmals domestiziert wurden, sondern auch hier, in Anatolien. Es traten aber vor allem noch viele andere charakteristische Merkmale von Çatalhöyük zutage, die von Mellaart erstmals beschrieben wurden und noch viel erstaunlicher waren. Die Gebäude sind derart eng aneinander gebaut, daß es kaum bis keine Straßen oder Wege gab. Der Einstieg in die inneren Bereiche geschah mittels Stiegen über die Dächer, die aus mit Lehm verschmierten Holz oder

Schilf gebaut waren. Die Toten wurden unter den Fußböden begraben. Die Innenräume waren künstlerisch verziert, mit Wandmalereien, Reliefs und Skulpturen, darunter Darstellungen von Frauen, die einigen als Evidenz für einen Kult der Muttergottheit gelten.

Für eine neolithische Siedlung war Çatalhöyük sehr groß. Das Neolithikum gilt als die Zeit vor 11.500 bis 8.000 Jahren, als Menschen begannen, in relativ dauerhaften Dörfern zu leben, domestiziertes Getreide zu ernten und Tiere zu halten. Die Bevölkerung variierte zwischen 3.000 und 8.000 Menschen; die bebaute Fläche des größeren Hügels lag bei knapp 14 Hektar. So ist es wenig überraschend, daß Mellaart trotz vierjähriger Grabungstätigkeit nur einen kleinen Teil der Stadt entdecken konnte. Die aktuelle Grabung [2006], die von mir selbst auch geleitet wird, konnte achtzig weitere Häuser ausgraben oder zumindest erkennen, und so vier weitere Besiedlungsphasen im größeren Hügel bestimmen. Und während ich über den Hügel schreite, bin ich mir im vollen Bewußtsein, daß unter mir noch tausende Gebäude, vollgepackt mit Kunst und Symbolismus, auf ihre Entdeckung warten.

Dauerhafte Innovation

Heute wissen Archäologen weit mehr über die anatolischen Siedlungen des Neolithikums als zur Zeit Mellaarts. Doch für alle Erforscher dieser Periode – mich eingeschlossen – hat Çatalhöyük einen besonderen Reiz. Was führte zu einer Konzentration der Kunst in so vielen Gebäuden an ein- und derselben Fundstelle? Warum war die Siedlung so groß – was brachte die Menschen an diesen Ort? Und was kann von dem vielleicht interessantesten Merkmal Çatalhöyüks gelernt werden: der immer wieder neuen Errichtung der Siedlung über mehrere Jahrhunderte und der daraus resultierende ungewöhnlichen Reichtum detaillierter Hinterlassenschaften des täglichen Lebens?

Der Hauptgrund für die Fülle des archäologischen Befundes liegt in dem besonderen Baumaterial, der von den Çatalhöyükern verwendet wurde. Anstatt harte Lehmböden zu errichten, die über Jahrzehnte halten würden (wie es in vielen anderen Siedlungen Anatoliens und des Mittleren Ostens der Fall war), verwendeten die Bewohner von Çatalhöyük kalkreichen Lehmmörtel für ihre Böden, die so weich blieben und regelmäßig erneuert werden mußten. Einmal pro Jahr, in manchen Fällen sogar monatlich, wurde der Verputz an Boden und Wänden neu aufgetragen. Diese dünnen Gipsschichten bewirken dasselbe wie Jahresringe eines Baums und geben so eine gut erkennbare zeitliche Abfolge der Aktivitäten. Die Böden dokumentieren sogar solche feinen Dinge des täglichen Lebens wie Abdrücke von Matten. Die Abfallgruben sind ebenso fein geschichtet, wodurch selbst die kleinen Details von Kochresten erkannt werden können.

Sobald ein Haus das Ende seiner Lebensdauer erreicht hatte, wurden die oberen Hälften der Mauern geschliffen und der untere Rest des Gebäudes mit diesem Bauschutt verfüllt, der zugleich das Fundament des darauf neu zu errichteten Hauses bilden sollte. Durch diese stetige Aufschüttung wuchs der Hügel langsam an. Indem wir ihn nun wieder wegnehmen, können wir in die Vergangenheit zurückkehren. (...)

Autonome Haushalte

Heutzutage folgen Archäologen automatisch der Annahme, Menschen hätten sich nicht nur an bestimmten Orten gesammelt, die nahe an natürlichen Ressourcen lagen, sondern auch aus sozialen Gründen. Zum Beispiel zur Organisierung der Arbeit, zur Teilnahme an gemeinschaftlichen Ritualen oder zur Verteidigung vor einem gemeinsamen Feind. Viele Siedlungen in Anatolien, teilweise weit früher errichtet als Çatalhöyük, spiegeln diesen kollektiven Geist wider. Kunst konzentriert sich dort in besonderen kultischen Gebäuden, Häuser werden in Zonen errichtet und menschliche Schädel werden teilweise gemeinschaftlich beigesetzt.

Im Gegensatz dazu waren viele Aspekte des Lebens in Çatalhöyük auf häuslicher Ebene organisiert. Der Archäologe Brian F. Byrd von der *Far Western Anthropological Research Group* in Davis, Kalifornien, stellte fest, daß es in der südlichen Levante während des Neolithikums zu einem generellen Wandel hin zu größerer Autonomie und Komplexität auf häuslicher Ebene kam. Ein vergleichbarerer historischer Wandel kann in Zentralanatolien nicht verfolgt werden. Zwar gab es in Aşıklı Höyük, einer Siedlung, die vor etwa 10.700 bis 9.300 Jahren bestand, kultische Bauwerke, aber die Häuser waren weniger aufwendig als jene von Çatalhöyük, wo eine weite Palette an Funktionen, von der Beerdigung, über Kult und Kunst bis zur Lagerung, Fertigung und Produktion im Haus stattfanden.

Andere Hinweise deuten ebenso darauf hin, daß der autonome Haushalt die primäre soziale Einheit in Çatalhöyük war. Allein von der Fläche her mag Çatalhöyük eine Stadt gewesen sein und obwohl wir sehr sorgfältig auswählten, wo wir gruben, konnten bisher keine Anzeichen für öffentliche Bereiche, administrative Gebäude, Häuser oder Stadtteile von Eliten gefunden werden. Es gab keine Straßen und in der Tat wurden die Wohnhäuser inmitten von Müllhalden, vollgestopft mit Dreck, Fäkalien und verrottetem organischen Material, gebaut – nicht unbedingt eine schöne Vorstellung für uns moderne, sensible Menschen. So verwundert es nicht, daß die Innenräume über die Dächer und ein paar Stufen erreicht wurden.

Wie unabhängig die einzelnen Haushalte voneinander waren, zeigt sich auch daran, daß nur wenige Häuser gemeinsame Außenwände besaßen: selbst wenn Häuser nur wenige Zentimeter voneinander entfernt waren, so bauten und erhielten die Bewohner dennoch ihre eigenen Wände. Jedes Haus war mit unterschiedlicher Zusammensetzung des Lehms gebaut. Die Behälter in den Häusern deuten darauf hin, daß alle eine ähnliche Lagerkapazität für landwirtschaftliche Produkte besaßen. Jedes Haus dürfte seine eigne Herdplatte besessen haben, ebenso Ofen, Obsidian-Lager, Stauräume, Arbeitsflächen und so weiter und so weiter. Alles für die Arbeit der Bewohner. (...)

Band mit der Vergangenheit

Das Standardhaus hatte einen großen Hauptraum, in dem sich die Feuerstelle, die Bestattungsplattform, sowie ein Arbeitsbereich befanden. Ein oder mehrere Nebenräume dienten als Lagerraum, als Küche und Bereich für andere häusliche Arbeiten. Die Stiegen vom Dach – womöglich ein Stamm, in dem Kerben eingeschlagen waren – führten in den Hauptraum. Die Wände bestanden aus Lehmziegeln und hatten keine Fenster. Sie hatten eine durchschnittliche Dicke von 40 Zentimetern und waren zwischen 2,5 und 3 Meter hoch. Die Zwischenwände, Böden und Dachstützen waren alle verputzt. (...)

In den bisher ausgegrabenen Häusern waren die Feuerstellen und Öfen im allgemeinen im südlichen Bereich des Hauptraumes gelegen. In diesem Bereich ist der Boden schwarz von Asche und Kohle des Feuers. Auch handwerkliche Tätigkeiten wurden dort verrichtet: so haben wir Hinweise, das Obsidian dort zu Werkzeugen verarbeitet wurde, Perlen wurden hergestellt und Öl aus Tierknochen gewonnen. Obsidianlager, genauso wie Bereiche zur Aufbewahrung von Gefäßen oder andere kleine Stauräume, wurden oft zwischen den Räumen gebaut. Diese „schmutzigen" Bereiche des Hauptraums waren wenig bis gar nicht kunstvoll ausgestattet und die einzigen hier Bestatteten scheinen Neugeborene oder Kleinkinder zu sein.

Im Gegensatz dazu sind die Plattformen und verputzten Böden im Rest des Raumes viel heller, teilweise sogar weiß. First oder andere Raumteiler trennen diese Bereiche des Raums. Die „sauberen" Bereiche haben oft höhere Podeste, mehr Bemalung und die Bestattungen wurden hier durchgeführt.

Mehr als dies zeigt der reiche symbolische Gehalt des Hauses das hohe Level sozialer Organisation des Haushalts. Gemälde zeigen Geier, über kopflose Körper kreisend. Es wird vermutet, dies spiegelt die in vielen Erdteilen verbreitete Praxis wider, die Toten im Freien liegen zu lassen, um so die natürliche Dekarnation zu beschleunigen. Figuren zeigen wohl-proportionierte Frauen. Eine Skulptur zeigt eine Frau auf einem „Thron" sitzend, auf ihren Armen zwei Katzen. Vor kurzem haben wir einen männlichen Schädel entdeckt, auf dem über einen langen Zeitraum regelmäßig Lehm und Farbe aufgetragen wurde – vielleicht war er ein verehrter Vorfahre. Schließlich starb eine weitere Person, eine Frau, und der Kopf wurde schließlich gemeinsam mit ihr bestattet. (...)

Mellaart vermutete, einige der Gebäude der Siedlung seien aufgrund ihrer Dekoration und ihres symbolischen Inhalts besondere Schreine gewesen. Wir interpretieren heute alle diese Gebäude als Wohnhäuser, doch mit unterschiedlichem Grad an kultischer Ausprägung. Im Boden des Gebäudes I fanden wir einen Angelhakenanhänger aus einem gebrochenen Eberstoßzahn, der dort womöglich intentionell abgelegt wurde. Eine kleine Lehmstatue im Inneren eines Tierhorns befand sich in der Wand des Hauptraums. Wir konnten erkennen, daß zwei Löcher in die Wand geschlagen wurden, welche später wieder verputzt wurden. Wir vermuten nun, diese hätten Objekte beinhaltet, die später wieder entfernt wurden. Ein kleines Fragment einer Figur aus einem Tierhorn war im Material, das für den Bau eines Ofens in einem der Nebenräume verwendet wurde. Vielleicht sollten diese Stücke symbolischen Schutz bieten, oder sie repräsentierten Erinnerungen, ein Band mit der Vergangenheit. Wir können es nicht wirklich sagen, doch im allgemeinen zeigt es uns, wie der Bau eine rituelle und tägliche Praxis integrierte.

Ein bedeutendes Ergebnis der derzeitigen Ausgrabungen ist, erkannt zu haben, daß die meisten in den Wohnhäusern Bestatteten Körper waren, an denen noch das gesamte Fleisch haftete. Mellaart und sein Team fanden vermischte und zerstückelte Knochen zwischen den Plattformen in den Haupträumen. Sie glaubten, die Körper seien woanders begraben und anschließend unterhalb der Fußböden umgebettet worden. Diese Hypothese wurde bekräftigt durch Zeichnungen von Geiern, die das Fleisch von kopflosen menschlichen Körpern zogen, so die Interpretation. Doch unsere Forschungen zeigen, daß viele der Körper bei der Bestattung unterhalb der Podeste noch intakt waren: die Gelenke waren ganz, und kleine Knochen, die nach Umbettungen oft fehlen, waren vorhanden. Die Vermischung der Knochen resultiert unserer Meinung aus der Verwendung ein- und derselben Bereiche als Bestattungsorte zu späteren Zeitpunkten. Dies war eine häufige Praxis.

Der deutlichste Hinweis, welch große symbolische Bedeutung das Haus im Leben der Einwohner von Çatalhöyük spielte, ist der akribische Prozess, dem gefolgt wurde, wenn – aus strukturellen oder anderen Gründen – die Bewohner des Hauses beschlossen, es niederzureißen und wieder aufzubauen. Um den Wiederaufbau vorzubereiten, wurden von den Arbeitern zunächst die Wände und Böden von Schlamm befreit und gewaschen. Dann wurde das Haus abgedeckt, alle das Dach tragenden Elemente entfernt und die Mauern für gewöhnlich bis auf eine Höhe von etwa einen Meter geschliffen. Einbauten wie Feuerstellen und dekorative oder rituelle Elemente wurden ausgebaut oder abgeschlagen. Das alte Haus wurde dann sorgfältig mit Baumaterial verfüllt. Um etwa das Gewölbe des Ofens zu erhalten, wurde er mit Erde durch die Seitenöffnungen befüllt. Das Füllmaterial beinhaltete oft Artefakte, etwa Knochenstücke, Obsidianreste oder Steinäxte. Wie viele dieser Objekte tatsächlich kultisch deponiert wurden und welche zufällig verloren gingen, ist nicht klar, doch es gibt bestimmte Muster in der Arbeit. So wurde die von Mellaart in einem Gefäß entdeckte inthronisierte weibliche Figur mit Katzen wohl aus symbolischen Motiven an diese Stelle gesetzt.

Nah beieinander

Ein in einem solchen Haushalt aufwachsendes Kind, würde rasch erlernen, wie die Ordnung organisiert war – wo wurden die Toten bestattet, wo wurde Nahrung hergestellt, wo befanden sich die Obsidianlager und wo war der Platz für Opfergaben. Schließlich würden er oder sie auch lernen, das Wohnhaus selbst wieder zu errichten. So wurden die gesellschaftlichen Regeln nicht von einer zentralen Macht bestimmt, sondern durch die tägliche Praxis des Haushalts weitergegeben. All diese Tätigkeiten wurden im Beisein verstorbener Ahnen und einer symbolischen Welt, sichtbar durch die reiche künstlerische Ausgestaltung, verübt.

Doch warum, wann und wo genau so eine große Siedlung derart aufblühte ist immer noch nicht klar. Vielleicht weil es den Menschen dort ermöglicht wurde, ein Netzwerk aus Beziehungen zu errichten, das den Zugang zu Ressourcen kontrollieren würde. Indem so nah beieinander gewohnt wurde, konnte diese Verbindung stetig gestärkt und überwacht werden. Indem sich der einzelne Haushalt mit anderen zusammenschloß, konnte er so seine eignen Interessen besser wahren: das Finden von Ehepartnern für die Jungen, gegenseitige Bindungen knüpfen und durch Abstammung Verbindungen stärken.

Doch gleichzeitig wissen wir auch, daß jederzeit neue Hinweise auftauchen können, die einer gänzlich unterschiedlichen Erklärung bedürfen. Und so werden unsere Grabungen und gelehrten Vermutungen weitergehen. (...)

Ian Hodder
Ein dekoriertes Haus in Çatalhöyük (2010)

Çatalhöyük ist eine wichtige neolithische Fundstelle nahe Çumra, unweit [der zentralanatolischen Stadt] Konya. Sie war vor 9.000 Jahren von bis zu 8.000 Menschen besiedelt. Sie alle lebten in einer großen „Stadt". Es gab dort keine Straßen, die Menschen bewegten sich über die Dächer der Wohnhäuser und traten in diese durch Öffnungen an der Decke. In den Wohnhäusern produzierten die Menschen wunderbare Kunstwerke – Malereien, Reliefs und Skulpturen –, die die Jahrtausende überdauerten. Die Kunstwerke wurden zu allererst in den 1960er Jahren von James Mellaart entdeckt.[18] Neue Untersuchungen an der Fundstelle begannen 1993. Es ist geplant, diese bis 2018 fortzusetzen. Diese neuen Ausgrabungen orientieren sich an den modernsten wissenschaftlichen Techniken, um so das Leben der Menschen von Çatalhöyük rekonstruieren zu können. (...)

In dem hier vorliegendem Bericht soll ein Überblick der Ausgräber über einzelne Gebäude und die stratigrafische Beziehung dieser zueinander gegeben werden. Die Leiter und Forscher in den Labors werden die verschiedenen Ergebnisse ihrer Analysen präsentieren. Hier sind sehr viele interessante und vor allem unerwartete Eindrücke entstanden. So meinen nun einige Forscher in diesem Bereich, daß die Feuchtgebiete um die Siedlung nicht derart einheitlich waren, wie bisher angenommen. Es hätte etwa hinreichend trockene Gegenden zur landwirtschaftlichen Nutzung um die Siedlung gegeben. Das ist ein Abgehen von unserer früheren Meinung, als wir annahmen, die Felder seien weit von der Siedlung abgelegen gewesen. Ein anderer neuer Aspekt betrifft die soziale Organisation in Çatalhöyük. Lange Zeit vermuteten wir, daß die Gesellschaft in Çatalhöyük egalitär war. Doch in den letzten Jahren haben wir *History Houses* (Historienhäuser) identifizieren können, die mehr Bestattungen aufwiesen und aus baulicher und innenarchitektonischer Sicht besser ausgestattet waren. Es könnte nun angenommen werden, daß [Bewohner] derartige[r] besondere[r] Gebäude mehr Kontrolle über die Produktion besaßen, reichere Bestattungen aufwiesen oder gesündere Individuen darin lebten. Doch bei der Auswertung von einem Datensatz nach dem anderen wurde es immer klarer, daß diese History Houses überhaupt nichts tatsächlich Besonderes waren, außer, daß sie mehr Bestattungen und reichere Ausführungen aufwiesen. Die Erwartung nach sozialen Differenzen in Çatalhöyük wurde also enorm gedämpft. Von den vielen anderen Aspekten, die aufgelistet werden könnten, möchte ich nur jenen anführen, der von unserem Team kommt, das die aus-

18 vgl. James Mellaart, Catal Hüyük. Stadt aus der Steinzeit, Bergisch Gladbach 1967.

gegrabenen Skelette von unterhalb der Häuserböden untersucht. Es wäre zu vermuten, daß die Bewohner von Çatalhöyük eine schlechte Gesundheit aufwiesen. Denn oft genug wird angeführt, daß die Gesundheit von Menschen, die in große Siedlungen zogen, sich verschlechterte. Und in der Tat gab es eine dichte Zusammenrottung von Häusern, umgeben von weiten Arealen mit Unrat und Müllhaufen, in denen Fäkalien von Tieren und Menschen gefunden wurden, was auf unhygienische Zustände schließen läßt. Wir wissen von grassierendem Ungeziefer. Es war für uns daher eine große Überraschung, zu erkennen, daß die Gesundheit der Bewohner in vielen Bereichen in gutem Zustand war. Die Menschen müssen also einen Umgang mit diesem Abfall gefunden haben (so wissen wir beispielsweise, daß die Misthaufen eingeebnet und mit Kalk angereicherter Asche bedeckt wurden), um die Krankheitserreger zu minimieren und die Häuser sauber zu halten. Wir können nicht sagen, ob sie mit Keimen und anderen Erregern umgehen konnten, doch ihr Handeln, gewollt oder nicht, erlaubte es ihnen, bei guter Gesundheit zu bleiben. (...)

Ian Hodder
Zusammenleben ohne zentrale Kontrolle? (1998)

Die Frage wird also immer drängender: Wie konnten so viele Menschen ohne zentraler Herrschaft organisiert werden? Es gab womöglich Ältestenräte, doch gibt es nichts, das auf größere oder einflußreichere Strukturen schließen läßt. Selbst wenn spätere Untersuchungen große Zeremonialzentren in Çatalhöyük zu Tage führen würden, bleibt die Tatsache bestehen, daß der Großteil der Produktion auf häuslicher Ebene durchgeführt wurde. So ergeben etwa die mikromorphologischen Arbeiten von Dr. Wendy Matthews, daß Bauarbeiten dezentral organisiert waren, da es große Unterschiede zwischen dem bei den einzelnen Häusern verwendetem Baumaterial gab. Die Obsidianproduktion und Lebensmittelaufbewahrung fand ebenso auf häuslicher Ebene statt.

Und dasselbe scheint auch für die Kunst zu gelten. Grahame Clark argumentiert seit langem, die Kunstwerke von Çatalhöyük als häuslichen Kult anzusehen. Wir gehen damit konform, denn selbst von uns untersuchte, kunstvollere Gebäude (besonders jene aus den Bereichen, die uns James Mellaart hinterlassen hat) hatten Feuerstellen in den Häusern und wiesen umfangreiche Arbeitsbereiche auf. Kunst ist oftmals Teil sozialen Handelns. Im Gebäude I von Çatalhöyük befinden sich die Wandmalereien um eine Plattform, unter der ein junger Mensch begraben wurde. Solche Verbindungen unterstreichen die Vermutung, daß Kunst eine soziale Rolle besaß. Sie taucht in gewissen Bereichen der Gebäude und an bestimmten Wänden auf, deren sich wiederholende Muster bereits vor langer Zeit von Mellaart erkannt wurden.[19] Es scheint also wahrscheinlich, daß die Kunst zum Sozialcode gehörte, der das tägliche Leben der Menschen regulierte. Sie half die Gruppen und sozialen Unterschiede innerhalb der Hausgemeinschaft zu formen. Sie war Teil des sozialen Handelns, der das tägliche Leben regulierte. Sie war Teil des Glaubenssystems, das den Menschen sagte, wie sie sich verhalten sollten.

So können wir zusammenfassend feststellen, daß gerade die beiden verschiedensten Charakteristika von Çatalhöyük zusammenhängen. Es muß wohl auch die enorme Größe der Fundstelle in Zusammenhang mit der Kunst gesehen werden. Die Organisation einer derart großen Menge an Menschen ohne zentrale Autorität war nur möglich durch einen aufwendigen Sozialcode, der das tägliche Leben der Bewohner in Çatalhöyük regelte. Die Kunst war ein integraler Teil des Glaubenssystems, das sich in das tägliche Leben integrierte und so aus der Routine bestimmte Rituale [zum täglichen Zusammenleben] erschuf.

19 vgl. James Mellaart, Catal Hüyük. Stadt aus der Steinzeit, Bergisch Gladbach 1967.

Çatalhöyük

Die in der Türkei gelegene Fundstelle Çatalhöyük (auch Çatal Höyük oder Çatal Hüyük geschrieben) befindet sich auf zwei Hügeln, die als Platz für zwei zeitlich aufeinanderfolgende stadtartige Großsiedlungen der frühen Jungsteinzeit dienten. Die Siedlung datiert ins sechste und siebente Jahrtausend vor unserer Zeit und liegt 50 Kilometer südöstlich der anatolischen Stadt Konya.

Der Ende der 1950er Jahre entdeckte und 1961–65 von James Mellaart erstmals erforschte Wohnhügel nimmt eine Fläche von etwa dreizehn Hektar ein, von denen jedoch nur 4.000 Quadratmeter untersucht wurden. Seit 1993 werden die Grabungen von Ian Hodder fortgeführt.

Die zunächst erfaßten fünfzehn Meter starken Schuttschichten mit zwölf aufeinanderfolgenden Siedlungshorizonten erbrachten reiche Befunde, vor allem von einstöckigen, nur über die Dächer zugänglichen Wohnbauten aus Lehmziegeln und Holz hervor, die wie Bienenwaben aneinandergebaut waren.

Idole, Fresken und geschnittene Lehmputzreliefs weisen auf die Verehrung von Tieren, wie Stiere und Leoparden, aber auch (nach Marija Gimbutas) einer Muttergottheit hin. Zusammen mit den Beigaben der 400 bekannten Skelette, die in den Fußböden der Wohnhäuser bestattet wurden, so z. B. Schmuck aus Stein, Muscheln, Schnecken, Kupfer oder Blei, aber auch Felsgesteingeräte, Feuersteindolche, Pfeilspitzen und Spiegel aus Obsidian, vermitteln die Funde ein eindrucksvolles Bild vom zivilisatorischen Stand der Siedlung.

Im zweiten Hügel aus der zweiten Hälfte des sechsten Jahrtausend fanden sich Reste der Folgesiedlung mit bemalter Keramik.

Weiterführende Literatur:

Ian Hodder, Çatalhöyük: The Leopard's Tale. Revealing the Mysteries of Turkey's Ancient "Town", Thames & Hudson, London 2006.
Badisches Landesmuseum Karlsruhe (Hg.), Vor 12.000 Jahren in Anatolien. Die ältesten Monumente der Menschheit, Konrad Theiss Verlag, Stuttgart 2007.

Zeittafel

Ab 400.000 **Früh-/Altpaläolithikum**		
Ab 200.000 **Mittelpaläolithikum**	Erste Bestattungen Neandertaler	*100.000-70.000* *Menschliche Revolution*
	90.000-70.000 Blombos-Höhle	
	80.000 Erste Kunst	
40.000 **Jungpaläolithikum**	Homo sapiens (moderner Mensch) in Eurasien	
33.000 Aurignacien 25.000 Gravettien		*28.000 Venus von Willendorf*
15.000 Magdalénien	20.000 Keramik in Ostasien	
12.000 **Spät-/Epipaläolithikum**	Pfeil und Bogen	*11.000 Natufien*
	Ende der Eiszeit	
	Beginn der Neolithischen Revolution	
10.000 **Mesolithikum in Europa**	Seßhaftigkeit	
		9.500 Çayönü

10.000 Neolithikum im Mittleren Osten und Vorderen Orient	Ackerbau und Domestikation	
	Höhepunkt der Neolithischen Revolution	*9.000 Göbekli Tepe/ Jericho*
Bis 8.500 PPNA	7.000 Metallschmelze von Erz	*8.000 Çatalhöyük*
Bis 6.900 PPNB		
Bis 6.000 Keramisches Neolithikum	6.700 Keramik im Mittleren Osten	*6.000 Kupfer*
6.000 Neolithikum in Mitteleuropa		
	5.000-2.000 Megalithen	*4.400 1. Kurgan-Welle (Indogermanen)*
	Rad	*3.500 2. Kurgan-Welle*
	Metallzeitalter	*3.200 Ötzi*
	Versklavung von Kriegsgefangenen im Vorderen Orient	*3.000 3. Kurgan-Welle*
2.000 Bronzezeit in Mitteleuropa		*2.700 Pyramiden von Ägypten*
		2.500 Stonehenge

		1.500 Mykene
	Hallstattkultur	
800 **Eisenzeit in Mitteleuropa**		
	Latènekultur	
Antike **Sklavenhaltergesellschaft**	40 Römische Okkupation Westeuropas	*40 Gallischer Krieg*
	15 Römische Okkupation Alpenraum	
Feudalismus		*550 Christianisierung Irlands* *700 Wikingereinfälle in Irland* *843 Teilung des fränkischen Reichs* *11./12. Jhd. Gründung Inka-Reich*
	Entdeckung Amerikas	*1169 Anglonormannische Eroberung Irlands* *1531 Eroberung des Inkareichs durch Spanier* *1604 „Flight of the Earls", Ende des Gälischen Irlands*

Autorinnen und Autoren dieses Buches

Vere Gordon Childe (1892–1957): australischer Sozialist und einer der einflußreichsten Archäologen des 20. Jahrhunderts, der den Begriff „Neolithische Revolution" in die Wissenschaft einführte. Während des Ersten Weltkriegs trat Childe als scharfer Kriegsgegner auf, war Mitglied der *Industrial Workers of the World* und arbeitete in Folge als Parteisekretär in der australischen *Labour Party*. Später wurde er Professor in Edinburgh (Schottland). Zu seinen bedeutendsten Werken zählen *Der Mensch erschafft sich selbst* (1941), *Soziale Evolution* (1951) und *Vorgeschichte der Europäischen Kulturen* (1958).

James Connolly (1868–1916): in Schottland geborener irischer Sozialist und Gewerkschafter. Connolly war Gründer der ersten sozialistischen Partei Irlands, der *Irish Socialist Republican Party*. Nach seiner Emigration in die USA im Jahr 1903 war er aktiv am Aufbau der *Industrial Workers of the World* beteiligt. Bei seiner Rückkehr nach Irland 1910 gründete er die Gewerkschaftsmiliz *Irish Citizens Army*, die eine zentrale Rolle im Dubliner Osteraufstand 1916 spielte. Als Führer des Aufstands und Unterzeichner der irischen Unabhängigkeitserklärung wurde er von britischen Soldaten im Mai 1916 hingerichtet.

Heinrich Eildermann (1879–1955) war Lehrer, Autor, Gesellschaftswissenschaftler und Aktivist der Arbeiterbewegung. Nach der Niederschlagung der deutschen Räterepubliken im Anschluss an den Ersten Weltkrieg wurde er Mitglied der KPD. Nach Kriegsende 1945 lehrte Eildermann Soziologie an der Universität Dresden und wurde Mitglied der SED. Sein Lied *Dem Morgenrot entgegen,* das er 1907 verfaßt hatte, war lange Zeit die Hymne der kommunistischen Jugendbewegung.

Peter Berresford Ellis (*1943) ist Autor von über neunzig Büchern u.a. zur Geschichte der Kelten, von Wales und Irland. Er ist Herausgeber der ausgewählten Werke von James Connolly und Ehrenpräsident der *Celtic League*. In den 1990er Jahren war er Vorsitzender der Londoner *Labour Party* und gab das Magazin *Labour and Ireland* heraus. Zu seinen wichtigsten Werken zählen: *A History of the Irish Working Class* (1972), *The Celtic Revolution: A Study in Anti-Imperialism* (1985) und *Eyewitness to Irish History* (2004).

Friedrich Engels (1820–1895): gemeinsam mit Karl Marx Begründer des wissenschaftlichen Sozialismus, Gründer und Mitglied des Generalrats der *Internatio-*

nalen Arbeiterassoziation (1. Internationale). Mit seiner einflußreichen Untersuchung *Die Lage der arbeitenden Klasse in England* (1845) gehörte Engels auch zu den Pionieren der empirischen Soziologie. In seinem *Anti-Dühring* (1877) und der Kurzfassung *Die Entwicklung des Sozialismus von der Utopie zur Wissenschaft* (1880) schuf er die Grundlagen für den Dialektischen Materialismus.

Marija Gimbutas (1921–1994) wurde in Litauen geboren, emigrierte 1949 in die USA und wirkte als Prähistorikerin, Anthropologin und Sprachwissenschaftlerin. 1950 wurde Gimbutas als Dozentin nach Harvard berufen, ab 1963 arbeitete sie als Professorin für Archäologie an der University of California in Berkeley. Sie führte die Begriffe „Alteuropa" und „Kurgan-Kultur" in die Wissenschaft ein. Ihr Werk *Die Sprache der Göttin* gilt als eines der grundlegenden Werke der Matriarchatsforschung.

Ian Hodder (*1948 in Bristol) ist Professor am Institut für Anthropologie der Stanford University (USA) und seit 1993 Direktor des „Çatalhöyük Research Project". Er gehört zu den einflußreichsten Archäologen der letzten Jahrzehnte und war Pionier der post-prozessualen Theorie in der Archäologie. Seine wichtigsten Publikationen sind *Symbols in Action*, *Reading the Past*, *The Domestication of Europe* und *The Archaeological Process*.

Chris Knight (*1942): britischer Anthropologe und Marxist, seit 2002 Professor für Anthropologie an der Universität East London, Gründungsmitglied der *Radical Anthropology Group*. Seine wichtigste Publikation trägt den Titel *Blood Relations: Menstruation and the Origins of Culture* (1991).

Mark Osipovič Kosven (1885–1967): russischer Ethnograph und Prähistoriker. Er arbeitete hauptsächlich zum Themenbereich des Matriarchats, zu frühen Formen der Eheschließung und zur Entstehung der Völker im Kaukasus. Sein Hauptwerk lautet *Matriarchat: istorija problemy* (1948). Auf Deutsch erschien von ihm *Abriß der Geschichte und Kultur der Urgesellschaft* (1957).

Paul Lafargue (1842–1911): französischer Sozialist und Arzt, wuchs in Kuba als Sohn eines Plantagenbesitzers auf. Lafargue war der Schwiegersohn von Karl Marx. Im Jahr 1889 eröffnete er den Internationalen Arbeiterkongreß in Paris. Nach seinem Tod im Jahr 1911 nahmen 15.000 Menschen an einem Trauerzug teil, die Grabrede hielt Lenin. Von Eduard Bernstein wurde Lafargue als wichtigster Theoretiker des französischen Sozialismus gewürdigt.

Richard Borshay Lee (*1937): kanadischer Anthropologe, emeritierter Professor für Anthropologie an der Universität von Toronto. Er veröffentlichte zentrale Studien zu modernen Jäger-und-Sammler-Gesellschaften, darunter *The !Kung San* (1979), *The Done ju'hoansi* (1993) und gemeinsam mit Irven DeVore *Kalahari Hunter-Gatherers* (1976).

Rosa Luxemburg (1871–1919): aufgewachsen in Polen, schloss sich früh sozialistischen Zirkeln an und musste ins Exil in die Schweiz flüchten. 1898 übersiedelte Luxemburg nach Deutschland und wirkte dort als weithin bekannte Gegnerin des Ersten Weltkriegs, Mitbegründerin des Spartakusbundes und wichtige marxistische Theoretikerin. Nach zahlreichen Verhaftungen und Gefängnisaufenthalten wurde sie 1919 gemeinsam mit ihrem Mitstreiter Karl Liebknecht von Soldaten eines Freikorps mit Wissen der damaligen Regierung erschossen.

Ernest Mandel (1923–1995) war nach dem Zweiten Weltkrieg das einflußreichste Mitglied des Vereinigten Sekretariats der Vierten Internationale, die auf Leo Trotzki zurückgeht. Er lehrte Politische Ökonomie an der Vrijen Universiteit in Brüssel. Für sein Konzept der *Langen Wellen der kapitalistischen Entwicklung* erhielt er 1978 den Alfred-Marshall-Preis der Universität Cambridge.

Abdullah Öcalan (*1949) gründete 1987 die Arbeiterpartei Kurdistans (PKK) und war ihr Vorsitzender bis zu seiner Verhaftung im Februar 1999. Seither befindet er sich in Isolationshaft in der Türkei. Öcalan gilt weiterhin als führender Stratege des kurdischen Befreiungskampfs. In der Haft publizierte er bisher über zehn Bücher zu politischen Fragen und zur Geschichte des Mittleren Ostens, z. B. *Gilgameschs Erben* (2003) und *Jenseits von Staat, Macht und Gewalt (*2010*)*.

Karl-Heinz Otto (1915-1989): deutscher Prähistoriker und Mitglied des Zentralinstituts für Alte Geschichte und Archäologie der Akademie der Wissenschaften der DDR. Lehrte bis zu seiner Emeritierung 1980 an der Humboldt-Universität zu Berlin.

Mehmet Özdoğan (*1943): türkischer Archäologe, Vorstand des Instituts für Urgeschichte an der Universität von Istanbul, korrespondierendes Mitglied des Deutschen Archäologischen Instituts.

Georgi Plechanow (1856–1918): russischer Sozialdemokrat, Philosoph. Ging 1880 ins Exil in die Schweiz, wo er bis zur Oktoberrevolution blieb. Plechanow war Gründer der *Gruppe zur Befreiung der Arbeit* und gilt als geistiger Vater des russischen Marxismus. Im deutschsprachigen Bereich ist er vor allem durch seine Arbeiten zum Historischen Materialismus bekannt.

August Seiden: deutscher Linkssozialist, Aktivist der *Unabhängigen Sozialdemokratischen Partei Deutschlands* (*USPD*), deren Mitglied er auch noch nach ihrer Spaltung und dem Abgang des linken und rechten Flügels zu KPD bzw. SPD blieb. Er war vor allem aktiv in einer der letzten USPD-Hochburgen Sachsen. Die ostsächsische Bezirksorganisation in Görlitz veröffentlichte auch seine Broschüre *Vom Urkommunismus zum Weltkonzern* (1923).

Lionel Sims (* 1945), britischer Anthropologe, lehrt als Dozent für Anthropologie an der University East London. Er ist Gründungsmitglied der *Radical Anthropology Group* und Mitglied der *Socialist Workers Party* in England, sowie der *European Society for Astronomy in Culture* und der *Stonehenge Round Table Group*. Er publizierte über Stonehenge u. a. im *Cambridge Archaeological Journal*.

Karl August Wittfogel (1896–1988): deutscher Soziologe, Sinologe und Marxist, zunächst Mitglied der *USPD*, später der *KPD*, entwickelte im Zuge der ersten chinesischen Revolution Mitte der 1920er Jahre seine Thesen zur „asiatischen Produktionsweise". Nachdem er 1933 verhaftet und ins KZ Emsland deportiert wurde, konnte er über England in die USA flüchten, wo er einen Lehrstuhl für Ostasienwissenschaft erhielt. In der McCarthy-Ära wendete er sich zu einem entschiedenen Anti-Kommunisten. 1962 erschien sein Hauptwerk *Die orientalische Despotie: Eine vergleichende Untersuchung totaler Macht.*

Quellen

Kapitel I

Friedrich Engels
Über die klassenlose Gentilgesellschaft (1884)
Friedrich Engels, Der Ursprung der Familie, des Privateigenthums und des Staats; in: Karl Marx/Friedrich Engels, Gesammelte Werke, Band 21, Berlin 1961, 95-97.

Paul Lafargue
Die Entwicklung des Eigentums (1890)
Paul Lafargue, Die Entwicklung des Privateigentums. Aus dem Französischen von Eduard Bernstein; in: Sozialdemokratische Bibliothek, Dritter Band: Sammlung von Abhandlungen über Theorie und Geschichte des Sozialismus, London 1890, 9-15.

Georgi W. Plechanow
Zur Entdeckung der Gentilorganisation (1908)
Georgi W. Plechanow, Grundprobleme des Marxismus, Dietz Verlag, Berlin 1958, 11-107, 63f.

Karl August Wittfogel
Wollen wir wieder Urkommunisten werden? (1922)
Karl August Wittfogel, Vom Urkommunismus bis zur proletarischen Revolution. Eine Skizze der Entwicklung der menschlichen Gesellschaft, I. Teil: Urkommunismus und Feudalismus, Verlag Junge Garde, Berlin 1922, 7-22.

August Seiden
Wirtschaftsgeschichte der Germanen und des Inkareichs (1923)
August Seiden, Vom Urkommunismus zum Weltkonzern, Bezirkssekretariat der USPD, Görlitz 1923, 3-6.

Rosa Luxemburg
Der Agrarkommunismus bei den Indogermanen (1909)
Rosa Luxemburg, Einführung in die Nationalökonomie, Gesammelte Werke 5, 524-778, 593-601.

Heinrich Eildermann
Die Nahrungsverteilung in der Urgesellschaft (1950)
Heinrich Eildermann, Die Urgesellschaft. Ihre Verwandtschaftsorganisationen und ihre Religion, Dietz Verlag, Berlin 1950, 33-45.

Ernest Mandel
Soziale Gleichheit in der Vorgeschichte (1975)
Ernest Mandel, Einführung in den Marxismus, ISP-Verlag, Köln, 8. Auflage, 2008

Kapitel II

Abdullah Öcalan
Die natürliche Gesellschaft (2010)
Abdullah Öcalan, Jenseits von Staat, Macht und Gewalt. Verteidigungsschriften, Mezopotamien Verlag, Köln 2010, 7-12.

James Connolly
Irland vor der Eroberung (1897)
James Connolly, Erin's Hope. The End & the Means, Revised American Edition, Harp Library, 1909; zuerst veröffentlicht 1897.

James Connolly
Das Ende des Klansystems um das Jahr 1649 (1910)
James Connolly, Labour in Irish History, New Books Publications, Dublin 1983, 2f.

Peter Berresford Ellis
Der keltische Kommunismus (1972)
Peter Berresford Ellis, A History of the Irish Working Class, Pluto Press, London/Chicago 1996 (1972), 14-25.

Kapitel III

Mark Osipovič Kosven
Die Erforschung der Urgesellschaft in der Sowjetunion (1957)
M.O. Koswen, Abriss der Geschichte und Kultur der Urgesellschaft, VEB Deutscher Verlag der Wissenschaften, Berlin 1957, 13-20.

Karl-Heinz Otto
Die gentile Ordnung der Stammesgemeinschaften auf dem Gebiet des heutigen Deutschland (1981)
Karl-Heinz Otto, Deutschland in der Epoche der Urgesellschaft, Lehrbuch der deutschen Geschichte (Beiträge), VEB Deutscher Verlag der Wissenschaften, Berlin 1981, 57-60.

Karl-Heinz Otto
Die Gesetzmäßigkeiten des historischen Geschehens in der Urgesellschaft (1981)
Karl-Heinz Otto, Deutschland in der Epoche der Urgesellschaft, Lehrbuch der deutschen Geschichte (Beiträge), VEB Deutscher Verlag der Wissenschaften, Berlin 1981, 182-184.

Kapitel IV

Vere Gordon Childe
Werkzeuge in der Urgesellschaft (1948)
Vere Gordon Childe, Eine Geschichte der Werkzeuge, Tagblatt-Bibliothek im Globus-Verlag, Wien 1948, 12-14.

Marija Gimbutas
Das Ende Alteuropas (1994)
Marija Gimbutas, Das Ende Alteuropas. Der Einfall von Steppennomaden aus Südrußland und die Indogermanisierung Mitteleuropas, Archaeolingua Alapítvány. Series Minor 6, Budapest 1994, 123, 128f., 134f.

Richard B. Lee
Überlegungen zum Urkommunismus (1988)
Richard B. Lee, Reflections on primitive communism; in: Tim Ingold et al. (ed.), Hunters and gatherers. Vol. 1: History, evolution and social change, Berg Publishers Limited, New York/Oxford 1988, 252-269.

Kapitel V

Chris Knight
Die Menschliche Revolution (2008)
Christ Knight, Sex and the human revolution, Weekly Worker 786, September 24, 2008, 8f., 9.

Chris Knight
Die weltgeschichtliche Niederlage der Frauen (2012)
Chris Knight, World-historic defeat of women, Weekly Worker 910, April 19, 2012, 6f.

Lionel Sims
Stonehenge und die neolithische Konterrevolution (2008)
Lionel Sims, Stonehenge and the Neolithic counterrevolution, Weekly Worker 740, October 9, 2008, 6-8.

Mehmet Özdoğan
Der neolithische Zusammenbruch oder: Die ersten echten Bauern
Mehmet Özdoğan, The beginning of Neolithic economies in Southeastern europe: an Anatolian perspective, Journal of European Archaeology 5.2/1997, 1-33, 13-17.

Ian Hodder
Stadt ohne Eliten (2006)
Ian Hodder, This Old House, Natural History Magazine 6/2006, 1-7. Der Artikel ist eine Überarbeitung der Einleitung von Hodders Buch: Çatalhöyük: The Leopard's Tale. Revealing the mysteries of Turkey's ancient 'town', Thames & Hudson Inc., London 2006 (2011), 7-20.

Ian Hodder
Ein dekoriertes Haus in Çatalhöyük (2010)
Ian Hodder, 2010 Season Review: A decorated house found at Çatalhöyük; in: Çatalhöyük Research Project (eds.), Çatalhöyük 2010 Archive Report, 2.

Ian Hodder
Zusammenleben ohne zentrale Kontrolle? (1998)
Ian Hodder, Çatalhöyük; in: Anatolian Archaeology 4, 1998, 10.